AF401964

# CATALOGUE

D'UNE COLLECTION

# DE LIVRES & D'ESTAMPES

CONCERNANT

## L'HISTOIRE DE FRANCE

et tout particulièrement

## L'HISTOIRE DE PARIS

PROVENANT

## DU CABINET DE M. L. R. DE L....

RÉDIGÉ PAR LÉON TECHENER FILS

———

*La vente aura lieu*

**Le Lundi 19 Novembre et jours suivants, rue des Bons-Enfants, n° 28, à 7 heures précises du soir,**

par le ministère

DE Mᵉ **DUBOURG**, COMMISSAIRE-PRISEUR

SUCCESSEUR DE Mᶜ **DUCROCQ**

rue Grange - Batelière n° 12.

———

## ESTAMPES

———

Exposition de une heure à trois heures, chaque jour de vente.

———

# PARIS

## J. TECHENER, LIBRAIRE

PLACE DU LOUVRE, 20, AU PREMIER

———

1855

# CATALOGUE

#### D'UNE

# COLLECTION D'ESTAMPES.

# ORDRE DE LA VENTE.

1re Vacation. — Lundi, 19 novembre 1855.
752 — 769
695 — 751
647 — 694

2e Vacation. — Mardi, 20 novembre.
770 — 780
498 — 646

3e Vacation. — Mercredi, 21 novembre.
801 — 891
781 — 800
403 — 470

4e Vacation. — Jeudi, 22 novembre.
892 — 1024
471 — 497

5e Vacation. — Vendredi, 23 novembre.
1025 — 1118
335 — 402

6e Vacation. — Samedi, 24 novembre.
1119 — 1213
255 — 334

7e Vacation. — Lundi, 26 novembre.
1214 — 1246
118 — 254

8e Vacation. — Mardi, 27 novembre.
1247 — 1289
1 à 117

## CONDITIONS DE LA VENTE.

*5 pour 100 payables par les acquéreurs applicables aux frais.*

L'exposition mettant MM. les acheteurs et marchands à même de juger de la qualité et de la conservation des estampes, il ne sera admis aucun cas rédhibitoire une fois l'adjudication prononcée.

Nota. M. Téchener chargé de la vente remplira les commissions des personnes qui ne pourraient y assister. *(Affranchir.)*

La Vente aura lieu le 19 novembre et jours suivants par le ministère de Me **DUBOURG**, Commissaire-Priseur, successeur de Me **DUCROCQ**, rue Grange-Batelière, n° 12.

RUE DES BONS ENFANTS, 28, A SEPT HEURES PRÉCISES DU SOIR.

Exposition de une heure à trois heures, *chaque jour de la vente.*

# CATALOGUE

D'UNE COLLECTION

## DE LIVRES & D'ESTAMPES

CONCERNANT

## L'HISTOIRE DE FRANCE

et tout particulièrement

## L'HISTOIRE DE PARIS

PROVENANT

### DU CABINET DE M. L. R. DE L....

RÉDIGÉ PAR LÉON TECHENER FILS

## PORTRAITS ET ESTAMPES

## PARIS

### J. TECHENER, LIBRAIRE

PLACE DU LOUVRE, 20, AU PREMIER

1855

Typographie MAULDE et RENOU, rue de Rivoli, 144

Le travail que nous publions paraîtra fort incomplet, si l'on
veut y voir autre chose qu'un Catalogue de vente. Le temps qu'il
nous a été permis de consacrer au classement, à la rédaction et à
l'impression de ce Catalogue, n'était pas suffisant pour étudier
avec soin chacune des pièces dont nous avions à nous occuper, et
surtout pour achever nos recherches sur les personnages et sur les
sujets représentés par cette nombreuse série de portraits et d'estampes. C'est pourquoi nous réclamerons l'indulgence des amateurs ; nous les prierons de considérer que la perfection est l'œuvre
du temps, et qu'obligés de faire vite, nous n'avons pu faire mieux.

Ce n'est point seulement avec de l'argent qu'on pouvait assem-
bler cette riche et curieuse Collection de portraits, dont la plupart
ont été gravés dans le temps, et d'estampes, presque toutes, con-
temporaines des événements qu'elles représentent ; il fallait encore
la patience infatigable et les connaissances historiques de celui qui
l'a formée. Le collecteur avait réuni ces portraits et ces estampes
avec l'intention de les rattacher à l'histoire de la France, et surtout à celle de Paris. Nous avons pensé que le classement ordinaire
par ordre alphabétique des noms des graveurs serait fort peu inté-
ressant sous le rapport de l'art, lorsqu'il s'agissait de portraits et
de pièces historiques. Il nous a paru plus convenable d'adopter les
vues du collecteur et de rédiger ce Catalogue sur un plan nouveau.

Afin qu'on puisse embrasser d'un coup-d'œil le mode de classement que nous avons employé, nous ferons suivre cette courte préface de la table des divisions.

Un appendice que nous publierons très prochainement contiendra des détails sur quelques estampes inscrites au Catalogue, un tableau des prix de vente et une table des artistes. Cette table servira à rectifier les noms dont nous avons conservé l'orthographe telle qu'elle se trouve sur chaque estampe.

## TABLE DES DIVISIONS.

## MÉLANGES ARTISTIQUES.

# CATALOGUE

D'UNE COLLECTION

# DE PORTRAITS

ET

## D'ESTAMPES HISTORIQUES.

---

## I. — HISTOIRE DE LA FRANCE SOUS CHAQUE RÈGNE (1).

### A. — DE CHARLES VII A HENRI II.

### (1422-1559.)

1. Charles VII, Louis XI, Charles VIII, Louis XII (sur la même planche).

— François I<sup>er</sup>, Henri II, François II, Charles IX, Henri II (sur la même pl.) Deux pièces.

Extrait de l'*Histoire de France,* par Mezeray, publié en 1643. Ces portraits sont attribués à Léonard Gaultier.

2. (1431) Jeanne d'Arc appelée la Pucelle d'Orléans. *Jean le Clerc le jeune f.*, 1612, in-4.

— (1449) Agnès Sorel, d'après un tableau original, par Gerardin, in-fol.

3. (1456) Jacques Cœur, surintendant des finances sous Charles VII. *J. Grignon sculp.*, in-fol. Belle épreuve.

4. (1483) Louis XI représenté en pied. *Matheus fecit.* Belle épreuve.

5. Louis XI, roy de France. — (Jean) *Morin sculp.*, in-fol. Belle épreuve.

---

(1) Nous expliquons dans l'*Avertissement* les raisons qui nous ont obligé à employer ce classement nouveau pour un catalogue de vente.

6. Jean Bureau, chambellan des rois Charles VII et Louis XI. *J. Grignon sculp.*, in-fol.

7. (1547) FRANCISCVS. GALLORVM. REX. CHRISTIANISSIMUS. *A. V. 1536.* (Portr. à mi-corps et le sceptre à la main).

Portrait gravé par Augustin Vénitien de Musis. Extrèmement rare. Belle épreuve.

8. (1547) François I^er [1]. *Thomas de Leu fec. et excudit.* = Le même personnage. *Pet. de Jode excudit.* = Le même person·nage, gravé sur bois.

> [1] « L'Italie creint encor, ò grand roy, tes alarmes.
> Les monts tramblent encore au bruit de ton grand nom;
> Mais l'univers entier chérit ton grand renom,
> Grand père, et grand suport des lettres et des armes.»

— François I^er représenté en pied, avec sa cuirasse et le sceptre à la main, gravé sur cuivre, anonyme, extrait de l'ouvrage : *Les vrays portraits des Roys de France, par Jacques de Bye.* 1636, in-fol.

9. François I^er. *Janet pinx.* — *N. Montagne sculp.* (Nicolas de Plate Montagne). *Morin ex.*, in-fol. (R. D. 33) (1).

10. (1558) Alienor d'Avstriche, royne de France [1]. *Th. de Leu f. et exc.* = Eleonor d'Austriche veufve du roy de France François I^er. *B. Moncornet excu.* Deux pièces.

> [1] « Ainsi que le soleil vient à chacer l'orage
> Dont le pais d'autour est presque submergé;
> Cest astre ainsi voyant ce royaume affligé,
> Vint d'Espagne, et le mit hors de peine et seruage. »

11. (1536) François de Valois, fils de France. *Tho. de Leu fec. et ex.* [1] = Un autre. *B. Moncornet excud.* Belle épr.

> [1] « L'ennemy enuieux du bonheur et victoire
> De ce prince, où la France auoit tout son espoir
> (Veu tant d'actes guerriers, que, ieune, il luy fit voir)
> Luy osta par poison mille trophez de gloire. »

12. (1549) Marguerite de Valois. Son portrait gravé sur bois. — *P. Duflos sc.*, etc. Trois pièces.

13. (1524) Bayard [1] (Pierre du Terrail.) *Jaspar Isac f.*, in-4.

> [1] « C'est Bayard, dont le nom remplit toute la terre,
> Qui fait dire à l'Espagne et aux peuples lombards,
> Que la France, si prompte et si chaude à la guerre,
> A beaucoup de Grisons, mais bien peu de Bayards. »

---

(1) Les lettres R. D., entre parenthèses et suivies de chiffres, indiquent que l'estampe est citée dans l'ouvrage intitulé : *Le Peintre-Graveur français, par M. Robert Duménil,* et les chiffres le n° du catalogue de l'œuvre décrite par l'auteur.

14. (1544) Guillaume Vavasseur, premier chirurgien du roy François I*er*, *Fiquet sculp.*, in-4.

14 *bis.* (1544) Clément Marot, poète français, gravé par René Boivin, 1576, in-4.

15. (1544) Clément Marot, poète français, gravé par Jean-Jacques Boissard, provenant de son recueil de portraits, publié en 1628.

— Un autre gravé sur bois provenant du livre de Théodore de Beze : *Icones, id est imagines virorum illustrium*, etc., 1580.

16. (1553) François Rabelais. *M. Lasne fe.* — *Chez P. Mariette* (*épreuve de la collection de M. Robert Duménil.*)
— Un autre. (*Balth.*) *Moncornet ex.* Deux pièces.

17. (1559) Henri II. Portrait dans un cartouche avec allégories, par Nicolas Beatricet [1].

RARE. Epreuve·bien conservée, mais avec la date de 1558 et le monogramme au bas gauche.

[1] Nicolas Beatricet dessinateur et graveur né à Thionville ou Lunéville en 1507, mort e 1570.

18. Henri II, roi de France, d'après Luc Penni. Le roi est vu en pied dans son cabinet ; il est vêtu de son armure ; sa main droite est posée sur sa hanche, et il s'appuie de l'autre sur une table, où son casque est posé. *Renatus fecit.*

Epreuve du PREMIER ÉTAT de la collection de M. Armand Bertin. Très rare.

19. Henricus II. *F. H.* (Frédéric Hulsius). — *Hans Liefrinck excud.*

Portrait gravé sur cuivre représentant le roi en pied armé de sa cuirasse ; il est vu de profil, et sa main gauche est posée sur une table. Les armes de France dans le haut à droite.

20. Henry second. *Janet pinx.* — (Jean) *Morin sculp.* Belle épr.

21. Statue équestre du roi Henri II d'après Daniel de Volterre, par Nicolas Van Aelst. Estampe sur cuivre, in-fol., en hauteur.

Belle épreuve d'une pièce très rare. On lit dans deux cartouches placés à droite et à gauche du piédestal : « 1o Effigies eqni ænci operis Danielis Riccii Volterrani fieri ivssit reg. Maria ob mem. reg. Henrici II, f. m. sui viri qni obiit in torniamentis ; » — « 2o Illustrissimo et reverendissimo principi et domino ac domino meo Carolo de Lotharingia, cardinali amplissimo, Nicolaus Van Aelst, Bruxellensis ded. » — Dans un bas-relief au bas de l'estampe, on voit Henri blessé par Montgommeri.

22. La mort du roy Henry II aux Tournelles à Paris, le 10 juillet 1559, grande estampe gravée sur bois, par Jacques Perrissin.

**23.** (1589) Catherine de Médicis. *Tho. de L. fec. et ex.* (Thomas de Leu).

> « Tous les siècles passez des royautéz humeines,
> Nont rien veu de pareil au vray de ce tableau :
> C'est la mère des roys, et la reyne des reynes,
> Qui par ses grand effetz depite son tombeau. »

**24.** (1584) François de France, duc d'Anjou[1]. — Franciscus Francorum regis frater unicus [2].

[1] Portrait anonyme qu'on peut attribuer à Thomas de Leu, au bas duquel on lit :

> Au pris de ce grand duc, les grands ducz n'estoient rien,
> Le seul vent de son nom, étoufoit leur enuye :
> Le pouuoir des grands roys, trambloit dessous le sien,
> Et l'heur de son pais, viuoit dedans sa vye.

[2] Portrait également anonyme gravé sur cuivre dans un ovale, dû à un artiste flamand.

**25.** (1584) M. le duc d'Anjou (François, duc d'Alençon). *J.-G.-H. fe.* (Jacques Granthomme fecit). *P. Gourdelle excud.*

> « C'est icy le portraict de celluy que les cieux
> Par contrainte nous ont enlevé de la terre,
> Et qu'ils ont faict diuin come ung autre des dieux
> Pour l'osposer à Mars quand il leur faict la guerre. »

Portrait RARE et qui ne se trouve pas parmi ceux que cite M. Le Blanc, *Manuel de l'Amateur d'estampes.*

— François d'Alençon. *Ad^n. Van der Werff pinx.* — *P. a Gunst sculps.*, in-fol.

**26.** (1559) Elisabeth de France, fille de Henri II (portr. à mi-corps, gravé par Jérôme Cock).

— La même, portr. en pied, gravé sur cuivre, anonyme. — *Liefrinck excud.*

**27.** (1619) Diane de France, duchesse d'Angoulême. Dessin moderne au crayon.

## B. — DE FRANÇOIS II A HENRI III.

### (1559—1589).

**28.** (1560) François II, roi de France, buste dans un ovale entouré d'une bordure, le tout gravé par Nicolas Nelli, graveur vénitien du XVIe siècle.

— François II, deux portraits différents attribués à Léonard Gaultier ; le premier extrait de l'Histoire de France de Mezeray.

**29.** (1587) MARIA REGINA SCOTIÆ. (Portrait à mi-corps dans un ovale). *P. M.* (Pierre Maes, graveur flamand.) *Ian Bussem : exc.*

Hors de l'ovale dans les quatre coins, sont représentés, en haut à gauche, une main qui tient une palme, et à droite une autre main qui tient une couronne de laurier; au bas à gauche est représentée la décapitation de la Reine, et à droite le bourreau qui montre la tête de la Reine. Au bas de la planche se trouve imprimée l'épitaphe en vers latins.

**30.** (1587) Marie Stvart, *Tho. de Leu F. et ex.* (Thomas de Leu).

« Et les belles beautez, et les grandeurs plus grandes,
Sont pleines de dangers et de malheurs diuers :
Ce sont buttes à maux; qui n'en croira mes vers,
Viene voir ceste reyne et lise ses légendes. »

**31.** Marie Stuart, *Vignon inuen.*, portrait en pied avec l'adresse de Mariette. = deux autres portraits de la même princesse.

**32.** Anne du Bourg, conseiller au parlement de Paris, brûlé à Saint-Jean-en-Grève, le 21 décembre 1559; grande estampe gravée sur bois; du recueil de Tortorel et Perrissin.

— Le supplice d'Anne du Bourg, estampe gravée sur cuivre avec une explication en hollandais au bas.

**33.** (1573) Charles IX représenté en pied, gravure anonyme sur cuivre; = Un autre portrait, d'après Lucas Penni. *Nicolo Nelli V. F.* 1567. = Un autre portrait. *Thomas de Leu fe. et excu.* [1]; ensemble trois pièces.

[1] « Si tant de grands guerriers que la France féconde,
Montra sous ta couronne, ò grand, grand *de Valloys*,
Eussent loin de noz airs combattu sous tes loys,
Ton septre eut conquesté tous les septres du moude. »

**34.** (1592) Elizabeth d'Autriche, femme du roy Charles IX [1]; *Jacq. Granthôme fe. — P. Gourdelle exc.*

[1] » C'est cette Elizabeth, cette fleur belle et franche,
Qui, vesue du plus grand de tous les plus grands roys,
Tient auiourd'huy des lis de l'empire francoys
Une telle blancheur qu'on l'en surnomme Blanche. »

**35.** Elizabeth d'Avstriche revêtue du costume des veuves ; portrait anonyme gravé dans le goût de Thomas de Leu et avec quatre vers au bas [1].

[1] « Reynes, si quelquefois vous panchez les prunelles,
Sur ceste Reyne ycy, l'honneur des loyautez,
N'admirez seulement ses mortelles beautez;
Amcois de ses vertus les beautez immortelles. »

— Élizabeth d'Autriche, portrait de l'*Histoire de France de Mezeray.* = Un autre sur cuivre avec l'intitulé en allemand au bas.

36. (1650) Charles de Bourbon, comte d'Auvergne, *sculp. a Vorstermanno*, in-fol.

37. Le même sous le nom de Charles de Valois, duc d'Angoulême. *Ph. Champaigne pinx.—J. Morin scul.* (R. D. 81). = Le même (portrait extrait de l'*Histoire de France de Mezeray*).

38. Les trois frères Coligny; (1572) Gaspard l'amiral; (1572) Odet le cardinal; (1569) François, le colonel général de l'infanterie. *M. Du Val 1579*. Ils sont en pied armés de leurs épées, et forment groupe au milieu de l'estampe.

Pièce TRÈS RARE et dans un bel état de conservation. Voir l'article MARC DU VAL dans l'ouvrage de M. Rob. Duménil, t. V, page 60.

39. (1576) Gaspard de Saulx Tavannes, maréchal de France. *De la Roussierre delin. et sculp.*, in-fol.

— (1566) Charles Dumolin. *Ficquet sculp.* (Odieuvre).

— (1573) Michel de l'Hospital, chancelier de France, gravé sur bois, in-4°. = Un autre, *gravé par R. Boissard*.

40. Michel de l'Hopital, chancelier de France, gravé par Jérôme Wierix, in-fol.

41. L'exécution de Jean Poltrot, 18 mars 1563, estampe gravée sur cuivre par J. Perrissin.

— Tentative d'assassinat et exécution de J. Poltrot, deux estampes sur cuivre avec des explications en hollandais.

42. (1572) La Saint-Barthelemy, estampe hollandaise. *Casper Luiken*, in-fol. en travers.

— Épisodes de la Saint-Barthélemy, deux estampes.

43. Henri III, *Jeronimus W. fe.* (Jérôme Wierix fecit).

Rare. Très belle épreuve avant la date, et l'adresse de *Henricus Hondius*.

44. Henri III, (à mi-corps vêtu de sa cuirasse) portrait in-fol., gravure sur cuivre anonyme et contemporaine.

On lit au bas le SONNET suivant :

> Voyant en ce recueil ceste troupe diuine,
> Il me semble, Thevet, q(ue) rauy, hors de moy,
> Aux champs Elysiens ie me trouue auec toy,
> Comme le Phrygien guidé par sa deuine.
> Là tu vas remarquant en chacun plus insigne,
> Ce qu'il monstre de rare et mémorable en soy :
> Mais i'y voy entre tous l'jmage de mon roy.
> Qui du premier honneur seule se montre digne.

> Si tu voulois, Thevet, mettre devant les yeux
> Les exemples diuers des actes glorieux,
> Le portrait de HENRY seul te pouuoit suffire.
> Car toutes les vertuz que le hault ciel départ,
> Tout ce qui peut orner tous les autres à part
> On le voit en luy seul heureusement reluyre.

> Par SCEVOLE DE SAINTE-MARTHE,
> Trésorier-général de France.

## 45. Henri III, *Thomas de Leu fe. et excu.*[1] — Un autre portrait extrait d'une ancienne histoire de France.

[1] « Vn nuage peut bien empescher le soleil
De nous faire sentir la chaleur de sa flamme,
Mais quelque temps plus clair fera cognoistre à l'œil,
De quelle sainte ardeur tu as tousiours en l'âme. »

## 46. Henri III[1], *Leonardus Gaultier fecit.* — *Jean le Clerc ex.*

[1] « De Jupin, Mars, Phebus, l'heur, le cueur, la prudence
Dorent, unis le septre à ce trois fois grand roy,
Né, choisy, deu des cieux, de Pollogne à sa France,
Pour astres, guerre, paix, venger à saige loy. »

Epreuve signée de *P. Mariette,* 1674.

## 47. Henri III à cheval, *Robert Boissard fecit.* — *Jean le Clerc excudit,* in-4°.

Ce portrait se trouve dans le livre intitulé : *Histoire des derniers troubles arrivés en France sous Henri III, Henri IV et Louis XIII, etc.,* par Pierre Mathieu. 1622. In-4.

## 48. Henri III, grand portrait gravé sur bois avec entourages et un autre petit gravé au burin ; tous les deux extraits d'ouvrages contemporains.

— Henri III, portrait sur cuivre d'une exécution flamande.

Au bas on lit les vers suivants en flamand et en français, gravés sur cuivre, mais sur une planche rapportée :

> Au temps que selon le vieil droict
> De l'Eglise, l'on celebroit
> Le jour de Saint-Pierre-aux-Liens,
> Vn belitreau natif de Sens,
> Qui le Coqueluchon portoit,
> Vn gentilhomme à mort mettoit,
> Qui couronne et sceptre portoit.

## 49. (1589) Henri III, roi de France, reproduction d'un dessin au crayon du XVIe siècle, in-fol., épreuve avant la lettre.

## 50. Assassinat de Henri III par Jacques Clément.

Ce placard, imprimé avec deux gravures sur bois, porte l'intitulé : *L'Histoire au vray de la victoire obtenve par frère Jacqves Clément, religieux de l'ordre de Sainct-Dominique, le-*

*quel tua d'un cousteau Henry de Vallois, le premier d'aoust 1589, au bourg Saint-Cloud, luy présentant une lettre ; avec le desespoir de d'Espernon sur la mort dudict Henry de Vallois, son bon maistre.* Dans le coin de la gravure à gauche, on lit les quatre vers suivants :

> « Vn Jacobin nommé frère Jacques Clément,
> Considérant le mal qu'Henry faisoit en France.
> Luy porta une lettre, et alors promptement
> Luy donna d'un cousteau au travers de la pance. »

Au bas se trouve un texte explicatif du sujet.

**51.** Arbre généalogique de la maison de Bourbon, estampe hollandaise sur cuivre ; l'on aperçoit à gauche l'assassinat de Henri III, et à droite celui du duc de Guise ; huit vers hollandais se trouvent au bas de la pièce. — Portrait de Henri III.

— Grande estampe sur cuivre avec douze vers flamands au bas, présentant le portait de Henry III, et l'assassinat de Jacques Clément ; le portrait de Henri IV et Henri III à son lit de mort posant la couronne sur la tête du roy de Navarre.

**52.** (1601) Louise de Lorraine [1]. *Tho. de Leu fe. — F. Quesnel*, in-8°.

> [1] « Ceste belle princesse en ce monde fut faitte
> Pour monstrer les trésors de nature et des cieux.
> Son esprit tout diuin et sa beauté parfaite
> Desrobe à tous le cœur aussi bien que les yeux. »

— Loyse de Lorraine douairière de France. *Thomas de Leu fe.*

> « Trois dieux furent parrains du troisiesme Henry :
> Jupiter, Mars, Phebus ; ceste perle lorraine,
> Une triple déesse eut pour triple marreine
> Pallas, Venus, la Grace au chef touiours fleury. »

**53.** (1597) Jacques de Matignon, maréchal de France. *R. Lochom faciebat, 1660*, in-fol.

— (1592) Bernard de La Vallette, admiral de France (gravé par Thom. de Leu?) in-8°.

— (1584) Anne, duc de Joyeuse, pair et admiral de France. *Thom. de Leu fe. et ex.*, in-8°.

**54.** (1583) René, cardinal de Birague, chancelier de France, (par Thomas de Leu), in-8°.

— (1595?) Flaminien de Birague, poëte ; très joli portrait gravé par Jean Rabel, (R. D. 40).

**55.** (1580) Antoine, sire de Pons, comte de Marennes, chevalier de l'ordre du Saint-Esprit, (gravé par Thomas de Leu), belle épreuve avant la lettre.

**56.** (1589) Anne de Courtenay, dame de Rosny et de Bontin. *Van Schupen faciebat*, 1660, in-fol. Belle épreuve.

57. (1590) Ambroise Paré, médecin et chirurgien. *A. Vallée f.*,
in-4.

M. Robert Duménil n'a pas cité dans l'œuvre d'Alexandre Vallée le portrait d'Ambroise
Parée; il décrit seulement celui de Jac. Guillemeau, disciple d'Ambroise Paré.

— Un autre : *Guillis Horbeck fecit*, in-4.

58. (1590) Jac. Cujas, jurisconsulte. *Rogerius fecit et excu. à
Bourges*, 1601, in-4. Estampe sur cuivre.

59. (1590) Bertrand d'Argentré, auteur de l'histoire de Bretagne, jurisconsulte. *Tho. de Leu fecit*; A° 1604, in-4. Belle
épreuve.

— (1590) André Thevet (anonyme), in-4.

60. (1619) François Quesnel, peintre du roy Henry 3e, âgé de 73
ans, 1616. *Peint par luy-mesme — Gravé par Michel Lasne* (sic).
Au bas, huit lignes de biographie tirées des Mémoires de l'abbé de Marolles.

61 Un autre : La Peinture et la Renommée soutenant un médaillon placé entre elles deux et offrant le portrait de Fr. Quesnel,
*peintre et enlumineur.* Au-dessus sur une banderolle, le vers :
*Quo pedibus Ferri non queo mente feror.* Au coin à gauche :
*Brebiette fe.*

C. — HENRI IV.

(1589—1610)

1. — *Portraits du Roi et des membres de sa famille.*

62. Henri IV, estampe allégorique flamande relative à son avéne-
ment au trône.

63. Henri IV, *H. Goltzius sculp. — Paulus de la Houue excudebat.* in-fol. — Belle épreuve.

64. Henri IV, *Jacobus Granthôme fec. et ex. Paris.*

> « Je trace seulement d'une ponce légère
> La face d'un grand roy remply de tout bonheur,
> Mais lors que ie peindray sa gloire et son honneur,
> Je feray le tableau de tout nostre hemisphère.»

65. Henri IV, *Isaïe Fournier inuen. — Thomas de Leu sculpsit.*
1596.

Très belle estampe extrêmement rare. Le portrait du roi dans un ovale, au milieu d'un
entourage architectural, où se trouvent diverses allégories et les vers suivants :

> « En vain ay ie icy paint sous différends visages
> La Valeur, la Bonté, la Clémence et la Foy,
> J'avois assez au vif exprimé leurs images,
> Exprimant vivement celle d'un si grand Roy. »

**66.** Henri IV, *Thomas de Leu fecit.* Deux épreuves avec marges.

> « Après avoir vaincu les plus braves guerriers,
> Après avoir dompté les enfans de la terre,
> J'ay le mirthe amoureux conioinct à mes lauriers,
> Pour maintenir sans fin une paix salutaire. »

La plus belle de ces deux épreuves à toutes marges est imprimée au verso du titre de l'ouvrage : *Histoire générale de Venise,* par Th. de Fougasses, 1607, tome I<sup>er</sup>.

**67.** Henri IV sur son lit de Justice, le sceptre à la main. *Thomas de Leu fecit.*

**68.** Henri IV, *F. Quesnel pinxit. — Thomas de Leu fe.* in-4°.

**69.** Henri IV, en pied, vêtu de son armure (par Thomas de Leu), = son tombeau. *Tho. de Leu fecit.*

**70.** Henri IV, buste dans une niche d'architecture. *Bunel pin. — Thomas de Leu scul.* 1605.

Extrait de l'Histoire de France, par Mathieu, in-4.

**71.** Henri IV, son buste dans un cadre d'architecture par Thomas de Leu; rogné.

**72.** Henri IV à cheval. *Thomas de Leu fecit.* Extrait de l'ouvrage intitulé : *Hist. des Guerres,* etc. (Voir n° 47, Henri III).=Autre estampe anonyme représentant le roi à cheval.

**73.** Henricvs IV, *Cherub. Albertus inuent. fe. Romae,* 1595, avec entourages et allégories.

**74.** Henricus IV. *œtat. an.* 38. — *Crispian de Pass ad viuum fecit.*

**75.** Henri IV à cheval. *Anthonius Caron inuentor. — Gisbertus Vœnius sculpsit, 1600. — Harman Adolfz excud.*

> « Voici le preux HENRY, ce monarque françois, ce guerrier porte fouldre,
> En terrassant l'Espagne à son royaulme acquis,
> Et les rebelles sont, par son bras mis en pouldre,
> Ayant la paix, la France et ses subiectz conquis. »

**76.** Henri IV, *Petrus Firens fecit et excu.*

Belle épreuve de la collection de M. Arm. Bertin. Voir le n° 237 du catalogue des estampes.

**77.** Henri IV, *L. Gaultier fecit.* — belle épreuve.

Estampe RARE intitulée : *Le Sceptre de milice.* Le roy est représenté en pied, vêtu de son armure. Au bas on lit :

> Après l'honneur des martiaux combats,
> Faire justice et trancher les débats,
> Garder les bons et punir les cautelles
> Des plaidereaux, sont vertus immortelles.

78. Henri IV à cheval, tourné vers la gauche regardant à droite.
*L. Gaultier sculp.*

On lit au bas la citation du psaume 101, commençant par : *Timebunt gentes nomen tuum.*

— Henri IV à cheval tourné à gauche, regardant en face. *L. Gaultier sculp. 1610.* Portrait différent de celui qui précède.

79. Henri IV. *L. Gaultier sculpsit*, 1610. — *N. de Mathonière exc.* = Le même sur le titre de l'ouvrage l'*Avant-Victorieux* — *L. Gauthier sculpsit* 1610. = Le même également gravé par Léonard Gaultier. Ensemble trois pièces.

80. Henri IV à cheval [1]. Belle et curieuse estampe gravée sur cuivre par Robert Boissard.

Épreuve avant le nom du graveur.

[1] « Peuple, uoy de Henry sa naïue peinture,
De ce Henry le Grand ton légitime roy,
L'appuy des bons François et des meschans l'effroy,
De la terre l'espoir, du ciel la chere cure.
Considere attentif son uisage icy peint,
Et qu'au plus uif de l'ame il te demeure empraint,
Remerque tellement sa maiesté guerriere
Que sans feinte l'aymant tu le craignes aussi ;
Bref, croy qu'il est er seuble et ton prince et ton pere,
Clement en sa iustice et iuste en sa mercy. »

81. Henri IV. *Léonard Gaultier fecit.* — *J. le Clerc. excu.* = Un autre portrait anonyme gravé sur cuivre.

82. Henri IV, *Jo. Eillard Frisius sculp.* — Belle épreuve.

83. Henri IV, son portrait à mi-corps, (anonyme) les principaux événements de son règne sont représentés dans l'entourage qui forme l'encadrement.

84. Henri IV, *Ferdinand pinx.* — (*J.*) *Morin scul.*

85. Henricus magnus. *P. de Jode excudit.* = Un autre anonyme. = Un autre *Balt. Moncornet excud.* Ensemble trois pièces.

86. Henri IV, d'après P. Porbus 1610, gravé par Alex. Tardieu 1788, = dessiné d'après le même, par G. de St.-Aubin, gravé par Chenu. Deux pièces.

87. Henri IV, portrait en pied revêtu du manteau royal. *Wilm̃s Rogers sculpsit.* = Henri IV, portr. en pied, estampe avec une explication en anglais au bas.

**88.** Henri IV, cinq portraits contemporains anonymes et extraits de divers ouvrages.

**89.** Henri IV, au milieu de sa famille. *L. Gaultier sculpsit* 1602, *J. le Clerc excu.*

Estampe rare et précieuse. Belle épreuve. On lit au bas seize vers divisés en quatre quatrains.

**90.** Contre-épreuve de la même estampe, sans les noms et qui paraît postérieure.

**91.** La statue équestre de Henri-le-Grand sur son piédestal 1615. Grande estampe anonyme avec texte explicatif imprimé à droite et à gauche.

**92.** La même estampe sans le texte explicatif imprimé.

**93.** Statue équestre de Henri IV; *qui fut posée sur le Pont-Neuf* etc. *M. Merian fecit*, in-fol.
— Satue équestre de Henri IV sur le Pont-Neuf. *P. Brissart del. et sculp.*, in-fol.

**94.** (1615) Marguerite de Valois, *Tho. de Leu fe.* ⸗ Deux autres portr. de la même princesse.

> « Si le pinceau pouuoit animer cette image,
> De la plus belle reine et d'esprit et de corps,
> Celui qui la verroit il confesseroit lors,
> Qu'il n'y a rien d'humain en ce diuin ouurage. »

**95.** La reine Marguerite première femme de Henri IV. Reproduction d'un dessin au crayon du XVIᵉ siècle, in-fol. épreuve avant la lettre.

**96.** (1642) Marie de Médicis princesse de Florence, 1600, *C. de Mallery fecit.* — *J. le Clerc excudit*[1]. ⸗ La serenissima madama Maria de Médici reina Cristianiss. di Francia di Navarra. *Sadeler excudit Venetiis.*

[1] « Princesse dont le nom honnora la naissance,
Le ciel ayant ton cœur de ses graces uestu,
Augmente tellement le los de ta vertu,
Qu'on te desire uoir bientôst royne de France. »

**97.** Marie de Médicis tenant son lit de Justice, —estampe intitulée : *La Couronne de Justice.*

Pièce anonyme, gravée par Léon Gaultier, et très rare.

98. Marie de Médicis. *L. Gaultier sculps.* 1610. — *N. de Mathonière excud.* = Autres portraits contemporains et anonymes.
Ensemble quatre pièces.

99. Marie de Médicis. *Crispin de Pas fecit. — Ciartres excud.*=
Un autre portrait de la reine ; elle est représentée assise **sous**
un dais; on aperçoit dans le fonds la ville d'Amsterdam.

100. Maria coniux Henrici IV. *Ant Van-Dyck pinxit. — P. Van
Sompeli sculpsit. — P. Soutman effigiauit et excudit ;* belle
épreuve.

101. Marie de Médicis, *B. Moncornet excu.* = Un autre; *Ant.
Van-Dyck pinx. — Pet. de Jode excudit.* = Un autre; buste
ovale attaché à un arbre généalogique d'où sortent cinq princes ;
on lit dans un cartouche placé au-dessous : *Je couvre de mon
ombre toute la terre.* Le tout entouré d'allégories. = Un autre ;
*Moncornet excudit.*

102. Marie de Médicis, *Ganière excudit.* = Un autre, *chez Daret*
1654. = Un autre *de Larmessin sculpsit.* Ensemble trois pièces.

103. (1644) Elisabetha Borbonia Hispaniarum regina, *Petr. de
Jode fe.* = Un autre portrait de la même princesse.

104. (1663) Christine, fille de France duchesse de Savoie, *Nicolas
Pitau sculpsit* 1663.
Épreuve de la collection de M. Arm. Bertin.

105. Henriette Marie de France. — Charles Ier, roi d'Angleterre,
*N. V. Horst. i.* (Nicolas Van-Der Horst invenit). — *Corn.
Galle fecit,* deux pièces.

106. Henriette Marie de France. — Charles Ier, roi d'Angteterre.
*Ant. Van-Dyck pinxit. — J. Suïderhœf sculpsit. — P. Sout-
man effigiavit et excudit.* Belles épreuves de ces deux portraits.

107. (1669) Henriette Marie de France, épouse de Charles Ier,
*Van der Werff pinxit. — Car. Simonneau sculpsit.*
= Un autre portrait d'un artiste anglais, buste gravé sur cuivre.
= Un portrait gravé d'après Daniel Mytens, par Willem Jac.
Deff. Belle épreuve.

108. Henriette Marie reine d'Angleterre, à cheval. *H. David f.* gr. in-fol.

> « L'art le plus merveilleux n'a pas assez d'adresse
> Pour estaler icy tant de riches thresors,
> Et de perfections de l'esprit et du corps,
> Dont nature a comblé cette grande princesse.
> Comme un soleil leuant, sans voile et sans nuage,
> Elle a dans ses regards de si diuins appas;
> Qu'on ne scaurait la voir et ne confesser pas
> Qu'vne beauté céleste esclate en son visage. »

109. (1604) Catherine de Bourbon, sœur unique du roy. *Joan. Wierx sculpsit, 1600. — Harman Adolfz excudebat Haerlemensis.* in-fol. Belle épreuve.

> « Qui void ce beau portrait, cette auguste aparence,
> Voit tout l'honeur du monde et l'abrégé des cieux.
> C'est le plaisir de l'ame et le mirouer des yeux.
> Princesse des vertus aussi bien de France. »

110. Catherine de Bourbon, sœur unique du roy. *Thomas de Leu fe.* Epreuve contre-collée.

— Catharina Borbonia. *Crispin de Passe excudit.* == Un autre : *Jean le Clerc excudit.* == Un autre de la suite d'Odieuvre, in-4.

111. (1590) Charles I<sup>er</sup>, cardinal de Bourbon, en pied, assis dans son cabinet. *(Jean de) Gourmont fe.;* estampe rare.

112. Charles de Bourbon, cardinal archevesque de Rouen. *Thomas de Leu fe. et excu.*, et deux autres.

113. (1633) Henriette de Balzac, *F. Quesnel pinx. — Tho. de Leu,* in-8.

114. (1665) Cæsar Monsievr gov : pour le roy en Bretaigne, *de Weert fe.— Jean le Clerc, ex :* 1598.

César, duc de Vendôme, fils aîné de Henri IV et de Gabrielle d'Estrées. Portrait en pied, le prince est représenté enfant. — C'est probablement à *Jacques de Weert,* graveur flamand dans le goût de Wierix, qu'il faut attribuer ce joli portrait. On lit au bas les quatre vers suivants :

> Ce front plain de bonheur de sa princière enfance,
> Promet estre loyal et fidelle à son roy;
> C'est pourquoy les Bretons se rangent à sa loy,
> Afin d'estre tousiours vrais enfans de la France.

115. César, duc de Vendôme. *Mignard pinx. — J. Grignon sculp.* — *F. Chauveau orname. deline.*

— César de Bourbon, duc de Vendosme. *Moncornet excu.*

116. (1669) Louis de Vendôme, duc de Mercœur, *R. Nanteuil de-lineabat et sculpebat*, 1649, in-fol. (R. D. 189).

117. (1669) François de Vendôme, duc de Beaufort. *Nocroit (Nocret) pinxit. — Nanteuil sculpebat*, in-fol.

Belle épreuve du PREMIER ÉTAT avec le nom de *Le Blond*. (R. D., no 33.)

— François de Vandôme, duc de Beaufort. *N. de Larmessin sculpebat*, 1662, in-4.

2. — *Portraits des Maréchaux de France, Officiers, Généraux, Ministres, Conseillers d'État, etc., du règne de Henri IV.*

118. (1592) Michel de Castelnau, homme de guerre et de cabinet, ambassadeur en Angleterre. *De la Roussière del. sculp.*, in-fol.
— (1602) Charles de Gontaut de Biron, mareschal de France. Deux portraits différents gravés par Thomas de Leu; les quatre vers qui se trouvent au bas sont les mêmes dans les deux pl.
— Le même. Son portrait dans un ovale, et deux épisodes de la conjuration qui porte son nom. Estampe sur cuivre avec une explication en flamand.

119. (1614) Henry de Montmorency, connétable de France, in-4 (anonyme). OEuvre d'un artiste flamand.
— (1598) Loise de Bvdos, famme de **M.** le connestable, âgée de 21 ans. *Tho. de Leu fe.*, in-8.

120. (1629) Nicolas de Harlay, seigneur de Sancy, colonel-général des Suisses. *Van Merllen f.* 1653, in-fol.
— (1602) Nicolas de Harlay, fils du précédent et tué au siége d'Ostende. *Van Merllen f.*, in-fol.
— (1629) Marie Moreau, dame de Sancy, âgée de 25 ans. *T. Van Meerlen f.*, in-fol.
— (1629) Jacqueline de Harlay, dame d'Halincourt. **Theodor.** *Van Meerlen fe.*

121. (1641) Sully, in-fol. Dans le genre de Wierix. Belle pièce.

« Toy qui dans ce tableau le visage contemple
Du grand duc Sully, scache et ne doubte point
Que sa fidélité ne trouue point d'exemple,
Et que son esprit meit la France au plus haut point
Apprez tant de beaux faits et tant de bons seruices,
Que tu feis à la France, et dont elle a le fruict,
Te peut-elle oublier ! Nonobstant les éclipses,
Et les brouillards du temps, le soleil touiours luit. »

**122.** Maximilien de Béthune, duc de Sully. *Edelinck sculp.* in-fo

**123.** Gilles de Noailles, ambassadeur à Constantinople, in-4.

Estampe sur cuivre d'un graveur inconnu. (Voir BRULLIOT, t. I, n⁰ 206.)

— Guillaume Ancel, chancelier du roi Henri IV. *S. C. Mᵗⁱᵉ sculptor Egidius Sadeler fecit,*, in-fol. Belle épreuve.

**124.** (1621) Paul Phelypeaux de Pontchartrain. *Edelinck sculp.*, in-fol.

**125.** (1607) Chalvet, conseiller d'état. *D. Dumonstier pinxit.* — *C. de Mallery sculp.*, in-4°. Belle épreuve.

— (1594?) Denis de Saint-Germain, conseiller du roy. *Thomas de Leu fe*, in-4°. Belle pièce.

**126.** (1617) Ange Cappel, secrétaire de la chambre du roy Henry IV. *Fournier pinxit.* — *Thomas de Leu fecit*, in-4.

Pièce rare au verso de laquelle est imprimée une dédicace à Henri IV entièrement gravée. Au bas de ce personnage, représenté sous la forme d'un ange, on lit les quatre vers suivants :

> Cet ange est terrestre et du ciel
> Comme tel des aisles il porte,
> Et est barbu comme mortel,
> Divins trésors il vous apporte.

**127.** (1596). Jacques de Villamont, gentilhomme de la chambre du roy ; gravé par Léonard Gaultier, in-8.

**128.** (1621) P. de Bonzy, cardinal, commandeur des ordres du roy, grand aumônier de la reine Marie de Médicis. *Bachichi pinxit Romœ.* — *P. Van Schuppen sculpsit*, in-fol. Belle épreuve.

**129.** (1606) Arnauld Sorbin de Sainte-Foy, évêque de Nevers, prédicateur des rois Charles IX, Henri III et Henri IV. *Thomas de Leu fecit*, 1594, in-4.

Superbe épreuve d'un portrait de la plus grande beauté.

### 3. — *Portraits des Savants, Littérateurs et Artistes du règne de Henri IV.*

**130.** (1609) Quercetanus (Joseph Du Chesne, sʳ de la Violette), médecin ordinaire du roi, gravé par Léonard Gaultier, in-8, grandes marges.

**131.** (1609) André Laurent, médecin ordinaire du roy Henry IV. (*Cl. de Mallery sc.*), in-4, très belle épreuve avec marges. = Un autre gravé par Paul de Zetter.

132. Jean de Renou, né à Coutances, médecin du roi et de la **Fa-**
culté de Paris, né en 1568. *L. Gaultier sculpsit*, 1608, in-4,
belle épreuve.

133. (1613) P. Pigray, Parisien, premier chirurgien du roi, né en
1533, mort doyen de l'École de chirurgie en 1613. *Tho. de Leu
fecit*, belle épreuve.

134. (1613) Jacques Guillemeau, chirurgien des rois Charles IX,
Henri III et Henri IV, disciple d'Amboise Paré. *A. Valleus fecit*,
(Alexandre Vallée d'Orléans), in-4. — Avant l'adresse de **P.**
Mariette.

135. (1609) Joseph Scaliger, portrait dans un ovale environné
d'allégories; on lit dans un cartouche placé au-dessous : *Josephi
visi sibi tantùm in imagine picta hanc tibi dat vivam Goltzius
effigiem*, in-fol.

136. (1523-1596) Blaise de Vigenère (gravé par Thomas de Leu),
in-8.

137. (1596) Pierre Pithou. *P. Van Schuppen,* in-fol.

138. (1598) J.-Jacques Boissard, né à Besançon en 1533 ; **son**
portrait gravé sur cuivre par Nicolas Lassæus, in-4.

139. (1601) Pierre Ayrault, auteur angevin. *L. Gaultier incidit,*
1615, in-4.

140. (1603) Pierre Charron. (*Thomas de Leu fecit*), in-8.

141. (1611) J. Papire Masson. *L. Gaultier sculp.*, 1612. == Un
autre : *De Larmessin sculp.*
Ce portrait est extrait de de l'ouvrage *Académie des Sciences*, etc. In-fol.
— Le même; *Jac. Lubin sculp.* in-fol.

142. (1595) Robert Garnier. *Rabel pinxit.* —*C. de Mallery sculp.*

143. Cl. Hopil, poëte françois. *Thomas de Leu fecit.* (Charmant
petit portrait.)

144. Jean de la Boissière, poëte françois, (estampe anonyme gravée par Thomas de Leu?) belle épreuve un peu rognée.

145. Henry Aubert, poëte du XVI<sup>e</sup> siècle, (estampe anonyme gravée par Thomas de Leu), belle épreuve avant la lettre.

146. Simon Poncet poëte, né à Melun [1]. *Thom. de Leu fecit*, in-8.

[1] « Je ne te puis laisser, bien que tu sois petite,
Belle fleur qui surpasse en beaulté toutes fleurs,
Je me plais en tout temps de fleurer tes odeurs.
Car en toute saison j'aime la Margueritte ! »

**147.** (1599) Marc Papillon, dit le capitaine Laphrise, poëte tourangeau. *Thomas de Leu fecit.*

Charmante épreuve de l'un des plus jolis portraits de Th. de Leu.

**148.** (1604) Pierre de Brach, poëte français. *Tho. de Leu sculp.*

Très joli portrait de Thomas de Leu.

**149.** (1599) Antoine Caron, peintre, in-12.

Au bas de ce portrait, gravé par Thomas de Leu, on lit :

> Charon ne deust recepuoir pour voiture
> Nostre Caron, ains viuant le cherir,
> Si l'air plus vif de sa docte peinture,
> L'honneur françois empesche de mourir.

**150.** (1598) Jean de Beaugrand, écrivain du roy. *P. Dumonstier.* — *Thom. de Leu fecit,* in-4. == Une autre épreuve de la même planche avant toute lettre. == Une autre portrait du même, gravé par Thomas de Leu, d'une dimension plus petite; admirable épreuve avant toute lettre, trois pièces.

— (1645?) Nicolas Beaugrand, gravé sur bois, in-8.

**151.** Le Gagneur, calligraphe, in-8.

Portrait anonyme mais vraisemblablement de Thomas Leu. Les deux épreuves que nous avons sous les yeux, nous permettent de constater :

1er état. GVILLAVME LEGAGNEVR, ANNO ÆTATIS 41. *Anno Dni* 1594, dans la bordure ovale. Au bas on lit les mêmes vers qu'au 2e état, seulement on emploie la première personne au lieu de la deuxième.

2e état. Le texte de la bordure du 1er état a été remplacé par : GVILLIELMVS LE GANGNEVR, ANDEGAVVS. ANNO ÆTA. 46. SAL. 1599.

La planche a été allongée du bas, et au milieu se trouve un cartouche dans lequel on lit : « A. P. du Monstier, peintre.

> Tu peux bien du Gangneur crayonner la figure,
> Mais les traits de sa main tu ne peuz imiter.
> Ton pinceau ne peut pas surpasser la nature,
> Contrefaire ses traits seroit la surmonter.

Jaq. Dorat Limos. »

### 4. — *Estampes sur les événements du règne de Henri IV.*

**152.** (1593) La procession de la ligue, *Amburbica armati sacricolarum agminis pompa, Lutetiæ, 1593,* IV *id. febr., exhibita; Dno. Rose, Col. Sorbon. Navar. præfecto et acad. rectore, Duce, bipenni et crucis simulacro prævio.* Très grand in-fol. en travers.

Estampe ORIGINALE DES PLUS RARES. C'est la plus belle et la plus grande de toutes les processions de la ligue, elle a 3 pieds de longueur sur 20 pouces en hauteur. Les personnages du premier plan ont jusqu'à 8 pouces.

Au bas se trouve ajoutée une autre estampe postérieure et d'un artiste flamand, représentant la même procession de la Ligue, en deux planches.

### 153. La procession de la Ligue.

Estampe d'une moins grande dimension que celle qui précède ; elle porte à peu près le même titre, et elle est gravée sur cuivre en trois planches.

### 154. La procession de la Ligue. *Petrus Kæsius excudit.*

Estampe encore moins grande que la précédente ; elle se compose de deux planches gravées sur cuivre à Amsterdam. Outre le texte latin, qui est gravé en intitulé et au bas de la planche en cuivre, se trouve un intitulé en français ainsi conçu : *La marche et l'armée des religieux commandée par M. Rose, recteur de l'Université de Paris, tenant un crucifix en une main et hallebarde en l'autre, à la procession de la ligue faite au mois de février l'an mil cinq cens quatre vingt et dix-sept, avec son explication.* Après ce titre remarquable, qui forme une seule ligne en travers, se trouvent également imprimés, cinq quatrains de vers français.

### 155. 22 mars 1594. L'entrée du roi Henri IV à Paris, *N. Bollery, pinxit ; Joan. Leclerc excu.*; trois estampes avec l'explication formant encadrement. Bonnes épreuves.

### 156. Entrée de Henri IV à Paris, *Jacques Picart fecit,* trois estampes. = Deux autres de Cochin et de Ransonnette.

Tirées de l'ouvrage intitulé : *Le théâtre de l'Univers ou l'Abrégé du monde,* par le sieur de Grenaille, 1646, in-8.

### 157. Attentat de Jean Châtel, contre Henri IV, le 27 décembre 1594.

Tableau du crime et du supplice du régicide, surmonté d'un portrait du roi, âgé de 42 ans. Estampe du temps gravée sur cuivre. Rare.

### 158. Édit de Nantes, 25 février 1599. *Jan Luiken inven. et fecit;* estampe hollandaise gravée sur cuivre.

### 159. (1600) Le mariage de Henri IV, et de Marie de Médicis. *Jacobus de Fornazeris lineauit, fecit et excudit,* in-4.

### 160. (1609) Henri IV guérissant les écrouelles; l'estampe représente Henri IV touchant les écrouelles à Fontainebleau en présence de Du Laurens son médecin. *P. Firens fecit,* in-fol. en travers.

Belle estampe tirée du Traité des écrouelles, par André Du Laurens. (*De mirabili strumas sanandi vi, solis Galliae regibus Christ. divinitus concessa, liber.* 1609, pet. in-8.)

### 161. Povrtraict du sacre et covronnement de Marie de Médicis. *N. Bollery inven. — L. Gaultier sculpsit,* 1610. — *J. Le Clerc excud.*, avec un texte explicatif imprimé autour de la gravure.

Une des plus belles et des plus rares estampes de Léonard Gaultier. (Voir l'Appendice à la fin de ce catalogue.)

### 162. Assassinat de Henri IV dans la rue de la Ferronnerie; estampe curieuse.

Cette pièce provient de la vente de M. Collot; une indication manuscrite assurait qu'elle avait été conservée longtemps dans le cabinet du cardinal Mazarin.

— Assassinat de Henri IV dans la rue de la Ferronnerie, quatre estampes.

— Assassinat de Henri IV par Ravaillac. Estampe hollandaise avec le monogramme de Jean-Nicolas Visscher, in-fol. en travers.

**163.** Henri IV sur son lit de parade, gravé par Jean Briot d'après François Quesnel, 1610, in-fol.

Belle épreuve d'une estampe aussi rare que précieuse, dont voici la description : au haut de la pièce on lit : LE PORTRAICT DE TRÈS-HAUT, TRÈS-PUISSANT, TRÈS-EXCELLENT PRINCE HENRY LE GRAND, PAR LA GRACE DE DIEV, *roi de France et de Navarre, très-chrestien, très-auguste, très-victorieux, et incomparable en magnanimité et clémence, qui trespassa en son Palais du Louvre, le 10e may* 1610.

Sur le baldaquin de l'autel cette ÉPITAPHE :

> Toutes les vertu font le deuil
> D'Henry, seul honneur des hystoires
> L'univers sera son cercueil,
> Ses titres seront ses victoires.

Au bas de l'estampe, dans un médaillon : *A Paris, chez Nicolas Mathonière, à la rue de Montorgueil, à la corne de daim,* 1610.

De chaque côté de ce médaillon un cartouche contenant huit vers en deux quatrains.

— Copie anglaise gravée par R. Dunkarton de la même estampe.

**164.** Monument funéraire de Henri IV, *gravé par Néc, d'après le dessin original de François Porbus, peintre de Henri IV,* estampe en hauteur très bien gravée.

D. — Louis XIII.

(1610-1643).

1. — *Portraits de Louis XIII et d'Anne d'Autriche.*

**165.** Portrait après le naturel de monseigneur le dauphin, âgé de VII moys en avril 1602 [1].

Estampe anonyme d'une grande rareté.

> [1] « Prince donne du ciel croissez pour ceste France,
> Que le roy vostre père a mise hors de dangers,
> Domptant par sa valleur gaignant par sa clémence,
> Les troupes et les cueurs des vaincus estrangers.
> Gallia plaudat, adest patrij spes maxima regni
> Borbonia auspicijs faustis de stirpe propago.

**166.** (1643) Louis XIII, roy de France et de Navarre. *L. Gaultier sculp. — J. le Clerc excud.*

Le prince est représenté enfant debout dans son cabinet. Au bas les vers suivants :

> « Ce prince en qui reluit l'image de son père,
> Faict en ses ieunes ans de luy tant esperer,
> Que la France s'attend d'estre par lui prospere,
> Et veoir par les turbans noz beaus lys reuerer. »

167. Louis XIII, jeune [1]. *L. Gaultier sculp.* 1610. — *N. de Mathonière excud.*

[1] « Sacré gage du ciel, majestée destinée
Pour estre la deffence et le bon heur des lys.
La France soit par vous longuement dominée,
Et vos suiectz ne soient de troubles assaillis. »

168. Louis XIII jeune et représenté à cheval. *L. Gaultier sculpsit,* 1610, *Jean le Clerc excudit.*

169. Louis XIII, portr. tenant le sceptre; il a la couronne royalle sur la tête. *L. Gaultier incidit.* Belle épreuve.
— Un autre. Le roi est représenté en pied. (Jean) *Boulanger invenit et fecit.*

170. (1642) Estampe représentant Louis XIII assis sur la proue d'un navire en face du duc de Richelieu qui remplit les fonctions de pilote, gravée par Crispin de Passe, in-8°.

On lit au bas :

Va, navire, ne crains, ton pilote est un Dieu,
Jamais ancre ne fut en un plus riche lieu.

171. Louis XIII assis sur son trône, tenant le sceptre de la main droite, entouré des cinq parties du monde (par Crispin de Passe ?) Estampe en largeur.

172. Ludovicvs XIII. *Will. Pass. ex.* (Guillaume de Passe), in-4.

173. Louis XIII en pied. *M. Asinius .* — *N. de Mathoniere fecit,* in-fol. en hauteur.

Belle et rare estampe de Michel Lasne.

175. Louis XIII à cheval, gravé par Michel Lasne. Très-grande estampe en hauteur. Bonne épreuve.

176. Louis XIII à cheval tiré du Pluvinel (gravé par Crispin de Passe). = Louis XIII à cheval. *Petrus Daret sculpsit,* 1643.

177. Ludouicus XIII. *P. P. Rubens pinxit.* — *J. Louys sculpsit.* — *P. Soutman effigiavit et excud.*

178. Louis XIII. *Ph. Champaigne pinx.* — *Jean Morin scul.*
— Le roi Louis XIII à cheval; une vue de Paris dans le fond. Estampe anonyme in-4.

179. Vue de la statue équestre de Louis XIII, de la Place royale. *N. Picart fecit,* 1639; estampe gr. in-fol. en largeur.

180. Louis XIII. Portrait allégorique. = Louis XIII debout avec les attributs d'Hercule sur le frontispice des *Guerres civiles de*

*France, par Davila*, in-fol. = Louis XIII accompagné du dau-. phin, du cardinal de Richelieu et d'autres . personnages de sa cour sur le frontispice du livre : *Le Flambeau du Juste*, 1642, in-fol.

Trois estampes dessinées et gravées par Grégoire Huret, célèbre artiste lyonnais.

181. Louis XIII. *Daret sculpsit, ex.* = Un autre, anonyme. = Un autre : *P. de Jode fecit.* Trois pièces.

182. Louis XIII. *Moncornet ex.*
— Un autre : *De Larmessin sculpebat.* Trois pièces.

183. Louis XIII à cheval, le sceptre à la main, la couronne royale sur la tête. On aperçoit une vue de Paris dans le fond. *Jean Van) Halbeck fecit. J. Le Clerc ex.* = Copie de l'estampe précédente, le roi est nu-tête. — *Thomas de Leu sculpsit.* Deux pièces.

184. Louis XIII à cheval. Deux pièces in-fol. et in-4. = Le même, à genoux, aux pieds du Christ, d'Abr. Bosse (épreuve moderne), ensemble 3 pièces.

185. Louis XIII assis et entouré des principaux personnages de sa cour, reçoit une députation de magistrats que l'on voit à genoux devant lui. *A. Bosse in.* — *Melchior Tavernier.*

186. Louis XIII et Anne d'Autriche jeunes, accolés dans deux ovales. *Firens fecit.* — Estampe rare.

187. Anna d'Austria; grand portrait in-fol. gravé sur cuivre. Anonyme.

Très belle épreuve d'une pièce rare.

188. Anne d'Autriche, régente de France, assise et tenant le sceptre d'une main. — Autour du portrait sont représentés divers événements de sa régence, grand in-fol.

189. Anne d'Autriche jeune, dans un ovale entouré de fleurs et d'ornements.
— Anne d'Autriche (par Michel Lasne). Deux pièces.

190. Anne d'Autriche en deuil; veuve de Louis XIII (par Michel Lasne), avec quatre vers au bas : *Ce que l'Espagne a de beauté*, etc.
— Anne d'Autriche, reine de France; *de Larmessin sculpebat.*

191. Anne d'Autriche. *C. Champaigne pinxit.* — *Michel Lasne fe.* in-fol. Epr. fatiguée.

192. Anne d'Autriche. *Nocret pinxit,* 1645. — *M. Lasne fecit et ex.*, in-fol.

193. Anne d'Autriche. *Ph. Champaigne pinx.* — *J. Morin scul. et excu.*

194. Anne d'Autriche. — *Cl. Mellan.* Belle épreuve.

195. Anna Ludouici XIII uxor. *P. P. Rubens pinxit.* — *J. Louys sculpsit.* — *P. Soutman effigiavit et excud.*

196. Anne d'Autriche. Trois portraits. 1° *Petrus de Jode ;* = 2° *Joannes Meijssens excudit Antuerpiæ ;* = 3° *P. Aubry exc.*

197. Anne d'Autriche. *Mignard pinxit,* — *Nanteuil sculpebat,* 1660.

198. Anne d'Autriche. *Van Loo pinxit.* — *L. Wisscher sculpebat.*

199. Anne d'Autriche à cheval. *David f.* (Jérôme David fecit.)[1]— *Le Blond exc.*, grand in-fol.

> [1] « La Gloire, la Vertu, la Grace et la Beauté,
> Accompagnent partout cette reine admirable ;
> Son visage serain brille de majesté,
> Et ses perfections la rendent adorable.
> Par elle les François possedent un Dauphin,
> Dout les prosperitez ne seront point bornées ;
> Et par luy-mesme aussi n'auront jamais de fin
> Leurs bonnes destinées. »

— Anne d'Autriche debout devant un miroir que tient *la Vertu. M. L. in. et f.* (Michel Lasne invenit et fecit.) Deux pièces.

200. Anne d'Autriche avec les deux princes. (*Pierre*) *Daret sculpsit* ; de l'histoire de Mezeray, in-fol. = Les mêmes (anonyme), grande estampe en largeur.

201. Anne d'Autriche. Deux portraits anonymes dont un de la suite d'Odieuvre. = Portrait de Louis XIV. — Ensemble trois pièces.

2. — *Portraits des Maréchaux de France, Officiers-généraux, Ministres, Conseillers d'État, etc., du règne de Louis XIII.*

202. (1621) Charles, marquis d'Albret, connestable de France. *Moncornet, excu.*, in-4.

— (1626) François de Bone, seigneur de Lesdiguières. *Thomas de Leu fe.* [1], in-4. = Un autre, *Moncornet ex.*, in-4.

> [1] « En l'honneur de son roy ce guerrier indonté,
> Maintes fois a battu les ennemis de France,
> Cet œil que ie te moustre et ce front redouté,
> Donne à l'étranger crainte, au François asseurâce. »

203. (1646) François de Bassompierre, maréchal de France. *J. Humblot sculp.*, in-fol., trois pièces.

204 (1642) Louis de Nogaret de la Valette d'Espernon, gravé par Léonard Gaultier, in-8. = Un autre, *Thomas de Leu fecit* [1]. = Un autre, *B. Moncornet,* in-4.

> [1] « De ce duc généreux, la guerrière vaillance,
> Graue aux cœurs ennemys l'espouventable effroy,
> C'est le rempart de Metz, c'est le pris de son roy,
> C'est de Xainctonge l'heur, c'est l'honneur de Prouence. »

— (1642) Louis de Nogaret de la Valette duc d'Epernon, mareschal de France, 1646. = Gaspard, comte de Colligny, seigneur de Chastillon, mareschal de France. *A Paris, par Michel Lasne et Ysaac Briot, excud,* in-fol.

Ces deux portraits forment pendant et ont la même souscription au bas de l'estampe.

— (1639) Louis, cardinal de Lavalette, *Moncornet, ex.*, in-4. = Un autre in-fol.

205. (1617) Le mareschal d'Ancre. *B. Moncornet, excudit.*, in-4. = Leonora Galigaï, femme du maréchal d'Ancre (Odieuvre). = L'exécution de la marquise d'Ancre décapitée en place de Grève le samedi 8 juillet 1617.

Estampe allemande à six compartiments gravée sur cuivre.

— (1644) Nicolas de l'Hopital, marquis de Vitry, (qui tua le maréchal d'Ancre). *A Paris, chez Daret* 1652, in-4.

206. (1632) Henri, duc de Montmorency, maréchal de France, *C. Mellan, P.* in-4.

— (1632) Henri, duc de Montmorency, maréchal de France. *B. Moncornet excudit,* in-4.

— (1632) Henri de Schomberg, mareschal de France. *B. Moncornet,* in-4.

— (1632) Louis de Marillac, mareschal de France. *B. Moncornet excudit,* in-4.

207. (1636) Bonnet de Toyras, mareschal de France. *Cl. Mellan*

*Gall. pinx, et sculp. Romæ,* in-4 [1]. = Un autre, *B. Moncornet excudit.* in-4.

[1] Épreuve signée P. Mariette, 1652.

208. (1638) Charles de Créquy, gravé par Michel Lasne, in-12.
Épreuve de la collection de M. Robert Duménil.

— (1638) Henri, duc de Rohan, pair de France. *Balt. Moncornet ex.*, in-4.

— (1644) Amador de La Porte, vice-amiral de France. *B. Moncornet excu.*, in-4.

— (1643) J. Budes, conte de Guebriant, (anonyme), in-fol.

209. (1643) François Potier, marquis de Gesvres, *Champagne, pinx. — Morin sculp.* in-fol.

210. (1649) Gaston-Jean-Baptiste de Renty. *F. Chauveau in. — K. Audran sculp.*, in-fol. rare.

211. (1585-1641) Le card. de Richelieu, *C. Mellan f.* in-fol. = Un autre, *Æg. Rousselet sculp.*, in-fol. = Un autre dans un rond avec des légendes. *F. L. D. Ciartres excudit*, avec un texte imprimé.

212. (1642) Armand du Plessis, duc de Richelieu, *M. Lasne, delineavit, fecit et excu.*, in-fol. = Un autre, anonyme, in-4. = Un autre, *Jac. Lubin sculp.*, in-fol.
Épreuve de la collection de M. Robert Duménil.

— Richelieu, (Michel) *Lasne fecit*, in-fol., belle épreuve.

213. Pierre Jeannin, premier président surintendant des finances. *Nanteuil faciebat*, in-fol.

— (1622) Le président Jeannin. *Jac. Lubin sculp.*, in-fol.

214. (1624) Nicolas Brulart, chancelier de France. *Michel Lasne fecit. — Mariette excu.*, in-fol.

— (1622) Guillaume du Vair, garde des sceaux de France. *Edelinck sculp.*, in-fol.

— (1623) Louis Lefevre de Caumartin, garde des sceaux de France. *Daret sculp., ex.* in-fol.

— (1640) Claude de Bullion, garde des sceaux, *B. Moncornet excu.*

215. (1632) Michel de Marillac, garde des sceaux de France, le célèbre auteur de la traduction française de l'Imitation de J.-C. *Ph. Champaigne pinx. —J. Morin sculp.* in-fol., belle épreuve.

**216.** (1640) Charles Bernard, Parisien, conseiller d'Etat. *M. Lasne deline. et fecit*, in-fol., deux pièces.

Précieuse épreuve avant la lettre; parfaitement conservée.

**217.** (1641) André Frémiot, conseiller d'Etat. *B. Moncornet*, in-4.

— (1650) Isaac de Laffemas, conseiller d'Etat. *Michel Lasne delinea., sculp. et excudit*, in-fol.

— (1638) Antoine de Loménie, conseiller secretaire d'Etat. *Ferdinand pinxit*, 1622. — *Michel Lasne sculp.* 1637, in-4.

**218.** (1626) Louis Servin, conseiller d'Etat, *Thomas de Leu fecit.* in-8.

— (1617) François Loubaissin de Lamarque.

— (1620?) François de Molière s<sup>r</sup> d'Essertines. *D. du Dumonstier pinxit. — Ficquet faciebat.*

**219.** (1641) Anna Huæa, D. De Labrosse de Secoure, etc, ill. v. Joan. Haberti Uxor., in-4, portrait anonyme gravé dans le genre de Cl. Mellan.

— (1641?) Henriette-Marie de Buade Fontenac, épouse de Louis Habert de Montmor. *C. Mellan*, 1641, in-fol.

— (1741?) Effigies vener. sororis Franciscæ Habert, rel. prof. ord. Fontisbrald, conuent de Hautebriere, (par Claude Mellan), in-12.

**220.** (1645?) Louise Bourgeois, femme de Boursier, chirurgien, sage-femme de Paris, nourrice de Louis XIII, (par Léonard Gaultier), in-8.

**221.** (1612) Nicolas Lefèvre, précepteur de Louis XIII, (gravé par Th. de Leu), in-8. ═ Un autre gravé par de Larmessin, tiré de l'*Académie des Sciences et des Arts*, in-fol.

— Nicolas Lefèvre. *Edelinck sculp.* (des *Hommes illustres* de Perrault).

— (1620) Ant. de Pluvinel, regis equorum magister. *Godf. Muller ex.* in-4. gravé par Simon de Passe.

— (1630?) Louis Petit, général des Trinitaires de la Rédemption, aumônier du roi ; gravé par Michel Lasne.

Épreuve de la collection de M. Robert Duménil.

### 3. — *Portraits des Savants, Littérateurs et Artistes du règne de Louis XIII.*

222. (1624) Nicolas Abraham, sʳ de la Framboisière, médecin ordinaire du roy. *Peint par Daniel Dumonstier.* — *L. Gaultier incidit*, 1624, gr. in-4. = Un autre : *Th. de Leu fecit*, in-8.

223. (1678) Charles De Lorme, médecin de Louis XIII, *J. Callot fecit*, in-4.
Belle épreuve du 2ᵉ état.

224. Nicolas Habicot, chirurgien. *Peint par Daniel Dumonstier.* — *Thomas de Leu sculp.* in-8.
— (1627?) David de Planis Campy, dit l'Édelphe, chirurgien ordinaire du roy. (*Michel*) *Lasne deline. et fecit*, in-8, belle épreuve. = Un autre : *D. Dumonstier p.* — *M. Lasne fec.* in-8.
= (1632) François Hérard de Paris, chirurgien juré. *F. Sicre pinx.* — *L. Cossin sculp.* in-fol. Belle épreuve.

225. (1625?) Claude Mollet, premier jardinier du roy. *M. Lasne, delineavit et fecit,* petit in-fol.
— (1640?) Réné, gentilhomme croisiquais, sʳ de l'Espine, premier domestique de monseigneur, frère du roy. *Du Pré ad vivum delinea.* — *Daret sculp. Parisiis,* 1637, in-4, belle épreuve de ce singulier portrait.

226. (1623) Pierre Richer de Belleval, médecin, et célèbre botaniste, né à Châlons-sur-Marne, en 1558. *C. Le Brun pinx.* — *Ægid. Rousselet, sculp.,* 1662, in-fol.
— (1615) Etienne Pasquier, *Jaspar Isac fecit* et un autre.
— (1623) Scévole de Sainte-Marthe, président et trésorier de France à Poitiers, *Edelinck sculp.,* in-fol.
— Benj. Prioli écrivant l'Histoire de France en Italien. *C. Le Fcure pinx.* — *N. Pitau sculp.,* in-4, épreuve avant la lettre.

227. (1627) Thomas Sonnet sʳ de Courval. *L. Gaultier sculp.,* belle épreuve.
<blockquote>
« Vire fut mon berceau, ma nourisse et mon laict,<br>
Caen l'vnique seiour de mon adolescence,<br>
Paris, de ma ieunesse, et maintenant la France,<br>
A mon nom, mes escris, mon corps, en ce pourtraict. »
</blockquote>

228. (1631) Davila historien (anonyme), in-fol. rogné.
— (1637). Nic. Claude Fabri Peiresc, conseiller au parlement de Provence. *Cl. Mellan G. del. et sculp.,* 1637, in-4.

— (1637) Nic. Claude de Fabri de Peiresc. *Jac. Lubin sculp.*, in-fol., (des *Hommes illustres* de Perrault.)

— (1646) Le P. François Nicéron, minime et mathématicien. *M. Lasne fe.*

**229.** (1637) Louys Charondas le Caron, jurisconsulte parisien. *Jaspar Isac fecit*, 1613, in-fol., belle épreuve avec marges.

— (1622) Denys Godefroi, jurisconsulte célèbre, in-4.

— (1627) Loyseau, auteur du *Traité des seigneuries et ordres*. *Jaspar Isac fecit*, in-fol., belle épreuve.

**230.** (1625) Honoré d'Urfé, chevalier de Malthe. *P. Van Schuppen sculp.* 1699, in-fol., belle pièce.

**231.** François de Malherbe. *Finsonius belga pinxit* 1613. — *J. Cœlmans sculpsit*, in-fol. = Un autre : *Briot fecit.* = Un autre : *Jac. Lubin sculp.*

— (1644?) Raphaël Trichet Dufresne, savant et bibliophile, son portrait dans un ovale gravé par Abraham Bosse, in-4.

— Trichet (Raphaël Dufresne), anonyme.

**232.** (1648) Voiture, *Champaigne pinx.* — *Nanteuil sculpebat*, 1649, in-4. = Un autre : *Jacq. Lubin sculpsit*, in-fol.

**233.** (1617) Henricus Goltzius, peintre et graveur. *G. Edelinck eques Romanus sculpsit*, in-fol.

**234.** (1627?) Hierosme Francque, peintre du roy. *Francque pin.*, — *(Jean) Morin scul.*, in-fol.

— (1638) Jacques Blanchard, peintre du roy. *Se ipse pinxit.*— *Edelinck sculp.* , (tiré des *Hommes illustres* de Perrault), in-fol.

**235.** (1640) Pierre-Paul Rubens, peintre. (*Petrus Pontius sculpsit et excudit*), in-fol.

Belle épreuve sans marges.

**236.** (1641) Simon Vouet, peintre du roy. *Ant. Van Dyck pinxit.* — *R. V. Vorst.* (Robert Van Vorst), *sculp.* — *Mart. Van den Enden excudit,* in-4. = Un autre gravé par François Perrier, in-4, (épreuve rognée).

**237.** Claude Dervet, peintre, en pied, son fils à côté de lui, dessiné et gravé par J. Callot ; Callot lui a dédié ce portrait (à Nancy, 1632).

Première et très rare épreuve avant les contre-tailles sur la façade du château, à gauche et avant ces mots : « *A Nancy.* 1632.» Épreuve des collections A. Donnadieu et Armand Bertin.

**238.** (1650 ?) Louis du Guernier, peintre en miniature, *S. Bernard sculp*. in-4.

Belle épreuve d'une belle et rare estampe de Samuel Bernard.

— (1642 ?) Pierre Vallet, dessinateur, né à Orléans vers 1575, son portrait gravé par lui-même, in-4.

— (1650) Richard Collin, dessinateur et graveur né à Luxembourgen, 1627 ; *P. C. f.*

Représenté en buste, nu tête et légèrement tourné à gauche; en pourpoint, avec le petit manteau sur l'épaule gauche. Dans une bordure ovale sur laquelle le nom est ainsi écrit : *Rciahdr Cloiln*, et au-dessous de la bordure un cartel avec cette inscription :

« Il est née la présente anné 1627. Il s'ast adônée au pratique de la Gᵉogᵉ, Cosmogᵉ et Math., et après ces taille douce, lequel a compris en peux de temps est parue exceller au carthe geog. côme l'on voy par ces œuvres, lesquelles a grauée en errain. »

Ce portrait, que nous ne trouvons mentionné que par *Hubert et Rost,* VI page 170, est vraisemblablement dû au burin de Pierre Clouet ou Clouvet, graveur au burin dans le goût de Pontius, né à Anvers en 1606.

**239.** (1630?) Charles de Mallery, graveur. *Ant. Van Dyck pinxit.* — *L. Vorstermann sculp.*, in-4. ═ Un autre d'après Van Dyck, par Suzanne Silvestre, in-4.

**240.** (1635?) Jacques Callot, graveur. *Ant. Van Dyck pinxit.* — *L. Vorsterman sculp.*, in-fol. ═ Un autre, *Michel Lasne delineavit et fecit.* — Et dans le cartouche bizarre du bas, au-dessous des armes, quatre lignes. ═ Un autre, copie en contre partie de la gravure de Michel Lasne, mais dans cette épreuve le cartouche, au bas de la gravure, est resté blanc.═ Un autre, *Raphaël Custodis, f.,* pris du portrait de Michel Lasne. ═ Un autre, *(Abrah.) Bosse fecit.* — *Israel excudit.;* ensemble cinq portraits différents.

**241.** (1614?) Pierre de Francheville, sculpteur. *Ja. Bunel pinxit,* in-fol.

En haut du cadre de pierre sculptée qui entoure le portrait se voient ses armes, et en bas le nom *Petrus a Francavilla,* et sur un cartel placé au milieu du bas :

« Cameracensis. Gall. et Navar. regis christianiss. architect. et protosculptor academicus Florentinus et ob egregia artis opera civitate Pisana donatus, M. VI, XIII. »

— (1650?) Barthelemy Trenblet [1], sculpteur du roy. *B. Moncornet excu.*

[1] Louure me donna l'estre et Paris la fortune,
J'eus l'honneur d'estre au Roy; Saint-Hustache a mes os.
Passant, au nom de Dieu, si ie ne timportune,
Durant ce mien sommeil prie pour mon repos.

**242.** (1610) Métezeau, (gravé par Léonard Gautier), in-8.

— (1628 ?) Cl. Métezeau, architecte, gravé par Michel Lasne, in-fol.

Dans un cadre octogone sur lequel on lit *Clément Métezeau Druide, architecte et ingénieur du roy, inventeur de la digue faicte en travers du canal de La Rochelle, ès-années* 1627 *et* XX VIII; *qu'elle fut prise et demantelée par Louis le Juste XIII<sup>e</sup>, roy de France et de Navarre.* Le bas du cadre offre quatre vers latins, et au-dessus une vue de la digue de La Rochelle. Derrière, particularité qui ne se trouve que sur les anciennes épreuves, on a tiré avec une autre petite planche, la copie en neuf lignes du brevet d'ingénieur ordinaire, donné à Metezeau par Louis XIII, le 24 octobre 1628.

### 4. — *Estampes sur les événements du règne de Louis XIII.*

**243.** Les hevrevses et fatales devises de Monseignevr le Davphin et de madame fille vniqve de Henri III roi de France. *L. Gaultier fecit,* 1604. *J. Le Clerc ex.,* pièce in-fol. en largeur.

Estampe précieuse et très RARE.

**244.** (Le sacre de Louis XIII) [1], *F. Quesnel pinxit. Thomas de Leu sculp.,* pièce en largeur.

Estampe précieuse et FORT RARE.

[1] « Neneu de tant de rois qui viuent dans les cieux,
O trezieme Lovys! espoir de nos prouinces!
Que ceste alme liqueur, rare présent des dieux,
Influe en ton esprit les vertus des grands princes!
Qu'ainsi le Sainct-Esprit tousiours dedans ton cœur,
Comme ce divin huile en toy montre sa gloire :
Confirme son amour d'un amour si vaincueur,
Que jusque au plus haut ciel en luise la victoire.
Divin oinct du Seigneur! O fleurs de l'univers!
Héritier glorieux du plus grand rey du monde!
Que tousiours tes palmiers et tes lauriers soient vers,
Et que tousiours ta France à tes souhaicts responde. »

**245.** Le sacre et couronnement du très-chrétien Louys XIII, roy de F. gravé par J. Van Halbeck, *J. Le Clerc excudit.*

Grand exemplaire en largeur avec un texte explicatif imprimé entourant la gravure, et daté de 1610. Voir l'Appendice à la fin du volume.

**246.** Les heureuses alliances de la France avec l'Espagne, par les mariages de Louis XIII avec Anne d'Autriche et Philippe d'Autriche avec Elisabeth de Bourbon : cette inscription est en français et en espagnol dans les marges du haut et du bas ; et on lit aussi à gauche, dans le bas de l'estampe, l'adresse *de Nicolas Mathonière excudit,* in-fol. en travers.

Belle épreuve d'une estampe très rare et qu'on attribue à Léonard Gaultier.

**247.** Copie d'une estampe représentant le même sujet, gravée par

Fornazeris, in-fol. en hauteur ; au bas est rapportée une pièce de vers latins imprimée.

On lit dans un cartouche gravé au-dessous des personnages, entre les armoiries de la France et de l'Espagne, les vers français suivants dont la version espagnole se trouve à côté :

> Pour donner à la France vne paix de durée,
> Et preseruer l'Estat de tous mauuais desseins,
> J'ay faict par meur aduis deux mariages sainct,
> Qui deux peuples liront d'vne amitié serrée.
>
> Vos peuples et les miens en auront de la joye,
> Et tous ceux que contient le rond de l'vniuers,
> N'apprehenderont plus les accidens diuers
> De la guerre qui met hommes et bien en proye.

## 248. Allégorie de la ville de Lyon, en l'honneur d'Anne d'Autriche. *Gre. Huret sculp.*, belle épreuve.

## 249. La Naissance du Dauphin.

Estampe en hauteur probablement d'Abr. Bosse, quoiqu'elle ne se trouve pas citée dans l'ouvrage de M. Leblanc, *Manuel de l'Amateur d'estampes*. Elle est divisée en deux compartiments, l'un est intitulé : *La sage-femme présentant au roy monseigneur le dauphin*, avec ces vers au bas :

> Sire, vostre cher dauphin
> Est l'image de vous-mesme,
> Son bonheur sera sans fin
> Comme le vostre est extresme.

L'autre : *L'allégresse de la France représentée par des enfans qui dansent*, et au-dessous les vers suivants :

> « Le Dauphin qui vient de naistre,
> Oblige à se resjouir,
> Les enfans qui verront crestre
> Le bien dont ils vont jouir. »

## 250. La Joye de la France, par A. Bosse. 5 *septembre* 1638, en largeur.

Estampe présentée au roy par A. Bosse, à l'occasion de la naissance du Dauphin, fils de Louis XIII. On lit au bas :

> Dedans l'excès de cette joye
> Ou toute la France se noye,
> Grand roy ie vous en offre vn crayon imparfaict,
> Mon art n'a peu trouuer vne plus belle chose,
> Et j'ay creu que vos yeux approuueroyent l'effaict,
> Dont nos cœurs adorent la cause.
>
> Dans la passion de vous plaire,
> J'ay cherché pour me satisfaire,
> A vous faire vn présent tesmoing de mon debuoir,
> Et dedans le dessaing de le faire paraistre,
> J'ay pensé qu'il faillait seulement faire voir
> Ce bien qui nous faict viure et qui ne faict que naistre.

Ce que fist, contre l'apparence,
Ce Dauphin de qni la puissance
Garantit Arion des jniures du fort ;
Celui-ci le praticque avec plus d'auantage,
Et nous doit faire vn jour considérer du port
Nos ennemis dans le nauffrage.

Admirable et juste monarque,
Aggréez cette foible marque,
D'un subject dont le zèle est sur tous sans égal.
Receues, s'il vous plaist, ce légitime homage,
Et puis que vous aymés sy fort l'original,
Daignes, a tout le moins en regarder l'jmage.

**251.** (1638) Le roi Louis XIII vouant le Dauphin à la Vierge, par Grég. Huret, gr. in-fol. rogné du bas.

— (1624) Figure allégorique d'un favori de Louis XIII. *Léonard Gaultier incidit*, 1624.

**252.** Festin donné par le roi Louis XIII aux chevaliers de l'ordre du St.-Esprit, promotion de 1633, par Abrah. Bosse.

— Les Forces de la France sous le règne de Louis le Juste, (par A. Bosse) *Mariette excu.*, estampe en largeur.

**253.** Louis XIII debout avec les attributs d'Hercule. *A. Bosse in. et sculp. — J. Blondus excud.*, in-4. en largeur.

Au bas de cette estampe se trouve imprimée une longue pièce de vers français signée *F. Hrtet D. M. D. B.*, et portant cet intitulé : *Sur la guerre déclarée en Flandre contre l'Espagnol, par un héraut d'armes de Louys le Juste......, et sur l'entrée desdits païs, forcée par son armée sous la conduite de ses généraux, les sieurs de Chastillon et de Brézé.*

**254.** La Fortune de la France, pièce en largeur.

Estampe satirique contre les Espaguols, inventée et gravée par Abrah. Bosse. On lit au bas les vers suivants :

« Nos ennemis meurent de voir,
Qu'ils n'ont ny force, ny pouvoir,
Sur la fortune de la France;
Et que l'inuincible Louys,
Dont elle entreprend la défence,
Rend leurs projets csvanouys.

Sur ce chef des plus grands guerriers,
Elle fait fleurir les lauriers,
Dont la Victoire le couronne ;
Et soustient si bien ses dessains,
Que les sceptres qu'elle luy donne
Sont tousjours fermes dans ses mains.

Ce cavalier estropié,
Réduit au train des gens de pié
Et cet autre sur sa bourrique,
Font des vœux inutilement,
A celle qui leur fait la nicque,
Et qui les joüe à tout moment.

La Fortune, qui dans les cieux
Les fuit, et qu'ils suiuent des yeux
Avec une mine hypocrite,
Se mocque d'eux dans les combats;
Et plus leur vanité l'irrite,
Plus elle aime à les mettre bas.

Et la dédicace : *Illustri viro Michaeli Blondo sacrae Regiae Suecorum majestatis et coronae ad serinissimum Magnae Britanniae regem legato.*

## E. — Louis XIV.

### (1643-1715.)

*1. — Portraits du Roi et des membres de sa famille.*

255. Louis XIV jeune, par Michel Lasne ; épreuve avant : *A. Boudan excud.*, de la collection de M. Robert Duménil.
— Louis XIV jeune, par Michel Lasne. — *A. Boudan excud.*
— Louis XIV jeune, vêtù du manteau royal. *Michel Lasne fe.* estampe gr. in-fol., en largeur.

256. Louis XIV, portraits le représentant jeune. *P. Rucholle f.* — *J. de Jode ex.* = Un autre : *S. Klæting exc. del. f.* = Un autre : tête de page d'un livre. *Ganière fe. ex.* = Un autre : *B. Moncornet excudit;* quatre pièces.

256 *bis.* Louis XIV, jeune homme. *N. Mignard Avenionensis pinxit.* — *P. Van Schuppen sculpebat,* 1662.

257. Louis XIV jeune homme, dans un cercle de lauriers, surmonté de la couronne royale, et d'ailes parsemées d'oreilles et d'yeux. *N. Poilly sculpsit.*
— Louis XIV jeune, à cheval, précédé de la Renommée, frontispice du poëme de Clovis ; d'après J. Bourdon, gravé par Jean Couvay, pièce in-4. = Un autre, également frontispice d'un livre. *Moncornet excudit,* in-4.

258. — Louis XIV à cheval, vêtu de son armure ; dans le fond une vue de Paris. *Joannes Lenfant excudebat;* très grande pièce.
— Louis le Grand à cheval, *gravé par N. Bazin,* 1682, gr. in-fol. = Un autre : *Johann. Hofman excud. Noriberg.*

259. Louis XIV. *R. Nanteuil ad uiuum pin. et sculpebat cum privilegio Regis, 1663.*
Épreuve du 2e état. (Rob. Duménil, n° 153.)

260. Louis XIV. *R. Nanteuil ad viuum ping. et sculpebat,* 1664.
1er état, (Rob. Duménil, n° 155.)

261. Louis XIV. *Car. le Brun ad uiuum pinxit.* — *Pet. Van Schuppen sculp.,* 1664.

262. Louis XIV. *L'invincible monarque. C. le Febvre pinx.* — *P. Van Schuppen sculp.,* 1675. — *N. de Poilly ex.* = Un autre : *K. Audran fecit.* = Un autre : *P. Griffart,* 1683.

263. Louis XIV. *N. Mignard auen^is inven. et delin.* — *N. Poilly
sculp.*
— Louis XIV. *Jean de la Haye pinx.* — (*G.*) *Edelinck sculp.*
(n° 256 de R. D.). = Un autre, à la manière noire. *Fiter pinx.
à Paris.* — *Georg. Kilian sculps. Aug.*

264. Louis XIV en pied, costume de Cour, à la manière noire.
*J. Gole fec. et exc.*
— Louis XIV, quatre portraits différents gravés par N. de l'Ar-
messin, in-4.

265. Louis le Grand, roy de France. = Louis le Grand, la ter-
reur et l'admiration de l'univers. — Louis le Grand, roy de
France, par Arnoult. Ensemble trois pièces par Bonnart.

266. Louis XIV, *ex formis Nicolai Visscher.* — *Philibert Bout-
tats sculpsit.* = Trois autres portraits et une allégorie avec
médaillon, ensemble cinq pièces.
— Louis XIV en pied, représenté en empereur romain, donnant
le plan d'un siége, estampe anonyme avec les vers suivants
au bas :

« Ouy, grand roy, laissons la les sieges, les batailles,
Qu'vn autre aille en rimant renverser des murailles,
Et souvent sous tes pas marchant sans ton aveu,
S'aille couvrir de sang, de poussière et de feu.
A quoy bon d'vne muse au carnage animée,
Échauffer ta valeur déjà trop allumée?
Jouissons à loisir du fruit de tes bienfaits,
Et ne nous lassons point des douceurs de la paix. »

267. Louis XIV, son portrait en médaillon, médailles des principaux événements de son règne, 21 pièces gravées.

268. Louis XIV, dans un ovale tenu par le Temps, et environné
d'attributs allégoriques; grande thèse de l'abbé Letellier, dessinée par C. Le Brun, terminée et gravée par *François Poilly*,
deux planches gr. in-fol.

269. Statue érigée dans la ville de Lyon à la gloire de Louis le
Grand, par le maréchal de Villeroy, gravée par B. et J. Audran.,
grande estampe en hauteur.

270. Statue équestre de Louis XIV, sculptée par A. Coyzevox. *S
Thomassin sculpsit.*

271. Statue équestre du roy Louis XIV, érigée au centre d'une place et au pied de laquelle défilent les grands hommes de la monarchie. *Bonet pinx.* — *Edelinck effigies sculp.*, gr. in-fol.

272. Mariage de Louis XIV, avec Marie-Thérèse d'Autriche, estampe allemande contemporaine, in-fol. en l.

273. Marie-Thérèse d'Autriche. *Baubrun pinxit.* — *N. Pitau, sculp., 1662.*
— Marie-Thérèse d'Autriche. *Van Loo pinxit, excudit.* — *L. Visscher sculpebat.*

274. Marie-Thérèse d'Autriche, gravée à la manière noire, par Gaywood.
Rare. Épreuve de la collection Donnadieu.

— Marie-Thérèse d'Autriche, à mi-corps, gravée à la manière noire. *P. Schenck fecit.* — *J. de Ram excudit,* in-fol.

275. Marie-Thérèse d'Autriche à cheval, *peint par J. B. Martin. gravé par N. Bazin, 1682,* in-fol.
— Marie-Thérèse d'Autriche, *N. de l'Armessin,* 1664 et 1685.
— Deux portraits, in-4.

276. (1670) Étrennes à Mgr. le Dauphin, très grande estampe, représentant les portraits de Louis XIV et Marie-Thérèse, gravés par Regneisson, pièce avec almanach, *(belle épreuve).*

277. Louis, dauphin de France, fils de Louis XIV, à différents âges, quatre portraits gravés par N. de l'Armessin, in-4.
— (1711) Louis Dauphin de France; très jeune (Moncornet), in-4, *mieux que nostre dauphin, nul ne peut mieux mériter, etc.*

278. Louis, dauphin de France. *Francis. de Troy, ad viuum pinxit et ex.* — *P. Van Schuppen sculpsit,* 1684, gr. in-fol.
— Louis, dauphin de France. *Hyacinthe Rigaud pinxit.* — *P. Drevet sculp.,* gr. in-fol.

279. Louis, dauphin de France. Deux pièces par Bonnart.
— Louis, dauphin de France, à cheval, *peint par J. B. Martin gravé par N. Bazin,* 1664, gr. in-fol. = Un autre portrait du prince à pied, gravé par A. Trouvain, in-fol., deux pièces.

**280.** Louis, dauphin de France, fils de Louis XIV, *J. Saraba sculp.* 1700, in-fol.

Estampe gravée en manière noire, par Jean Sarrabat, artiste français, né aux Andelys.

**281.** (1690) Marie Anne Christine de Bavière. *N. de l'Armessin sculp.* 1680, in-4. = La même princesse à cheval. *Peint par J. B. Martin, — gravé par N. Bazin,* 1682, gr. in-fol.

**282.** (1712) Louis de France, duc de Bourgogne, fils aisné de monseigneur le dauphin, et de madame la dauphine, né au chasteau royal de Versailles, le 6 aoust, 1682. Cinq portraits différents par Bonnart.

**283.** Louis, duc de Bourgogne, deux portraits différents de ce prince enfant, gravés par de l'Armessin, in-4.
— Louis, duc de Bourgogne, épreuve avant la lettre.
— Louis, duc de Bourgogne, *dessiné et gravé par Simon Thomassin,* 1697 et 1698; deux portraits différents de ce prince, gr. in-fol.

**284.** Louis, duc de Bourgogne, *Hy. Rigaud P. — P. Drevet sculp.,* in-fol.

Belle épreuve avant toute lettre.

**285.** (1697) La cérémonie du mariage de monseigneur le duc de Bourgogne avec la princesse de Savoie, 1697, grand in-fol. en travers.

**286.** (1712) Marie Adelaïde de Savoie, portrait sur le titre de l'office de la semaine sainte, dédié à cette princesse, gravé par N. Pitau. = Un autre, *Casenave sculp.,* (avant la lettre). = Un autre de la collection Gavard.
— Marie-Adelaïde, princesse de Savoye, fille aînée de S. A. R. Victor Amédée II, duc de Savoye et d'Anne-Marie d'Orléans; née à Turin le 6 décembre, 1685. Deux pièces par Bonnart.
— Monseigneur le duc de Bretagne enfant. *C. Simonneau excud.*

**287.** (1746) Philippe, duc d'Anjou, enfant, (depuis, Philippe V, roi d'Espagne), deux portraits différents gravés par Larmessin, in-4.
— Monseigneur le duc d'Aniov (enfant), *Peter Aubry excudit.*
= Le même. *Moncornet excud.* = Philippe de France, duc d'Anjou, (jeune homme), *Barth. Moncornet,* trois pièces.

288. Le duc d'Anjou. *J. Nocret pinx.* — *P. Van Schuppen sculpebat,* 1660, in-fol.

— Le duc d'Anjou. *J. Nocret pinx.* — *F. Poilly sculp* [1].

[1] **Deux portraits différents gravés par François Poilly, d'après Jean Nocret.**

289. Philippe, duc d'Anjou, *peint par de Troye,* — *gravé par le
chevalier Edelinck,* in-fol.

— Le même sous le nom de Philippe V. *Hy. Rigaud pinxit.* —
*Pet. Drevet sculp.,* in-fol.

— Le duc d'Anjou à cheval, *Moncornet excudit,* in-4.

290. Le même sous le nom de Philippe de France, duc d'Anjou,
second fils de monseigneur le dauphin, et de Marie-Anne-Christine-Victoire de Bavière, est né à Versailles, le 19 décembre
1683. Six portraits différents et sous des titres divers par Bonnard.

291. La reine d'Espagne, Marie-Louise-Gabrielle de Savoye,
deuxième fille de S. A. R. Victor Amédée, duc de Savoye et
d'Anne-Marie d'Orléans, née le 6 septembre 1688. Deux pièces
par Bonnart.

— Monseigneur Charles de France, duc de Berry, troisième
fils de monseigneur le dauphin, naquit au chasteau de Versailles,
le 31 d'aoust 1686, et fut baptisé le 18 janvier 1687 par monseigneur l'evesque d'Orléans, tenu par monseigneur le duc de
Chartres, et par mademoiselle d'Orléans. 3 pièces par Bonnart.
= Un autre, *de Larmessin sculp.,* in-4. = Un autre, *peint par
de Troy,* — *gravé par le chevalier Edelinck.*

— Marie-Thérèse de France, fille de Louis XIV. *Moncornet,* in-4.

292. (1719) Françoise d'Aubigny, marquise de Maintenon, *fait par
P. Giffart, graveur du roy.* = Un autre, *de Larmessin sculp.,* in-4.
= Madame de Maintenon, trois portraits divers, dont celui de
Saint-Aubin, avant la lettre.

293. Madame de Maintenon, d'après Mignard, par Fiquet, **deux**
épreuves avec différences, dont une avant les noms.

294. La même sous le nom de Françoise d'Aubigné, marquise de
Maintenon. = Dame religieuse de Saint-Cyr, pour l'éducation
des jeunes demoiselles. = Demoiselle de Saint-Cyr de la première classe, portant le ruban bleu. = Demoiselle de Saint-

Cyr de la 2ᵐᵉ classe, portant le ruban jaune. == Demoiselle de Saint-Cyr de la 3ᵐᵉ classe, portant le ruban vert. == Demoiselle de Saint-Cyr, de la 4ᵐᵉ classe, portant le ruban rouge. Ensemble huit pièces par Bonnart.

295. (1710) La duchesse de La Vallière, représentée à mi-corps, demi-nue; gravé à la manière noire. *E. Luterel fe*. — *E. Cooper ex.*, in-4. == Un autre anonyme, gr. in-4.

296. Marie-Anne légitimée de France, *de Larmessin scul.*, 1684, in-4.

— (1707) Françoise-Athenaïs de Rochechouart, marquise de Montespan. *Stephanus Picart Rom^us fecit et excudit*, 1668, in-fol. == Un autre gravé à la manière noire. *J. G. F.* (Jacob Gole fecit.), in-4. == Un autre, par Bonnart.

— (1755). Ludovicus Augustus Dombarum princeps (fils de Louis XIV et de Mᵐᵉ de Montespan). *F. de Troye pinx.* — *P. Drevet sculp*. 1703, in-fol.

— Le même sous le nom de Louis Auguste de Bourbon, duc du Mayne. == Madame la duchesse du Mayne. Deux pièces par Bonnart.

297. (1737) Louis-Alexandre de Bourbon, comte de Toulouse, amiral de France, *peint par Hyacinthe Rigaud*. — *P. Drevet sculpsit*, in-fol., belle épreuve.

— Louis Alexandre de Bourbon, comte de Thoulouze. Deux pièces par Bonnart.

— Louis-Alexandre de Bourbon, comte de Toulouse. *Gobert pinx*. 1701. — *N. Pitau scul*.

298. Les appartements, six grandes estampes, gravées par A. Trouvain, 1694 et 1696.

1ᵉʳ APPARTEMENT. 10 personnages, dont : MM. les ducs d'Anjou et de Berry, le prince de Galles et le comte de Brionne.

2ᵉ APPARTEMENT. 7 personnages autour d'une table : Monseigneur, la princesse de Conty, le duc et la duchesse de Bourbon, M. de Vendôme, etc.

3ᵉ APPARTEMENT. 8 personnages, dont : le Roy, Monsieur, le duc de Chartres, le comte de Toulouse, le duc de Vendôme, M. d'Armagnac, M. de Chamillart.

4ᵉ APPARTEMENT. 9 personnages dont : le duc de Bourgogne, M. le duc et Mᵉ. la duchesse de Chartres, la duchesse du Maine et la princesse de Conty.

5ᵉ APPARTEMENT. 8 personnages.

6ᵉ APPARTEMENT. 6 personnages.

### 2. — *Portraits des Maréchaux de France, et des Officiers-Généraux.*

299. (1646) Gaspard de Coligni, maréchal de France; *effigiem a Michaele Joh. : Miereveldio ad vivum depictam et a Guilhelmo*

*Jac.; Delphio cœlo hâc formam expressam.*, in-fol., belle épreuve.

300. (1647) Jean de Gassion, maréchal de France. *B. Moncornet excu.*, in-4. == Un autre : *Edelinck sculp.*, in-fol.

— (1652) Nonpar de Caumon de la Force, maréchal de France, in-4.

— (1654) Hercule de Rohan, duc de Monbason. *Balth. Moncornet*, in-4.

— (1660) François de l'Hôpital, maréchal de France. *B. Moncornet excudit*, in-4 == et deux autres.

— (1678) Anne, duc de Noailles, lieutenant-général des armées du Roy. *De Larmessin sculpsit*, in-4.

— (1649) Monsieur le duc de Chaunes, gouverneur de Bretagne; par Bonnart.

— (1656) Charles de Schomberg, maréchal de France. *Joan. Picart delineavit et incidit, 1638*, in-fol.

— (1657) Phil. de La Motte Houdancourt, maréchal de France. *Humbelot ex.*, in-fol.

301. (1661) Bernard de Foix de la Valette duc d'Espernon, colonel général de France. *Nanteuil faciebat et excud.*, in-fol. Belle épreuve du 2ᵉ état. (R. D. 91.)

302. (1662) Charles de la Porte, duc de La Meilleraye, maréchal de France. *Nanteuil sculp.*, 1662, in-fol.

Belle épreuve avec marges, de la collection Donnadieu. (R. D. 118.)

303. (1669) Antoine d'Aumont de Rochebaron, maréchal de France. *N. de Larmessin sculpebat*, 1663, in-4. == Un autre : in-fol.

— (1670) François-Anibal d'Estrées, maréchal de France. *Daret sculpsit, ex.* == Un autre, in-fol.

— (1670) Le duc de Tresme, capitaine des gardes-du-corps, *de Larmessin sculpsit*, in-4.

— (1673) François Colbert, lieutenant-général des armées du roy, *de Larmessin sculpebat*, in-4.

304. (1675) Henry de la Tour d'Auvergne, vicomte de Turenne. *Champaigne pinxit. — Nanteuil sculpebat*, in-fol.

Très belle épreuve de la collection Donnadieu. 3ᵉ état. (R. D. 232.)

305. — Henri de Latour d'Auvergne, vicomte de Turenne.

*Jac. Lubin sculp.*, in-fol. = Un autre : *Ant. de Marcenay de Ghuy sculp.*, 1763[1], in-8.

[1] Belle épreuve avant toute lettre.

306. — Henri de Latour d'Auvergne, vicomte de Turenne. *Anselmus van Hulle pinxit.* — *Petrus de Jode sculpsit*, in-fol.

— Henry de La Tour d'Auvergne, vicomte de Turenne, à cheval. *J. Van Merlen, ex.*, une pièce très-grande, in-fol.

307. (1678) Antoine de Grammont, maréchal de France. *N.*, deux portraits *de Larmessin sculp.*, 1665, in-4.

— (1680) François de la Rochefoucauld. *Ferdinand pinxit.* — *Petit sculps.* = Un autre. *B. Moncornet, ex.*

— (1681) Henri de Senneterre, maréchal de France, *de Larmessin sculpsit*, in-4.

— (1685) Nicolas de Neufville, duc de Villeroy, maréchal de France, *de L'armessin sculpsit.*

— (1686) Le comte d'Estrades, maréchal de France, (gravé par N. de L'armessin), in-4.

— (1687) François de Beauvilliers, duc de Saint-Aignan, lieutenant général des armées du roy. *Balthasar Moncornet excu.*, in-4.

308. (1687) Charles, duc de Créquy, lieutenant général pour sa majesté, *de L'armessin sculpebat*, in-4.

— (1690) Frédéric, duc de Schomberg. — *De L'armessin sculpebat*, in-4.

— (1691) François d'Aubusson, maréchal de France. *Gaillard sculps.* (Odieuvre), in-4.

— (1694) Le maréchal de Humières, capitaine général de l'artillerie de France. *Ferdinandus Voet pinxit.* — *J. Lubin sculp.*, *1688*, in-fol.

— Le même sous le nom de Louis de Crevant, de Humières. *de L'armessin sculpebat.* in-4.

— Madame la duchesse d'Humières, en habit de bal, fille de M. le mareschal d'Humières, a épousée le fils de M. le duc d'Aumont qui doit porter par cette alliance le nom et les armes d'Humières. = La même sous le nom de Marie-Thérèse-Julie de Crevant, duchesse d'Humières, a épousé M. le duc d'Aumont, comte de Chappe, et par ce mariage duc d'Humière. Trois pièces de Bonnart.

(1701) Beaumanoir, marquis de Lavardin. *De L'armessin, sculp.*, in-4.

(1702) Le maréchal de Duras, *L'armessin, sculp.*, 1680, in-4.

— (1702) Le duc de Lesdiguières, lieutenant général pour le roy en Dauphiné. *De Larguillière pinx. — Cl. Duflos sculpsit*, in-4.

— (1712) Nicolas de Catinat, maréchal de France. *J. G. Will sculps.* (Odieuvre). in-4.

— Charles de Sainte-Maure de Montauzier. *De L'armessin, sculpebat*, in-4.

309. (1708) Anne Jules duc de Noailles, maréchal de France *Hia. Rigaud pinx. — Edelinck sculp.* in-fol., belle épreuve.

310. (1675) Monsieur le maréchal de Choiseul.
— Nicolas de Catinat, maréchal de France.
— M. le mareschal de Bouflers.
— M. le duc de Montmorency, Charles-François Frédéric; duc de Luxembourg, de Pinay, et de Montmorency : pair, premier baron, et premier chrestien de France, gouverneur de Normandie, et maréchal-de-camp des armées du roy.
— M. le maréchal de Villars.
(Ensemble huit pièces par Bonnart.)

311. Louis duc de Vendôme. *P. Mignard pinxit Trecensis. — Ant. Masson sculpsit*, in-fol.
Belle épreuve d'un portrait rare.

312. Henri de Bourbon, duc de Vendôme; gravé par Robert Boissard, in-fol.
Belle épreuve d'un portrait très rare, de la collection de M. Robert Duménil.

— M. le duc de Vendôme ; par Bonnart.

313. M. le maréchal de Tallard.
— M. le maréchal de Villeroy, commandant les armées du roy en Flandre.
— Marie-Marguerite de Cossé, duchesse et maréchale de Villeroy.
— Madame la duchesse de Villeroy, fille de M. le marquis de Louvois, a épousé M. le duc de Villeroy, fils aisné de M. le maréchal de Villeroy.
(Ensemble cinq pièces par Bonnart.)

— (1665) François, comte de Pagan, maréchal de France, célèbre ingénieur. *Henricus Gascard delin.* — *Jo. Pationy sculp.* = Un autre : *Jac. Lubin sculp.*, in-fol.

— (1685) Henri de Daillon, comte de Lude, général de l'artillerie de France. *De L'armessin sculpsit.*

— (1707) Le maréchal de Vauban. *De Troy pinx.* — *Bernard f.* = Un autre, *Hya. Rigaud pinx.* — *N. Dupuis sculp.* (Odieuvre), in-4.

— Le même sous le nom de messire Sébastien le Prestre de Vauban, chevalier seigneur de Bazoches et autres lieux, lieutenant-général des armées du roy, commandeur de l'ordre de Saint-Louis, grand ingénieur de France.

313 bis. (1712) Le duc de Chevreuse, connétable de France. *De Larmessin sculps. 1680.*

— (1713) Armand de Mazarin, duc de La Meilleraye, grand-maitre de l'artillerie de France. *Langlois pinxit.* — *N. de Larmessin sculpebat*, 1658, in-fol. = Un autre, *N. de Larmessin sculp.*, *1661*, in-4.

— (1706) Alain Manesson-Mallet, ingénieur des camps et armées du roy. *P. Landry ad vivum sculp.*, *1671.*

— (1716) Surirey de Saint-Remy, lieutenant de l'artillerie de France. *Hyacinthe Rigaud, pinx.* — *Edelinck. sculp.*

— Anne Hilarion de Costentin, comte de Tourville, vice-amiral de France; par Bonnart.

— Le S<sup>r</sup> Jean Baert, capitaine de vaisseaux du roy, annobli par sa majesté, et fait cheualier de l'ordre de Saint-Louis, natif de la ville de Dunkerque. Quatre portraits différents; par Bonnart.

### 3. — *Portraits de Seigneurs et de Dames de la Cour.*

314 (1721) Maurice de La Tour d'Auvergne, duc de Bouillon. *Nanteuil ad vivum del. et sculpebat*, in-fol.

315 Madame la duchesse d'Albret, fille de M. le duc de la Tremoille. Elle a épousé en 1696, M. le duc d'Albret, fils aîné de M. le duc de Bouillon, pair et grand chancelier de France.

— Madame la duchesse de Bouillon en déshabillé négligé sur un Sopha.

— Emmanuel Théodore de La Tour d'Auvergne, duc d'Albret, fils de S. A. le duc de Bouillon.

— Monsieur le chevalier de Bouillon.

— Madame la marquise de Belfont, fille de M. le duc de Mazarin.

— Monsieur le duc de Bourbon.

— Madame la duchesse de Bourbon.

(Ensemble dix pièces par Bonnart).

316 Madame la princesse de Bournonville.

— Elisabeth de Bregy, marquise d'Escots.

— Madame la duchesse de Charrost, Catherine de Lameth, fille de feu Monsieur le marquis de Baude, a épousé en 1692 monsieur de Béthune-Charrost, chevalier des Ordres du roy, mareschal de camp de ses armées.

— Madame de Creil.

— Madame la princesse d'Espinoy.

— Madame de la Ferté.

— Madame la duchesse de la Feuillade, fille de M. de Chasteauneuf, ministre et secrétaire d'Etat.

— Madame la marquise de Florensac.

(Ensemble dix pièces par Bonnart.)

317 Madame la duchesse de Foix.

— Madame la duchesse de Guiche.

— Madame la marquise de Grancey.

— François d'Harcourt, marquis de Beuvron.

— Madame L. C. estant à l'Eglise.

— Mesdemoiselles Loison.

— Mademoiselle de Loube, fille d'honneur de Madame. En habit de chasse.

(Ensemble huit pièces par Bonnart.)

318. Madame la duchesse de Nevers.

— Madame la comtesse d'Olonne estant à l'Eglise.

— Madame la marquise de Polignac.

— Madame la marquise de Quélus en habit d'hiver.

— Madame la marquise de Richelieu.

— Madame la marquise de Rochebaron en habit d'esté.

— Madame la princesse de Rohan, fille de monsieur le duc de Ventadour cy-deuant veusue de M. le prince de Rohan.

— M. le duc de Roquelaure.

— Madame la duchesse de Roquelaure.
— Madame la duchesse du Lude.
— Madame de Ludre en stenkerke et falbala.
— Madame la duchesse de Monfort.
(Ensemble treize pièces, par Bonnart.)

**319.** Madame la comtesse du ***, en habit de bal.
— Madame de Seignelay.
— Madame la duchesse de Saint-Simon, fille de M. le maréchal de Lorge.
— Madame la princesse de Soubise.
— Madame la duchesse de Valentinois, en habit de bal.
— Madame la duchesse de Vantadour.
— Mademoiselle de la Varenne en habit d'esté.
— Madame la marquise de Villequier.
— Madame de *** en Magdeleine.
(Ensemble neuf pièces par Bonnart.)

**320.** Portrait d'un personnage de la cour de Louis XIV, dessin au crayon attribué à Nanteuil.

**321.** (1690) Sébast. du Cambout de Pontchâteau. *Jouvenet pinx.* — *N. Habert sculpeb. et ex.*, in-4.

**322.** (1698) M. Jean Delpech, chevalier, marquis de Mereville, conseiller du roy. *N. de Largillière pinxit.* — *P. Drevet sculpsit*, gr. in-fol., (*très-belle épreuve*). = Un autre du même gravé par Jean-Louis Roullet, in-fol.

**323.** Henri de Schonberg, comte de Nanteuil. = René de Longueil, marquis de Maisons. = Abel de Servient, marquis de Sablé et de Château-Neuf. = Michel Particelli. = Messire Nicolas-Fouquet. = Charles de la Porte, marquis de la Mesle-Raye. = Michel Marillac. = Claude de Buillon. = Claude Bouthillier. = Claude de Mesme. = Nicolas de Bailleul. = Charles de l'Aubespine. = Louis Gonzague, duc de Nevers et Rethélois. = 13 portraits sans nom d'artiste, et de format petit in-12.

**324.** (1652) Charlotte de Harlay, veufve de monseigneur de Breauté a esté carmélite 50 ans sous le nom de *Mère Marie de Jésus*, morte en 1652, âgée de 73 ans. *Grignon, fe.*, in-fol.

— (1652?) Madelaine de Crequy, duchesse de Villeroy. *Te. Van Meerlen fe.*, in-fol.

325. (1657) Marie de Bretagne de Vertus, duchesse de Montbason, gravure anonyme dans le genre de Matheus. = Un autre par Balthasar Moncornet, in-4.

326. (1667) Catherine de Boiseon, fille aisnée du comte de Boiseon. *Stephanus Picart Rom^us fecit*, 1667, in-4.

— (1668) Dame Anne Baudesson, veufve de M^e Jean Pillou. [1] *Spirinx f.*, in-4.

[1] « Sous ce front que tu vois de Sybille Cumée,
Vu naïf langage, vu entretien charmant,
Mêlé d'un fort raisonnement,
Une prudence consommée ;
Firent à cette veuve, autrefois animée,
Mériter de la cour l'estime et l'agrément.

327. (1675) Marie de Wignerot, duchesse d'Aiguillon. *Moncornet, ex.*, in-4.

— (1679) Marie de Rohan. *Ferdinand pinx. — Balechou sculp.*, adresse d'Odieuvre, belle épreuve, in-8.

— (1679) Anne de Melun, fille du prince d'Epinoy. *J. Mariette fec.*, in-8.

— (1681) La duchesse de Fontanges. *Fiquet sculp.*, in-8.

— (1681) Calliope de La Tremoille, dame et abbesse du Pont. *De Troy, pinx. — A. Trouvain sculp.*, 1681, gr. in-fol., belle épreuve.

328. (1684) Marguerite de Rohan. *B. Moncornet*, in-4.

— (1684) Angélique de Saint-Jean Arnauld, abbesse de Port-Royal. *N. Habert, sculp.* = Un autre par Desrochers.

— (1685) Anne de Rohan, princesse de Guemenée, *J. Cottelle in. — Poilly fecit*, in-fol. = Un autre *B. Moncornet*, in-4.

329. (1687) Madeleine de Lamoignon, fille de M^e Chrétien de Lamoignon, président au mortier. *De Seve pinxit. — Edelinck, sculp.*, in-fol.

Épreuve du premier état. (R. D. n^o 234.)

330. (1690) Femme de Jean-Balthazar Keller de Zurich, commis-missaire général des fontes de l'artillerie de France. *Hyac. Rigaud, — gravé par Drevet*, in-fol.

— (1692) Louise-Anastasie de Serment. *J. Le Febure pinxit. — N. Habert sculpebat*, in-fol., belle épreuve.

**331.** (1696) Marie de Rabutin Chantal, marquise de Sévigné. *Nanteuil ad vivum delin. — N. Edelinck sculp.*, in-12, jolie épreuve.

= Deux autres portraits modernes.

**332.** Julie de Villeneuve Vence de Saint-Vincent, petite-fille de madame de Sévigné, gravé par A. Romanet d'aprèsle tableau original peint par Berthelmy, in-4.

— Madame la marquise de V***, *dessiné par A. Pujos, gravé par madame Lingée*, in-4.

**333.** (1705) Ninon de Lenclos, par Thomas Worlidge, in-8.

Portrait exécuté à la pointe sèche à la manière de Rembrandt. Rare. — Epreuve avant la lettre.

**334.** (1704) Mademoiselle Crozat. *J. Langlois, sculp.*, in-12.

— (1711) Trois domestiques de feue madame Le Hay[1], gravés à l'eau forte par les demoiselles Anne et Ursule de La Croix, in-4.

[1] Élisabeth-Sophie Chéron, puis Mme Le Hay, femme de l'ingénieur de ce nom.

— (1714) La comtesse d'Olonne. *François sculp.*, d'après Ph. de Champaigne, in-4.

— (1715) Marguerite de Joncoux, *gravé N. Pitau*, 1716, in-4.

— (1716) Madame la duchesse douairière de Lesdiguières. *Pezey pinx. — Drevet sculp.*

— (1717) De la Motte Guion. *Cheron pinx. — Aubert sculp.*, in-4.

— (1675) Denise fille de Jean Camusat et femme de Pierre-le-Petit[1]. *A. Trouvain sculpsit, 1697*, in-fol., belle épreuve.

[1] « Ce front offre à tes yeux la douceur, la prudence,
De celle que la Providence
Mit trop tôt pour les siens dans l'éternel repos :
C'est le visage d'une femme
Mais si tu pouvois voir son âme,
Tu verois l'âme d'un héros. »

— (1653) Marie de Neufville, veufve du comte Doriat, et maintenant dame de Courselles âgée de 20 ans, en l'année 1633. *Grignon fe.*, in-fol.

— (1664) Françoise de Neufville, fille de M. le duc de Villeroy, duchesse de Chaulnes. *Grignon fe*, in-fol.

**4. *Portrait des Ministres, Secrétaires et Conseillers d'État,***
***Officiers de la maison du roi.***

335. (1661) Mazarin, dans un ovale environné d'attributs allégoriques, gravé par Michel Lasne, 1643, in-fol., belle épreuve avec
marge.
— Mazarin, en pied assis dans son cabinet. *M. Lasne deline.*
*et fe.* — *Joan. Valdor excud.*, in-fol. rogné.

336. Mazarin. *Nanteuil faciebat*, 1656, in-fol. (R. D. n° 178).

337. Mazarin. *Nanteuil faciebat*, in-fol. (R. D. 181, 5ᵉ état.)

338. Mazarin. *Nanteuil ad vivum del. et sculpebat*, 1659.

Belle épreuve avec marges, du 2ᵉ état.(R. D. 183.)

339. Mazarin. *Nanteuil ad vivum del. et sculpebat, 1658*, in-fol.
(2ᵉ état. R. D., n° 183.)

340. Mazarin. *Nanteuil ad vivum del. et sculpebat, 1659*, in-fol.
(R. D., 184), belle épreuve.

341. Mazarin. *Mignard pinx.* — *Nanteuil sculpebat, 1661*, in-fol.
(1ʳᵉ état. R. D., n° 187.)

342. (1669) Balthazar Phelyppeaux, marquis de Chasteauneuf, secrétaire d'État. *Jo. Dieu Pinxit.* — *Jo. Lenfant, 1672*, in-fol.

Pièce bell cct rare .

343. Michel-François Le Tellier, marquis de Louvois. *Ferdinandus*
*Voet pinxit.* — *J. Hainselman, del. sculp..*, in-fol.
— (1671) Hugues de Lionne, secrétaire d'État. *Nanteuil f.*,
in-4. (R. D., 146.)

344. Henri de Guénégaud, marquis de Plancy, secrétaire d'État.
*Champaigne pinx.* — *Nanteuil sculp.*, in-fol.

Belle épreuve. (R. D. 106.) 2ᵉ état.

345. (1711) Claude Le Pelletier, ministre d'État; gravé par Hainzelman., in-4, belle épreuve.
— (1703) P. Le Pelletier, seigneur des Touches et des Sellenes.
*N. Habert sculp.*, in-fol.

346. (1710) Charles Maurice Le Tellier, secrétaire d'État assis

dans son cabinet. *P. Mignard pinxit. — Edelinck sculp.*, in-fol.
— (1652) Léon Bouthillier, surintendant des finances, *Baltha-zar Moncornet*, in-4.

347. (1656) Marie de Bragelonne, veuve de Claude Le Bouthillier, surintendant des Finances. *Nanteuil faciebat ad vivum, 1656*, in-fol. (R. D., 57).
Belle épreuve quoique du 4e état.

348. (1677) René de Longueil, marquis de Maisons, surintendant des finances. *C. Mellan del. et scul.*, in-fol., belle épreuve.

349. Le même. Réné de Longueil. *Phi. de Champagne pinxit. — M. Lasne fecit, 1654*, in-fol., belle épreuve.

350. (1677) René de Longueil. *Rob. Nantevil ad vivum sculpebat, 1653*, in-fol.
Épreuve de la collection Donnadieu. (R. D. 165.)
— (1678?) Nicolas Le Camus contrôleur général des finances. (Michel) *Lasne fecit*, in-fol.

351. (1680) Basile Fouquet, chevalier des ordres du roi. *Nanteuil ad vivum faciebat, 1658;* in-fol. (R. D., 97.)=Un autre : *N. de L' armessin sculp., 1661*, in-4.

352. (1680) Nic. Fouquet, surintendant des finances. *R. Nanteuil ad vivum ping. et sculpebat*, in-fol.
Belle épreuve du 2e état (R. D. 98), de la collection Donnadieu.

353. (1683) J.-Bapt. Colbert. contrôleur général des finances. *Champaigne pinxit, — Nanteuil sculp., 1660*, in-fol. (R. D., 71).
Belle épreuve du 3e état.

354. J.-Bap. Colbert. *Nanteuil ad vivum ping. et sculpebat*, in-fol, en travers.
La vue d'une partie des Tuileries et de la galerie du Louvre occupe le fond. Les accessoires sont dessinés par Charles Lebrun et gravés par Gilles Rousselet. (R. D. 73.)

355. Colbert. *N. de L' armessin sculp.*, in-4. = Un autre : *J. Berterham fec.*, in-12.
— Colbert. *C. Le Febvre effigiem pinxit. — Benedictus Audran sculpsit*, gr. in-fol. — Belle épreuve avec marges.

356. (1666 ?) Jehannot de Bartillat, garde du trésor royal. *R. Nanteuil ad vivum pingeb. et sculpebat*, in-fol. 1er état. (R. D. 32.)

357. Chupin, trésorier du marc d'or. *L. Autrau le fils pinx. — P. Aveline sculp.*, in-fol. Épreuve avant la lettre.

358. (1653) Charles de l'Aubespine, marquis de Chasteauneuf, ambassadeur en Angleterre, garde-des-sceaux de France, *peinct par Du Monstier,* — *gravé par F. Ragot,* in-fol. Belle épreuve.

359. (1672) Pierre Séguier, chancelier de France, gravé par Michel Lasne. 1646, in-fol.

360. (1672) Pierre Séguier, chancelier de France. *Car. Le Brun pinxit.* — *Rob. Nanteuil sculpebat,* 1657, in-fol. (1er état. R. D. 223.)

361. Pierre Séguier. *P. Van Schuppen faciebat.* 1668, gr. in-fol. avec marges.

362. P. Séguier. *Jac. Lubin sculp.,* in-fol. = Un autre : *B. Moncornet excudit.* = Un autre : *Mellan sculp.* (Odieuvre), in-4.

363. (1691) Michel Le Tellier, chancelier et garde-des-sceaux de France. *Nanteuil ad vivum del. et sculpebat,* in-fol.
Belle épreuve d'un 1er état non décrit par M. Rob. Duménil, c'est-à dire avant le crochet qui suit l'année. (R. D. 132.) Collection Donnadieu.

364. Michel Le Tellier. *Nanteuil ad vivum ping. et sculp.,* in-fol.
1er état. R. D. 135.

365. Michel Le Tellier. *Habert faciebat,* in-4.

366. (1699) Louis de Boucherat, chancelier de France. *J. Hainzelman del. et sc.* d'après la médaille de Molart [1], in-12. = Un autre anonyme.
[1] On lit au bas :

> Sy les rares vertus dont son ame est ornée,
> Le deuoient rendre un jour l'oracle de la loy,
> Son nom luy prédisoit sa grande destinée.
> Louis de Boucherat est la bouche du roy.

367. (1694) Pierre-Vincent Bertin, trésorier général du sceau, etc., *peint par Hyacinthe Rigaud,* — *gravé par Derinet,* in-fol.
Épreuve avant la lettre et avec marges.

368. Le même sous le nom de P. Vincent Bertin, trésorier des parties casuelles. Portrait au milieu de l'estampe, offrant une composition de Coypel où sont représentées les figures de la Peinture et de la Sculpture. *N. Largillière effigiem pinxit.* — *G. Edelinck sculp.,* in-fol. 3e état.

369. (1652) Nicolas de Bailleur, conseiller d'état. *M. Lasne in.*

*et fecit*, in-fol. = Un autre : *M. Lasne inven. et fecit.*, in-fol. en travers.

370. (1654) André Le Fèvre d'Ormesson, conseiller d'état. *R. Nanteuil ad vivum faciebat*, 1654. — 1er état. (R. D. 209.)

371. (1652?) Michel Ferrand, conseiller du Roy. *M. Lasne deli. et fe. ad vivum*, in-fol.

— Antoine Ferrand, conseiller d'état. *Guill. Vallet sculp.*, in-fol. Belle épreuve rognée.

372. (1655) Jean de Mesgrigny, premier président au parlement de Provence, conseiller d'état. *Joan. Daret pictor delin. — R. Nanteuil sculpebat.*, in-fol.
Très belle épreuve du 1er état, de la collection Donnadieu. (R. D. 190.)

373. (1658) Louis Hesselin, conseiller d'état ; son portrait gravé par Nanteuil, dans un entourage décrit par M. Robert Duménil (n. 109) et qui paroît avoir été gravé par Jean Boulanger.
= Le même ; la planche de Nanteuil seule. Épreuve avant l'encadrement.
= Un autre portrait du même personnage dans un âge plus avancé et également gravé par Nanteuil. Épreuve du 2e état.

374. Louis Hesselin, conseiller d'état. *R. Nanteuil ad vivum faciebat*. 1658, in-fol. Belle épreuve du 1rr état (R. D. 110).

375. (1667) Louis Berrier, conseiller d'état. *C. Mellan del. et fe.*, in-4.

376. (1668) Honoré Courtin, conseiller d'état. *R. Nanteuil ad vivum pingebat et sculpebat* (R. D. 80. 2e état).

377. (1668) François de Braque, conseiller d'état. *Anto^us Pailliet pinx. ad vivum. — Steph^us Picart Rom^us sculp.* 1668, in-fol.

378. Pierre Poncet, conseiller d'état. *Nanteuil ad vivum pingebat et sculpebat* 1660, in-fol. Belle épreuve (R. D. 215).

379. (1670) Daubray d'Offemont de Villiers, conseiller d'état. *C. Mellan del. et sc.*, in-fol.

— Noel de Bullion, seigneur de Bonnelles (Odieuvre), in-4. Belle épreuve.

380. (1678) Denis Marin de la Châteigneraie, conseiller d'état, intendant des finances. *Dieu pinxit. — Nanteuil sculpebat* 1661. (R. D. 170.)

— (1679) Joly de Blaisy. *Edelinck eques sculpsit*, in-fol.

381. (1685) Le Tellier de Chaville, conseiller d'état. *(Michel) Lasne fecit.*, gr. in-fol. avec marges.

382. (1684) Claude Bazin de Bezons, conseiller d'état. *C. le Febure pinxit. — P. Van Schuppen sculp.* 1673, gr. in-fol. **Belle** épreuve.

383. (1681) Louis Phelyppeaux de la Vrillière, conseiller d'état. *Nanteuil ad vivum ping. et sculpebat* 1662, in-fol. (R. D. 123).

384. (1693) Édouard Colbert, conseiller d'état. *Mignard pinx.— Edelinck sculp.*, gr. in-fol. Belle épreuve.

385. Sébastien Hardy, conseiller du Roy, gravé par Michel **Lasne,** in-8.

Belle épreuve de la collection de M. Robert Duménil.

386. (1685 ?) Denis de Bullion, seigneur de Bonnelles, **conseiller** du Roy. *Habert faciebat*, in-4.

387. Samuel Bernard dans son cabinet. *Peint par Hyac. Rigaud, — Gravé par P. Drevet.* 1729, gr. in-fol.

Belle épreuve avant les mots *conseiller d'État.*

388. (1697) Hier. Bignon, conseiller d'état. *Moncornet excudit.* — (1698) Denis Talon, conseiller du Roy. *N. de Larmessin sculpebat,* in-4.

389. (1701) Louis-Franç. Le Tellier, marquis de Barbezieux, conseiller d'état. *P. Mignard eques pinx. — C. Vermeulen sculp.*, in-fol. Belle pièce.

— (1702) J. Rouillé, comte de Meslay, conseiller d'état. *Nanteuil ad vivum pinx. — Edelinck eques sculp.* 1702, in-fol.

390. Guill. Ribier, conseiller d'état (par G. Chasteau ?) in-fol. Épreuve avant la lettre.

391. (1645) Henry de Maupas, du Tour, conseiller du Roy. *M. Lasne deline. et fecit.* 1645, in-fol.

---

392. **Le roy d'armes de France, par Della Bella. — Les armes de France gravées sur cuivre.**

**393.** (1674) Henry, marquis de Beringhen, premier escuyer du Roy. *Petrus Mignard eques pinxit.* — *Joan. Lud. Roullet sculp. et ex..* gr. in-fol.

— (1670) J.-Bap. Lhermite de Souliers, chevalier, gentilhomme ordinaire de la chambre du Roy (anonyme), in-4.

**394.** (1652 ?) Melchior de Gillier, conseiller du Roy en ses conseils et maistre d'hostel ordinaire de S. M. ; dessiné et gravé par Nanteuil, in-fol. (R. D. 102.)

— Madame de Gillier, née Marie Joly, femme de Melchior de Gillier, maître d'hôtel du Roi. *R. Nanteuil faciebat.* (R. D. 103.)

— (1670) Nicolas Duval, secrétaire du Roy (rogné).

**395.** (1677) Jean Petre, secrétaire ordinaire de la chambre du Roy. *R. Nanteuil ad vivum delin.* — *J. Langlois sculp.*

**396.** (1709) François de la Chaize, confesseur du Roy. *Pinsio sculp.*

De la suite d'Odieuvre avec l'entourage de Babel.

— Le Révérend Père de la Chaise, confesseur du Roy ; par Bonnart.

— (1663) Jean Verjus, aumônier du Roi. *Loire pinxit.* — *P. Van Schuppen sculp.* 1663.

**397.** (1706) P. Arnaud du Cambout de Coislin, premier aumônier du Roi, évêque d'Orléans, cardinal en 1637. *Nanteuil ad vivum faciebat* 1658, gr. in-fol. (1er état. R. D. 69).

**398.** L'abbé Prévost, aumônier du prince de Conti ; *dessiné à Paris d'après nature et gravé à Berlin par G.-F. Schmidt, graveur du Roy en* 1745, in-4. Très belle épreuve.

**399.** (1700) André Le Nostre, contrôleur des bastiments de S. M. *peint par Carle Marat.* — *Masson del. et sculp. ad vivum,* in-fol.
5e état. Rob. Duménil. T. 2e, r.o 55.

**400.** (1703) Charles Perrault, contrôleur des bâtiments. *Carol. le Brun pinxit an. 1675.* — *Steph. Baudet sculp. an. 1675 jussu Acad. Reg. Pict. et Sculpt.*

**401.** (1664) Guill. de Brisacier, secrétaire des commandements de la Reyne. *N. Mignard aucnionensis pinxit.* — *Ant. Masson sculpebat.* 1664, gr. in-fol. (R. D. 15).

402. (1665) Hippolyte, comte de Béthune, chevalier d'honneur de la Reyne, représenté en pied. *N. de L'armessin sculpebat*, in-fol.

— (1725) Nicolas Duval, l'un des secrétaires de mons. le duc du Maine. *Colleri pinxit*, in-fol.

5. — *Portraits des Savants et Littérateurs du règne de Louis XIV.*

403. (1698) Pierre Palliot, historiographe du roi. *G. Reuel pinx.* — *P. Drevet sculp.* in-fol., belle épreuve.

— (1683) Pierre Duval d'Abbeville, géographe du roi. *Langlois sculp.*, in-fol.

404. (1712) Hub. Jaillot, géographe ordinaire du roi 1698. *Culin pinxit. — Vermeulen sculpsit.*, in-fol.

— (1700) Michel-Antoine Baudrand, géographe. *Facié pinx.* — *Pet. Landry sculp. Parisiis, 1681.*

405. (1671) Antoine Vallot, premier médecin de la reine Anne d'Autriche, de Louis XIV, et de Henriette d'Angleterre. *Ja. Grignon sculp.*
Belle épreuve d'un très beau portrait.

406. (1718) Guy Crescent Fagon, premier médecin du roi. *Hiac Rigaud pinx.* — *Fiquet sculp.*, in-8.

407. (1664) François Guénault, médecin de la reine. *R. Nanteuil ad vivum pinge. et sculpebat*, in-fol., (R. D. n° 105).
Superbe épreuve d'un très beau portrait.

408. Guybert, médecin et auteur.[1] *J. Picart incidit*, in-8.
[1] « Guybert par ces escritz, malgré les envieux,
Conserve la santé des jeunes et des vieux. »

— (1656) J. Baptiste Morin, médecin, in-4, rogné.

409. (1656) Ph. Collot, médecin, opérateur pour l'extraction de la pierre. *Edelinck sculp.*, in-fol.

— (1656) René Moreau, docteur de la Faculté de médecine à Paris. *M. Lasne deli. et fe.*, in-4.

410. (1661) Abel Brunyer, médecin, par Michel Lasne, in-4. Un autre. *Petrus Landry sculp., 1661*, in-fol., très belle épreuve.

3.75 411. (170) Samuel Sorbière, médecin. *N. Bonnart, f.*, 1664, in-4.
Belle épreuve de la collection de M. Robert Duménil.

10." 412. (1672) Gui Patin, savant médecin et littérateur. *Ant. Masson ad vivum ping. et sculp.*, 1670, in-4, (3ᵉ état. R. D. n° 59).

3.25 413. (1694) Charles Patin. *C. Le Febure pin.* — *J. Boulanger fecit*, in-8, rogné.

13."414. (1694) Charles Patin, docteur medecin à Paris. *Le Febure pinxit et sculpsit*, in-fol.
Belle épreuve avec marges.

— (1703) Paul Portal, maistre chirurgien à Paris. *Reuel pinxit.* — *Le Febure sculp.*, in-4.
— (1718) Pierre Dionis, chirurgien. *Boulogne pinxit.* — *S. Thomassin fecit*, in-8.
— (1735) Caricature du médecin Chavignac Dulatier, in-8.

4.75 415. (1697) François Michel, maréchal-ferrant, à Salon. *Jo. Lud. Reullet* (pour *Roullet*), *ad vivum del. sculp. et excudit.*, in-fol.
Belle épreuve avant la lettre et avec marges.

5." 416. (1712) Pierre Des Gouges, jurisconsulte, peint par *R. Tournière.* — *gravé par J. du Vivier*, in-fol.
— (1658) Jacques Martin, docteur mathématicien. *B. Moncornet exc.*, in-4.
— (1703) Barrème, aritméticien. — *Bazin f.*, in-4.

4.75 417. (1650) Réné Descartes. *Jac. Lubin sculp.*, in-fol.

7." 418. (1715) Nic. Malebranche. *J. B. Santerre pinxit.* — *N. Edelinck sculpsit*, in-4, épreuve tachée.
— (1653) Gabr. Naudé. *Cl. Mellan del. et sc.* (Odieuvre), in-4.
— (1662) Blaise Pascal. *Stepha. Desrochers sculpsit*, 1697. = Deux autres anonymes.

15.50 419. (1674) Robert Arnauld d'Andilli. *Ph. Champaigne pinx.* — *J. Morin scul.*, in-fol.
Belle épreuve. (R. D. 42.)

13.50 420. (1674) Arnauld d'Andilly. *Phil. de Champaigne pinxit.* — *G. Edelinck sculp.*, in-fol. (R. D. 142.) = Un autre : *J. Lubin, sculp.*, in-fol.
— (1690) Claude de Sainte-Marthe, prêtre. *Jouvenet pinxit.* — *Edelinck sculp.*

421. (1695) Pierre Nicole, deux portraits.

—' (1686) Louis Maimbourg, *gravé sur le naturel, par son très-humble et très-obéissant serviteur N. Habert.* == Un autre. *Nivellon ad vivum. — Fiquet sculpsit.* (Odieuvre.)

— (1698) Sébastien Lenain de Tillemont, prêtre et historien. *Le Feure pinx. — Edelinck sculp.* == Un autre.

—(1704) Bourdaloue. *Jouvenet pinx.—C. Simonneau sculp.*, in-8.

422. (1651) Jacques Sirmond, jésuite, *C. Vermeulen sculp.* == Un autre, *Jac. Lubin sculpsit.* 2 pièces, très-belles épreuves avec toutes leurs marges.

— (1652) Denis Petau, jésuite, *Jac. Lubin sculp.*

— (1667) Samuel Bochart. *R. Lochon faciebat*, 1663, in-4.

— (1695) Barthelemi d'Herbelot, interprète des langues orientales. *Edelinck sculp.*, in-fol., (des *Hommes illustres* de **Perrault**).

— (1688) Charles Du Fresne du Cange, in-fol., (des *Hommes illustres* de Perrault).

423. (1658) Marc de Wulson, Sʳ de la Colombière. *F. Chauveau figur. — R. Nanteuil effigiem del. — N. Regnesson sculp.*
Superbe épreuve d'une très bell· estamp·, de la collection Donnadieu.

424. (1680) Louis Moréri, *de Troye pin. — G. Edelinck sculp.*, in-fol.

— (1706) Bayle. *Petit f.*, in-fol.

425. (1692) Gilles Ménage. *Rob. Nanteuil ad viuum faciebat.*, in-4. (1ᵉʳ état R. D., 188).

426. (1697) Jean-Baptiste Santeuil, chanoine de Saint-Victor, *Du Mée Eques pinxit. — Edelinck sculp.* == Un autre, *Dumée Eques pinx. — D. Sornique sculp.* == Un autre.

— (1698) P. Richelet. *Vivien pinx. — Thomassin sculp.*, in-12.

— (1674) Charles Sorel. *M. Lasne de. et f.*, in-4. (de la collect. Robert Duménil.)

— (1706) Adrien Baillet, prêtre et critique. *N. Edelinck sculp.*, in-4.
On lit au bas :

> Dans une douce solitude,
> A l'abri du mensonge et de la vanité,
> J'adoptai la critique, et j'en fis mon étude
> Pour découvrir la vérité.

— (1707) Dom Jean Mabillon, R. Bénédictin de la Congrégation de Saint-Maur. *Gaillard sculp.*, in-8.

**427.** (1667) De La Fond. *H. Gascard pinxit. — .P. Lombart sculpsit.* Beau portrait.

— (1704) Adriens Le Fort de la Morinière, littérateur. — *Joan. Tortebat pinxit. — Edelinck eques R. sculp.* in-f. Très belle épr.

**428.** (1654) Jean-François Sarrasin, conseiller du roy, et poëte françois. *Nanteuil delin., 1649, et sculp.*, 1656, in-4.
Épreuve du 2ᵉ état (R. D. 220.)
= Un autre : *Jac. Lubin, sculp.*

**429.** (1658) Jacques du Lorens, poëte français. *Aug. Quesnel del. — Cl. Goyrand fecit.* in-fol., belle épreuve.

**430.** (1665) Jean Loret. *Michel Lasne f. ad ui.*, in-4. = Un autre. *Nanteuil ad vivum del. et sculpebat*, 1658 [1], in-fol. (R. D. 150.)
[1] Très belle épreuve du 2ᵉ état de la collection Donnadieu.

**431.** (1659?) Le petit Beauchasteau. *Hans pinxit. — J. Frosne sculpsit.*

— (1666) Puget de La Serre. *Ant. Van Dyck pinxit. — M. Lasne sculpsit*, in-fol.

**432.** (1676) Hédelin d'Aubignac. *Acg. Rousselet ad vivum sculpsit*, 1663. = Un autre, *se vend chez E. Desrochers.*

— (1686) Chapelle poëte français, *à Paris chez Daumont.*

**433.** (1694) Madame Deshoulières, d'après Elisabeth-Sophie Cheron, par Desrochers; N. De Launay, P. Duflos, etc., quatre portraits.

**434.** (1709) Jean-François Regnard par Fiquet, épreuve avant le nom du graveur.

### 6. *Portraits des Artistes du règne de Louis XIV.*

**435.** (1690) Pierre Mignard, de Troyes, premier peintre du roy. *P. Mignard pinxit. — C. Vermeulen sculpsit, 1690, et ex.* in-fol. Belle épreuve.

— Catherine Mignard comtesse de Feuquières, tenant le portrait de son père, *peint par Mignard, gravé par J. Daullé en 1735*, in-fol.

**436.** (1690) Charles Lebrun, premier peintre du roi et graveur à l'eau forte. *N. de Largillière pinxit. — G. Edelinck sculpsit et exc.* in-fol. (Belle épreuve). = Un autre *Jac. Lubin sculp.*, tiré des *Hommes illustres* de Perrault.

437. (1671) Séb. Bourdon, de Monpellier, peintre ordinaire du
roy, *fait par H. Rigaud.* — *Gravé par Laurent Cars, pour sa
réception à l'Académie en* 1733. in-fol.
— (1674) Louis de Boullongne, le père, peintre ordinaire du
roy. *Peint par ..... Mathieu.* — *Gravé par Louis Surrugue,* en
1735 pour sa réception à l'Académie royale, in-fol.
— (1734) Louis de Boullongne le fils, peintre du roy. *Peint par
Hyacinthe Rigaud.* — *Gravé par Lépicié,* 1736, in-fol.

438. (1676) Jean Nocret, peintre du roy, né à Nancy vers 1618,
peintre du roy ; *se ipsum pinxit.* — *Suzanna Silvestre sculpsit,*
in-fol.

439. (1702) Antoine Coypel le père, peintre. — (1722) Antoine-
Charles Coypel, peintre, in-fol.

Représenté en pied, assis dans un grand fauteuil et peignant à son chevalet. Sur un ta-
bouret à côté de son fauteuil est assis son fils tout jeune, encore habillé en fille et le regardant peindre. Au bas : *Hanc Antonii Coypel et A. C. ejus filii effigiem, quam ipse
A. Coypel pinxit jussu serenissimi principis Philippi Ludovici Magni, fratris unici, cujus
fuit pictor primarius A. F. Bidaud a sorore frater œri incidi curavit, et fratri carissimo et
meritissimo dicavit consecravit.*

= (1722) Antoine Coypel, fils du précédent, premier peintre du
roy. *Peint par luy-même.* — *Gravé par J.-B. Massé, pour sa
réception à l'Académie,* 1717, in-fol.

440. (1716) Charles de la Fosse, peintre ordinaire du roy. *Peint
par Hyacinthe Rigaud.* — *Gravé par Duchange, pour sa réception à l'Académie en* 1707, in-fol.
— (1717) Jean Jouvenet, peintre ordinaire du roy. *Peint par
luy-même.* — *Gravé par Antoine Trouvain, pour sa réception
à l'Académie,* in-fol.

441. (1717) Bon de Boullongne, peintre ordinaire du roy. *Peint
par Gilles Allou, pour sa réception en* 1711. — *Gravé par Jacq.
Nicolas Tardieu, pour sa réception à l'Académie en* 1749. =
Un autre *peint par lui-même.* — *Gravé par Jacq.-Nic. Tardieu,*
en 1756. Deux pièces in-fol.

442. (1711) Jean Berain, dessinateur des Menus-plaisirs du roi.
*J. Vivien pinx. Suzanna Silvestre effigies sculp. an.* 1711. *Cl.
Duflos sculp.,* 1709, in-fol.

443. (1676) François Chauveau, graveur ordinaire du roy. *Le
Febvre* (Claude) *pinxit.* — *L. Cossinus fecit,* 1668. — *Boudan
excudit,* in-fol. (*Belle épreuve*). = Un autre gravé par Edelinck,
tiré des *Hommes illustres* de Perrault, in-fol.

*2.25* 444. (1688) Claude Mellan, graveur ordinaire du roy, par lui-même, in-4.

= Un autre, *Edelinck sculp.*, tiré des *Hommes illustres* de Perrault, in-fol.

*14..* 445. Israël Silvestre, dessinateur du cabinet du roy et graveur à l'eau-forte. *C. Lebrun pinx.* — *G. Edelinck sculp.*, in-fol.

Au bas, un cartouche où est représentée une vue de Paris gravée par Israël Silvestre même.

— (1693) François de Poilly d'Abbeville, graveur du roy. *De Poilly ad viuum delineavit, 1680.— Jean-Louis Roullet sculpsit,* 1699, in-fol.

*2..* 446. (1694?) Pierre Simon, graveur du roi. *Petrus Ernou eques Romanus pinxit. — G. Edelinck sculpsit,* 1694.

2ᵉ état. *Robert Duménil,* t. VII, nᵒ 320.

*5.25* 447. (1707) Gérard Edelinck, graveur ordʳᵉ du roy (portrait en buste dans une bordure ovale). *Tortebat. pinxit. — N. Edelinck sculpsit,* in-fol.

*5..* 448. (1686) Michel Augier, de la ville d'Eu, sculpteur ordinaire du roy. *Gab. Revel pinx. —Gravé par Laurent Cars, pour sa réception à l'Académie. 1733,* in-fol.

*2.75* 449. (1658) Simon Guillain, sculpteur du roy. *Peint par N.-A. Coypel. — Gravé par Pierre-Louis Surugue le fils, pour sa réception à l'Académie,* 1747, in-fol.

Dans le fond on aperçoit les trois figures de Louis XIII, d'Anne d'Autriche et du jeune Louis XIV, faites par lui pour le Pont au Change.

*8. 50* 450. (1658) Nicolas Blasset, ambianensis architectus et sculptor regius. *Jo. Lenfant, abbevillaeus sc. Parisiis,* 1658, in-fol.

*20..* 451. (1660) Jacques Lemercier, architecte des bastimens du roy. *Ph. Champaigne pinx. —J. Morin sculp.,* in-fol. (R. D. 69.)

---

*10..* 452. (1655) Eustache Lesueur, peintre. *Eustache Lesueur pinxit. —P. Van Schuppen sculp.,* 1696. (Pour les *Hommes illustres* de Perrault.)

= Un autre d'après la même peinture ; seulement l'on a ici continué le bras gauche pour faire tenir à l'artiste le dessin d'un religieux agenouillé. *Gravé par Charles-Nicolas Cochin, pour sa réception à l'Académie en 1731,* in-fol.

453. (1665) Nicolas Poussin, peintre, sans nom d'artistes (tiré des *Hommes illustres* de Perrault), in-fol. = Un autre. *V. E. pinxit.* — *L. Ferdinand fecit.* — *P. Ferdinand excudit.* (Belle pièce). = Un autre gravé par Jean Pesne ; épreuve moderne rognée.

454. (1674) Philippe de Champaigne, peintre. *Se ipse pinxit.* — *G. Edelinck sculpsit*, in-fol.
Épreuve du 1er état. (R. D. 164.)

455. (1700) Jean Pesne, peintre et graveur. *Se ipse pinxit.* — *Trouuain sculpsit* 1698, in-fol.
= Ant. Pesne, fils du précédent, premier peintre du roy de Prusse. *Peint par lui-même et gravé par son ami Schmidt*, en 1752.

456. (1704) Jos. Parrocel, peintre. *Hyac. Rigaud pinxit.* — *Schmidt sculp.*, in-4.
= (1759) Charles Parrocel, fils du précédent. *C. N. Cochin filius delin.* — *C.N. Cochin et N. Dupuis sculpserunt*, in-4.

457. (1721) Antoine Watteau, peintre. *Se ipse pinxit* (le nom du graveur effacé), in-4°. = Un autre présenté debout, vu jusqu'aux genoux, son habit garni de fourrures, la main droite appuyée sur un portefeuille qu'elle tient entr'ouvert, et tenant de la gauche son porte-crayon. *Watteau pinx.* — *Boucher sculp.*, in-fol.

An lit au bas :

« Watteau, par la nature, orné d'heureux talents,
Fut très reconnoissant des dons qu'il reçut d'elle :
Jamais une autre main ne la peignit si belle,
Et ne la sçut montrer sous des traits si galans.

C. MORAINE. »

458. (1712) Jean Forest, peintre de paysages, jusqu'aux genoux et assis. *N. de Largillière pin.* — *P. Drevet sculps.*, in-fol.
Épreuve avant la lettre.

= Une autre épreuve avant la lettre.

459. (1663?) Pierre Dupuis, peintre de fleurs. *N. Mignard, avenionensis pinxit.* — *Ant. Masson sculpebat*, 1663, in-fol.
Belle épreuve d'une pièce superbe. (R. D. 25 )

460. (1652?) Jabach, grand amateur de dessins, gravé par Michel Lasne, in-fol.
Épreuve avant la lettre provenant de la collection de M. Robert Duménil.

461. (1664). Stephano della Bella, dessinateur et graveur. *Stocade pinxit. — W. Hollar fecit. — Joannes Meyssens excudit,* in-4.

Au bas du portrait on lit : « Steffano de la Belle, natif de Florence, en Italie, en l'an 1614, très bon painctre en petit, ausi faict merueilles en l'eau-fort, d'vn grand esprit, abondant en inuentions, à faict son commencement auprès Jaecques Callot. On voit quantite de ses estampes partout. »

462. (1678) Robert Nanteuil, graveur. *Gio. Dom. Campiglia del. et fe. =* Un autre. *Nanteuil se ipse del. — A. Romanet sculp.* n-8,

— (1685?) Nicolas Verien, graveur à Paris, 1685. *Jouvenay* (Jouvenet) *pinxit. — Edelinck sculp.*, in-12.

463. (1703) Gérard Audran, graveur. *Modelé par A Coyzevox. — Gravé par M. Dupuis.*

— (1721) Benoist Audran, graveur. *Vivien pinx. — B. Audran sculp.*

463 bis. (1714) Sébastien Leclerc, graveur. *Delacroix pinxit. — P. Dupin sculp.* (Suite d'Odieuvre.)

= Un autre : une femme assise à une table et représentant la gravure, tient un médaillon de Seb. Leclerc. *Jombert filius pinxit,* 1773. — *Prevost sculp.* (Frontispice du Catalogue de Jombert.)

464. Sébastien Leclerc, le fils, peintre ; en buste et regardant de face, bordure ovale, in-fol.

Avant les inscriptions. On a seulement tracé à la pointe dans la marge du bas : *Nonnotte pinx. — N. de Launay, sculp.*

465. (1670) Louis Leramberg, sculpteur, né à Paris en 1614. *Peint par N.-S.-A. Belle. — Gravé par J.-G. Müller, pour sa réception à l'Académie,* 1776, in-fol.

466. (1694) Martin Desjardins, célèbre sculpteur. *Hiacinthus Rigaud pinxit. — G. Edelinck sculp.*, in-fol.

4e état. Robert Duménil, t. VII, no 182.

467. (1715) François Girardon, sculpteur. *P. Dupin sculp.* Chez Odieuvre, in-4.

467 bis. (1691) Antoine Le Pautre, architecte et graveur. *Jean le Pautre inv. et fecit. — A Paris, chez Gantrel.* (Epreuve avant l'inscription sur la feuille de papier.) = Un autre, dans un médaillon ovale avec entourage ; le portrait seul est de Nanteuil, le reste, ainsi que le fonds du paysage, est de Jean Le Pautre. (R. D. 127.)

468. (1708) Jules Hardouin Mansart, architecte (vu jusqu'aux genoux, assis dans un fauteuil). *Hiacinthe Rigaud pinxit.* — (Gérard)*Edelinck eques sculpsit,* in-fol.
2e état décrit par *Robert Duménil,* t. VII, n° 268.

469. (1687) J.-B. Lully. *Paulus Mignard Nic. dicti Auen[is] filius
pinxit. — Joan. Lud. Roullet sculp. Parisiis et ex.,* gr. in-fol.
= Un autre. *Sornique sculp.* = Un autre, *dessiné par C.-N. Co-
chin, d'après le buste de Collignon, et gravé par Aug. de Saint-
Aubin en 1770.*
— J.-Bapt. Lully, surintendant de la musique du roy, par
Bonnart.

470. (1692) Charles Mouton, musicien de Louis XIV. *De Troy
pinxit. — (Gér.) Edelinck scul. — A Paris, chez J. Audran, graveur.* (R. D. 3e état.)
— (1700?) J. Henri d'Anglebert. *P. Mignart pinxit. — C. Vermeulen sculp.*
— Michel Richard Delalande. *Senterre pinxit. — S. Thomassin
sculptor regius sculpsit.* = Un autre, *Mathey sculp.*

### 6. — *Estampes sur les évènements du règne de Louis XIV.*

471. Le sacre de Louis XIV, dans la cathédrale de Reims, par
Jean Le Pautre, estampe gr. in-fol. en hauteur.

472. Le char de triomphe dédié à la gloire de Louis XIV. *F. Co-
lignon fecit.,* eau-forte en largeur.

473. (1649) Louis XIV. — Leurs majestez allant à Nostre Dame
rendre grâce à Dieu du repos rétably dans la France, au conten-
tement du peuple.
— La caualcade royalle, ou le roy allant à cheval à l'église des
jésuites, accompagné de toute sa cour le jour de Sainct-Louis,
1649.
— Le divertissement de l'oyson, tiré par les bateliers en présence de leurs majestés, incontinent après leur retour à Paris,
1649.
— Le feu royal tiré devant leurs majestés, le jour de la naissance
du roy, par les soins de messieurs de la ville de Paris.
Ces quatre estampes fort rares, d'une exécution charmante, sont anonymes. Il est possi-
bles que les noms des artistes aient été enlevés à ces épreuves un peu rognées.

474. Entrevue de Louis XIV, et de Philippe IV dans l'isle des fai-
sans en l'année 1660, pour l'accomplissement du mariage de sa
majesté avec Marie-Thérèse d'Autriche. *E. Jeaurat sculp.*,
1728.
— Cérémonie du mariage de Louis XIV. *E. Jeaurat*, 1731.
— Renouvellement d'alliance entre la France et les Suisses, fait
dans l'église de Nostre-Dame de Paris, par Louis XIV et les
ambassadeurs des treize cantons, 1663. *Jo. Nolin sculpsit.*
Trois estampes gravées d'après C. Lebrun.

475. La magnifique entrée du roy et de la royne dans leur bonne
ville de Paris, le 26 aoust 1660, dessiné et gravé par Gabriel
Ladame.

476. (1660) Entrée solennelle du roi et de la reine à Paris le
26 août, accompagnés du prince de Condé et des principaux
seigneurs de la cour, très grande estampe italienne gravée à
l'eau forte ; en travers.

477. Marche du roy accompagné de ses gardes passant sur le Pont-
Neuf, et allant au Palais. *Van Der Meulen invenit et pinx. Huch-
tenburgh sculp.* Très grande estampe en travers ; belle épreuve.

478. (1667) Les quatre conquêtes représentant la prise de Tournay ;
celle de Douai ; défaite du comte de Marsin ; l'alliance des Suisses,
quatre très belles estampes gravées d'après C. Lebrun, par Séb.
Leclerc.

479. L'audiance donnée par le roy à Soliman Aga Musta Féraga,
enuoié vers sa majesté par l'empereur des Turcs, 5 décembre,
1669.

480. (1671) On assomme faubourg Saint-Antoine les protestants
qui reviennent de Charenton. — (1685.) La révocation de l'édict
de Nantes, deux estampes gravées par **J. Luiken**, in-fol. en
travers.

481. (1679) Cérémonie du mariage du roi d'Espagne avec Mademoiselle, épousée par monseigneur le prince de Conty à Fontainebleau, très grande pièce en hauteur avec almanach.

482. Illumination des galeries du Louvre pour la naissance de
monseigneur le duc de Bourgogne, le 25 aoust 1682 ; par
**Marot.**

483. Les heureux succès des ordres du roy et du choix de **ses** ministres. *Noblin fecit. Paris, chez N. Langlois,* 1684, **très** grande pièce.

484. (1685) Soumission de la république de Gênes à sa majesté (Louis XIV), par son doge (François-Mari Impériale), le 15 **mai,** *chez N. Langlois.*

Grande et très belle pièce gravée au burin par divers maîtres, et divisée en deux parties, sujet, fig. d'ornements et accessoires. Cette estampe monumentale ne se recommande pas moins par sa rareté et par la singularité du fait historique qu'elle consacre. Au bas, on remarque la démolition du temple de Charenton, et un almanach pour l'année 1686. Épreuve d'une très belle conservation.

485. (1685*)* Audience du roi de Siam aux ambassadeurs du roy de France.

— (1686) Messieurs les ambassadeurs du roi de Siam, *de Larmessin sculp.*, in-4.

486. Cérémonies pour l'élévation de la statue de Louis XV, à la place des Victoires, le 26 mars 1686.

— Vue perspective des illuminations du pont Notre-Dame en réjouissance du rétablissement de la santé de Louis XIV, le 30 de janvier, 1687.

— (1689) Réception faite au roy d'Angleterre par le roy à Saint-Germain-en-Laye, le 7 janvier 1689, gr. in-fol. en travers.

487. (1695) Le mérite récompensé par Louis-le-Grand, dans la distribution des dignités de l'Église, et des charges de l'État, *chez N. Langlois*, estampe gr. in-fol. en hauteur avec almanach de 1695.

488. (1695) L'arrivée subite de monseigneur le dauphin, avec l'armée du roy à Espiere, qui fait avorter les desseins du **prince** d'Orange et de ses alliés, très grande estampe avec almanach.

489. Le siége de La Motte, *A. Bosse sculp.* — *A. Boudan excud.*, estampe en largeur.

490. Dessin du feu d'artifice dressé devant l'Hôtel-de-Ville de Paris, pour la publication de la paix entre la France et l'empire le 30 janvier 1698.

— Le temple de l'Honneur élevé à la gloire de Louis le Grand ; dessin du feu d'artifice dressé devant l'Hôtel de Paris pour l'érection de la statuë du roy, par les soins de messieurs les prévot des marchands et échevins, en 1699.

491. (1702) Batailles de Fridelingue; d'Hochstet gagnées par le maréchal de Villars, deux grandes pièces.

492.(1705) La bataille de Cassano, gagnée par monseigneur le prince de Vendôme sur les troupes du prince de Savoie, très grande estampe en hauteur. (*Epreuve avant l'almanach imprimé au bas.*)

493. Pièces d'artillerie qui ont été fondues pour le service du roy dans la grande fonderie de l'arsenal de Paris; *par J. B. Keller.* — *Lepautre sculpsit.*

Très grande estampe qui manque souvent dans l'œuvre de Lepautre.

494. 7 février 1715. — Entrée à Paris de l'ambassadeur du roy de Perse, deux pièces.

— (1650?) Allégorie sur la famine de Paris; dessin de l'époque; il a été gravé.

495. Les deux paysans de Sainct-Oven et de Mont-Morancy dans leur agréable conférance touchant la guerre de Paris[1]; *P. Bertrand, ex.*, gr. in-fol. en haut.

PIAROT.

[1] Dépité de Sainct-Ouën en propre origina,
Jon vu la cour du Rouay et madame la Reyne;
Jon vu tous les signeux, Jon vu le cardina;
Et si le Rouay me fezi desné dans sa cuiraine.

JANIN.

Mouay je vian de Pazi, ou parmi les bourgeas,
Jon mangé de la garre et du lard militaize;
Mas nonte proculeux de la ru Quinquenpouas,
Nous frotti pour auar blasmé sa minageze.

496. Mardi gras de coq à l'asne. — Vacarme au Trianon, deux estampes satiriques de Romain de Hooghe contre Louis XIV.

497. (1651) Le petit portrait de la Voisin, célèbre empoisonneuse, brûlée en la place de Grève, gravé à l'eau forte par Antoine Coypel, in-4.

F. — LOUIS XV.

( 1715-1774. )

1. *Portraits du Roi et des membres de sa famille.*

498. Louis, Dauphin de France (Louis XV). *Penouile effigiem pinxit. — Petit effigiem ex.*, in-fol.

499. Louis, Dauphin de France (depuis Louis XV) à cheval. *Peint par N. Le Sueur. — Gravé par M. Aubert*, in-fol.

500. (1715) Le roy Louis XV tenant son lit de justice pour la première fois en son parlement, à Paris. *Dessiné sur le lieu par F. Delamonce. — De Poilly f.* in-fol. en travers.

— Portrait de Louis XV, dans un ovale placé au dessus de l'estampe représentant la séance du parlement de Paris, tenue le 12 septembre 1715, gravé par de Bercy le fils.

— Proclamation de Louis XV du nom, roy de France et de Navarre, faite au parlement de Paris, le 12 septembre 1715. Estampe gravée sur cuivre à l'adresse J. Chiquet, à Paris.

501. Louis XV, roi de France, jeune. Portr. in-8, *chez les frères Poilly.* = Un autre, dessiné par J. B. Lemoine, gravé par Jean Daullé, 1738.

502. Louis XV, roi de France, jeune, en pied, *peint par Gobert. — Gravé par Audran,* in-fol.

503. Louis XV, roi de France, jeune, debout. *Peint par Vanloo* et *gravé par G. E. Petit,* in-fol.

504. Louis XV, roi de France. *Vanloo pinxit. — N. de Larmessin sculpsit,* in-fol.

505. Louis XV à cheval. *Peint par Le Sueur. — Gravé par M. Aubert,* in-fol.

506. Louis XV, son buste dans un cadre tenu par Diogène. *Lemoine effigiem pinxit. — Basan sculpsit,* in-fol.

507. Louis XV à cheval. *C. Mathey sculp.*, in-fol. = Buste de Louis XV au-dessus d'une vue de la place de ce nom. *Hubert sculp.*, in-8.

508. Louis XV, *chez G. Duchange, graveur du roy, 1726.* = Un autre, *Vanloo pinx. — Petit sculp.*

509. Louis XV et Marie Leczinska, leurs bustes accolés dans un cartouche entouré d'ornements. *Vanloo pinxit. — J. Moyreau delin. et sculp. 1726,* in-4.

510. (1764) Marie Leczinska, reine de France, en pied. *Vanloo pinxit. — N. de Larmessin sculp.*, in-fol.

511. Marie Leczinska, reine de France. *Vanloo pinxit. — L. Cars sculp.*, in-fol.

512. Marie Leckzinska, *gravé par Petit*, in-4.=Un autre, *Nattier pinxit.—Duponchelle sculp.*, in-8.

513. Les princesses, filles de Louis XV, sous la forme d'allégories, quatre estampes en largeur.

— (1799) Marie-Louise-Thérèse-Victoire de France. *J. M. Nattier pinxit.* 1756.—*R. Gaillard sculp.*

— (1799) Madame Adelaïde de France. *J. M. Nattier pinxit,* 1756.—*Beauvarlet sculpsit.*

— Madame Marie-Henriette de France. *Peint par J. M. Nattier, en 1750.—Gravé par J. Tardieu.*

— Madame Louise-Elisabeth de France, duchesse de Parme. *J. M. Nattier pinxit, 1750. — Balechou sculp.*

514. Madame Adelaïde de France, fille de Louis XV, d'après Nattier, par Beauvarlet. Épreuve avant toute lettre.

515. Monseigneur le Dauphin (fils de Louis XV). *J. de Troy pinx. — S. H. Thomassin sculp.*

— Monseigneur le Dauphin de France, né à Versailles, le 4 septembre 1729. *A. S. Belle pinxit.— J. Daullé sculp.*=Un autre, *à Paris, chez Gautrot.*

— (1746) Marie-Thérèse d'Espagne, dauphine de France, en pied. *Vanloo pinxit. — De Larmessin sculp.*, in-fol.

516. (1747) Représentation du feu d'artifice qui fut tiré dans la place de l'Hôtel-de-Ville de Paris à l'occasion du mariage de Monseigneur le Dauphin avec la princesse Marie-Josephe de Saxe, le 13 février. *J. Damun fecit.* Grande estampe en travers.

Avec le dessin original.

517. Grande estampe allégorique, dédiée à *Marie-Josèphe de Saxe, inventé et dessiné par Michel-Ange Schlodtz. — Gravé par Jean-Jacques Flipart,* gr. in-fol.

(1802) Marie-Adelaïde-Clotilde-Xavière de France, princesse de Piémont, fille de Louis, dauphin, fils de Louis XV, sœur de Louis XVIII, mariée à Emmanuel IV. *Peint par Ducreux. — Gravé par J. Cathelin.*

---

517 bis. (1764) La marquise de Pompadour, deux portraits.

— (1793) La comtesse Du Barry, quatre portraits.

— (1745) La duchesse de Chauteauroux, deux portraits.

— (1749) La marquise du Châtelet, *peint par Marie-Ane Loir.*
— *Gravé par P. G. Langlois,* 1786, in-4. = Un autre :
*Monnet del.* — *Lempereur sculp.*, in-4.

— (1779?) Mademoïselle du T***. (Thé) *Lemoine pinx.* —
*F. Janinet, sculp.*, 1779.

— Sophie Willielmine de La Font. *Peint à St-Pétersbourg
par N.-B. De la Pierre, en* 1769. — *Gravé à Paris, par J. Tardieu,* in-fol.


## 2. *Portraits des maréchaux de France, des lieutenants-gé-néraux, etc., du règne de Louis XV.*


518. (1730) François de Neufville, duc de Villeroy, maréchal de
France. *Hyacinthe Rigaud pinxit.* — *Edelinck eques sculpsit.*

519. (1734) Le maréchal de Villars. *Largillière pinx.* — *Vin.
Vangelisty sculp.*, 1775, in-4.
— (1749) Le maréchal de Belle-Isle. *Vincent Vangelisty fecit,*
in-4. = Un autre. *Delatour pinx.* — *Mellini sculp.*
(1750) Le maréchal de Saxe. *Liotard pinx.* — *De Marcenay
sc.*, in-8.

520. (1750) Maurice, comte de Saxe, maréchal de France; son
mausolée inventé et exécuté en marbre par J. B. Pigalle. —
*Dessiné et gravé à l'eau forte par C. N. Cochin fils, terminé par
N. Dupuis,* gr. in-fol. en hauteur.

521. (1771) Le duc d'Estrées, maréchal de France, in-4.

522. Jean-François Paul de Bonne de Créquy, duc de Lesdiguières,
jeune, d'après Hyac. Rigaud. *Drevet sculp.*, 1691, in-fol.
Pièce rare. De la collection de M. Armand Bertin.

523. (1764) Eugène Hay, capitaine général. *Lambert pinx.* — *P.
Car. Levesque sculp.*, 1770, in-4.

524. (1769) François de Chevert, liieutenant-général des armées
du roi. *Cochin fil. deli.* — *Watelet sc.*, 1763, in-4. = Un autre,
*peint par Hischbein premier peintre du Prince de Hesse-Cassel,
et gravé à Paris par le Charpentier.*

**525.** (1770) Albert, duc de Luynes et de Chevreuse, lieutenant-
général des armées du roi. *G. F. Guillet del. — P. C. Ingouf
sculp.*, in-fol.

**526.** (1728?) Fr. Bernard Potier, duc de Gesvres, chevalier des
ordres du roy, en pied. *L. M. Vanloo le fils pinx. — Petit
sculp.*, 1735, gr. in-fol.

**527.** (1739) Louis de la Tour d'Auvergne, comte d'Évreux. *Peint
par Hyacinthe Rigaud. — Gravé par Georges Frédéric Schmidt
à Paris*, 1739, gr. in-fol.

**528.** (1723) Le marquis de Beringhen, chevalier des ordres du
roy, en pied sous le costume de guerrier romain. *Petrus Mignard eques pinxit. — Joan. Lud. Roullet del. sculp. et ex.*, in-f.
— (1760?) N. L'Herminier, chevalier de l'Ordre du Christ.
*Gravé à l'eau forte par M* V. Chenu. — Terminé par Chenu.*
— (1753) Jacquot, tambour major du régiment du roy. *Guay del.
— Pompadour sculpsit.*, in-8.

**3.** *Portraits des ministres, secrétaires et conseillers d'état, etc.,
du règne de Louis XV.*

**529.** (1723) Guillaume, cardinal Dubois. *Peint par Hyac. Rigaud,
— gravé par P. Drevet*, 1724, in-fol., belle épreuve.

**530.** (1721) Nic. Jos. Foucault, ministre d'État. *N. de Largillière
pinxit. — P. Van Schuppen sculpsit*, 1698, in-fol.
Belle épreuve avant l'inscription.

**531.** (1721) Chamillard, ministre des requêtes de l'hôtel. *R. Nanteuil ad vivum pin. et sculpebat.* — 4ᵉ état. R. D. 59.

**532.** (1725) Louis Phelypeaux de la Vrillière. *Gobert pinxit. —
Drevet sculp.*, in-fol.

**533.** (1777) Louis Phelipeaux duc de la Vrillière. *Marillier inv.
— Le Beau sculp.*, in-4.
— (1777) Phelippeaux de Pontchartrain, ministre ; son portrait
au milieu d'allégories. *Achard inv., del. — Fessard scul.*, in-fol.
en hauteur.

**534.** (1781) Phelippeaux, comte de Maurepas, secrétaire d'État,
en pied dans son cabinet. *L. M. Van Loo le fils pinxit. — Petit
sculpsit*, 1736, in-fol.

535. (1728) Claude Le Blanc, ministre et secrétaire d'État. *A: le Prieur pinx. — P. Drevet sculp.*, in-4.

536. (1743) And. Hercules de Fleury, ministre d'État, membre de l'Acad. fr. *Hyac. Rigaud pinx. — Fr. Chereau sculp.*, in-fol.

537. (1743) Le cardinal Fleury, premier ministre de Louis XV. (*Peint par Hyacinthe Rigaud, — gravé par Pedretti.*)
Très belle épreuve *avant toute lettre*, tirée in-fol.

538. (1762) Nicolas Réné Berrier, ministre d'État. *Peint par De Lyen, — gravé par Wille*, gr. in-fol.

539. (1764) Voyer de Paulmy d'Argenson, ministre secrétaire d'État. *Peint par Hyac. Rigaud, — gravé par Petit*, in-fol.

540. (1721) Paulmy d'Argenson, garde-des-sceaux. *Ce vend à Ausbourg en Allemagne chez Jeremie Wolf.*, in-fol. Belle épreuve. = Un autre. *V. Vangelisty sculp.*, in-4.

541. (1751) Le chancelier d'Aguesseau. *Peint par Vivien, — gravé par J. Daullé, 1761*, in-4. = Un autre. *Tournieres pinx. — Vin. Vangelisty sculp.*, 1775, in-4.

542. (1729) Jean Law controlleur général des finances. *Hyac. Rigaud pinx. — G. J. Schmidt, sculp.*
Épreuve avant la lettre et avec les noms des artistes seulement tracés à la pointe.

— (1740) René Herault, conseiller d'État. *Jean Étienne Liotard pinx. — P. Dupin sculp.*, in-12.

543. (1767) Moyse de Fontanieu, conseiller d'État. *Isidore Queverdo delin. — De Longueil sculp.*, in-fol.

545. (1758?) L'abbé Desmarets, jésuite, confesseur du roi. *Jouffroy pinx. — Beauvarlet sculp.*

546. (1731) Charles d'Hozier, généalogiste de la maison du roi. *H. Rigaud pinxit. — G. Edelinck sculp.*, in-fol. Belle épreuve avec marges.
— (1733) Louis Le Gendre, historiographe de France. *J. Jouvenet pinx. — P. Drevet sculpsit*, in-fol.
— (1781) Guill. Le Blond, maître de mathématique des enfants de France, *dessiné par C. N. Cochin, — gravé par Aug. de Saint-Aubin*, 1769, in-4.

— (1733) Nicolas Bion, ingénieur du roi, pour les instruments de mathématiques, *de Larmessin graveur du roi*, in-4.

### 4. *Portraits des savants et des littérateurs du règne de Louis XV.*

547. (1752) François Chicoyneau, premier médecin du roi. *P. Le Sueur pinxit. — J.-G. Will. sculpsit*, 1744, in-4. Jolie épreuve.

— (1743) Jean Le Thieullier, médecin. *Fessart sculp.*, in-8.

— (1751) Bern. Bertrand, docteur-médecin. *La Nouelle pinx.* — Petit exc., 1754, in-4.

548. (1766) J. Astruc, docteur-médecin. *Peint par L. Vigée.* — — *Gravé par J. Daullé*, in-4. = Un autre, *C. Monnet inv. — Gravé par Louis Halbou*, 1771, in-fol.

— (1772) Ant. Le Camus, docteur, régent de la Faculté de médecine de Paris. *Gaut. Dag.* (Gautier d'Agoty), *sculps.* à la manière noire, in-fol.

— (1772?) Antoine Jacob surnommé le médecin allemand. (Anonyme), in-4.

— Fr. Morand, médecin, *Car. Nic. Cochin del. — Aug. de Saint-Aubin sculps.*, 1768, in-4.

549. (1774) François Quesnay, docteur-médecin. *Le buste peint par Fredou — et le tout fait inssi par François* (Jean-Charles), *graveur du cabinet du roi*, 1767, in-fol.

Les noms des artistes seulement gravés à la pointe.

— (1776) Humbert Gerbier, médecin. *Halm del.* 1776. — *Veuve Tardieu sculp.*, in-4.

— (1777) Joseph de l'Epine, médecin. *Aug. de Saint-Aubin ad vivum del. et sculp.*, in-4.

550. (1736) Georges Mareschal, premier chirurgien du roi. *Fontaine pinx. — J. Daullé sculp.*, in-4.

— (1743?) Pierre Boudou, chirurgien. *Cl. Duflos sculp.*, in-8.

— 1758?) Jean-Nicolas Moreau, premier chirurgien de l'Hôtel-Dieu de Paris. *Dessiné par Cochin le fils. — Gravé par Dupin fils.* = Un autre, *gravé par P.-E. Moitte*, in-4.

— (1767) Demachy, chirurgien. *Violette pinx. — Bosse sculp.*, 1767, in-4.

— (1770) Bertrand de Pibrac, chirurgien. *Dessiné par Lemonnier — Gravé par J. Marchand,* 1770, in-4.

— (1754) Collette de Chamseru, chirurgien et oculiste. *Brea pinx. — Petit exc.,* in-4.

— (1761) Fauchard, célèbre dentiste de Paris. *J. Le Bel pinxit. — J.-B. Scotin sculp.,* in-8.

551. (1720) Chaulieu. *De Troy pinx. — Ficquet sculp.* (Odieuvre.)

— (1724) Charles Rivière Dufresny. *Ch. Coypel pinxit. — F. Joullain sculp.*

(1728) L'abbé de Villiers. *B. Picart invenit.* Frontispice de ses œuvres.

552. (1725) Dom Denys de Sainte-Marthe, supérieur-général de la congrégation de Saint-Maur. *Cazes pinxit. — P. Drevet sculpsit.*

Épreuve de la collection de M. Robert Duménil.

— (1741) Dom Bernard de Montfaucon. *Peint par Gueslin. — Gravé par B. Audran,* in-fol. == Un autre. *Tardieu filius sculp.*

553. (1741?) Fr. Pourfour Du Petit. *Restout pinxit. — Gravé par Beaumont, graveur,* in-4.

— (1741) J.-Baptiste Rousseau. *J. Aved pinxit. — G.-F. Schmidt sculpsit,* in-4. == Un autre. *Auger Lucas p. — Desrochers ex.*

554. (1745) L'abbé Guyot Desfontaines, *Peint par Toqué. — Gravé par Schmidt, à Paris.*

— (1754) Denis-Franç. Secousse, bibliophile distingué, représenté assis, tenant un livre, et dans sa bibliothèque. *D.na Dubois pinxit. — Mar. Lud. Adel. Boizot sculpsit,* in-fol.

— (1755) Lenglet Dufresnoy. *Nicol. Delobel pinx. — Tardieu filius sculp.*

555. (1757) Vadé. *Richard pinx. — C. Boily sculp.*

— (1767) L'abbé Goujet. *Michel Ange Slodtz del. — B. Audran sculp.,* in-4.

— Palissot. *Peint par Ch. Monnet. — gravé par P. Choffard.* == Un autre, *de Saint-Aubin pinx. — Poletnich sculp.*

— (1770) De Moncrif.

(1772) Ch. Duclos. *Dessiné par C.-N. Cochin le fils, en* 1763.

**556.** (1773) Piron. *C.-N. Cochin delin. — Aug. de Saint-Aubin sculp.* = Un autre. *Bovinet sculp.* = Un autre. *Dessiné et gravé par Aug. de Saint-Aubin.*

— (1777) Crébillon le fils. *Jean-Claude Gastinel ad vivum del. — De S. A.* (Saint-Aubin) *sculp.*

— (1778) Jean-Jacq. Rousseau. *A. Ramsay Londini pinx.* 1766. — *J.-E. Nochez, sculp.*, 1769, in-fol. = Un autre. *De la Tour pinx.— A. de Saint-Aubin sculp.* = Un autre. *Dessiné par Lemaire d'après le buste de Houdon. — Réduit et gravé par Delvaux.*

### 5. *Portraits des artistes du règne de Louis XV.*

**557.** (1722.) Claude Gillot, de Langres, peintre ordinaire du roy. *C. Gillot, pinx. — J. Aubert sculp.*, in-fol.

**558.** (1725) Nicolas Vleughels, peintre du roy. *Ant. Pesne pinx. — E. Jeaurat sculp.* 1725, in-fol.

**559.** (1734) Alexis-Simon Belle, peintre du roy. *Ipse se pinxit.* 1730. — *Tardieu filius sculp.* L'adresse d'Odieuvre est effacée.

**560.** (1736) Claude Hallé, natif de Paris, peintre ordinaire du roy. *Peint par Le Gros. — Gravé par N. de Larmessin pour sa réception à l'Académie, en* 1730, in-fol.

**561.** (1736) Nicol. Bertin de Paris, peintre ordinaire du roy. *Peint par De Lyen. — Gravé par Bernard Lépicié pour sa réception à l'Académie en* 1740, in-fol.

**562.** (1743) Hyacinthe Rigaud, peintre, né à Perpignan. *Se ipse pinxit.—Edelinck sculp.* in-fol. (2ᵉ état. R. D. tom. VII, nº 303). = Un autre, *Hyacint. Rigaud pinx.—P. Drevet sculpsit.* in-fol. = Un autre, *H. Rigaud pinx. — P. Drevet sculp.* (épreuve de la calcographie). = Un autre, peint par lui-même, avec Elisabeth de Goüix, sa femme. — *Gravé par Jean Daullé, pour sa réception à l'Académie, en* 1742, in-fol. = Un autre, *Ficquet sculp.* (Épreuve après l'adresse d'Odieuvre effacée.)

= (1706) Maria Serre, mère d'Hyacinthe Rigaud, d'après H. Rigaud, par Pierre Drevet, in-fol.

= (1743) Élisabeth de Gouix, femme de Hyacinthe Rigaud. *Peint par H. Rigaud.—Gravé par Jean-Georges Will, à Paris,* 1743, in-fol.

563. (1746) Nic. de Largillière, natif de Paris, peintre ordinaire
du roy. *N. de Largillière pinx.* —*F. Chereau sculp.* 1715, in-fol.
= Un autre, *peint par Gueslain.* — *Gravé par Charles Dupuis,*
*pour sa réception à l'Académie, en* 1730, in-fol. == Un autre,
*se ipsum pinx.* — *J. G. Wille sculp.* (Après l'adresse d'Odieuvre
effacée.)
= Marguerite Elisabeth de Largillière, fille du peintre. *N. de*
*Largillière pinx.* — *J. G. Will. sculp.*

564. (1752) J. de Troy, peintre du roy. *Peint par François de*
*Troy.* — *Gravé par Simon Vallée,* in-fol. == Un autre, *peint par*
*Aved et gravé par N. de Launay, pour sa réception à l'Acadé-*
*mie, en* 1789, in-fol.

565. (1754) Pierre-Jacques Cazes, peintre ordinaire du roy. *Peint*
*par Aved.* — *Gravé par Jacq. Phil. Le Bas, pour sa réception à*
*l'Académie, en* 1741, in-fol.

566. (1755?) J. Bap. Siméon Chardin, peintre du roy. *Dessiné*
*par Cochin fils.* — *Gravé par Laurent Cars.,* in-4.
= Fr. Marg. Pouget, femme de M. Chardin, peintre du **roy.**
*Cochin fils.* — Laurent Cars, in-4.

567. (1761) Louis Galloche, peintre ordinaire du roy. *Peint par*
*L. Tocqué.* — *Gravé par J. G. Müller, pour sa réception à*
*l'Académie,* 1776, in-fol.
— (1761) Collin de Vermont, natif de Paris, peintre ordinaire du
roy. *Roslin, Suédois pinx.* — *Gravé par Manuel Salvador Car-*
*mona, pour sa réception à l'Académie, en* 1761, in-fol.

568. (1765) Carle Vanloo, peintre. Son portrait dessiné à la san-
guine, par lui-même, in-fol. Derrière se trouve également des-
siné par lui-même un portrait de femme.
= Un autre :
(Epreuve avant toutes lettres.) == Un autre, *dessiné par C. N.*
*Cochin le fils.* — *Gravé par J. Daullé,* 1754, in-4.

569. (1768) Jean Restout, peintre ordinaire du roi. *Peint par*
*M. de La Tour.* — Gravé par *P. E. Moitte, pour sa réception,*
*en* 1771, in-fol. == Une autre épreuve d'essai de la même planche, avant toutes lettres. == Une autre : *C. N. Cochin filius del.*
*et sculp.,* in-4.

570. (1770) François Boucher, natif de Paris, peintre ordinaire du roy. *Roslin Suédois pinx.* — *Gravé par Manuel Salvador Carmona, pour sa réception à l'Académie,* 1771, in-fol. = Un autre : le même, pris de la gravure précédente réduite in-4. = = Un autre : *Dessiné par Cochin fils.—Gravé par Laur. Cars.*

571. (1725) Charles-François Poerson, peintre. *Peint par N. de Largillière. — Gravé par E. Desrochers pour sa réception à l'Académie, en* 1723, in-fol.

572. (1745?) Bolureau, peintre; caricature sous le titre de *le Doyen des M^{es} peintres,* dans laquelle il est représenté très-courbé et marchant vers la gauche, s'appuyant sur un bâton. *J.-J. Spoëde del. — J. Guelard sculp. et exc.,* in-fol.

—( 1755) J. Bapt. Oudry, peintre. *Peint par N. de Largillière, en* 1729.—*Gravé par J. Tardieu,* in-fol.

573. (1765) Ant. Desallier Dargenville. *Hyac. Rigaud pinx. — Vin. Vangélisty sculp.* 1775, in-4. = Une autre épreuve de la même planche, avant l'inscription, et on lit seulement au bas : *Rigaud P. — Vangelisty F.* très-légèrement tracé à la pointe.

574. (1767) J. Bapt. Massé, peintre. *Dessiné par C. N. Cochin le fils,* in-4.

— (1770) Honoré Dandré-Bardon, amateur, père du peintre. *J.-B. Vanloo delin.— S. Thomassin exc.,* in-fol.

—(1778) Lantara, peintre; il est debout dans une chambre misérable; un tableau est posé sur sa table, il regarde deux huppes qui sont perchées au-dessus de la cage. *Dessiné d'après nature par Vatteau.— G.....,* in-4.

On lit au bas :
> Je suis le peintre Lentara.
> La Foi m'a tenu lieu de livre,
> L'Espérance me fesait vivre,
> Et la Charité m'enterra.

— (1775?) Robert Picault, rentoileur de tableaux. *Dessiné et gravé par J. A. Chevalier,* 1775, in-4.

On lit au bas :
> « Les noms seuls des Zeuxis passent d'ages en ages.
> Les siècles ont détruit leurs superbes ouvrages;
> Mais le temps ne peut rien sur ceux des Raphaëls,
> Picault a trouvé l'art de les rendre immortels. »

575. (1729) Franç. Chereau, graveur ordinaire du roy, né à Blois. *Dufreneau pinx. — Petit sculp.,* in-4.

(1757) Gaspard Duchonge, graveur du roi. *Dessiné par N. Cochin le fils. — Gravé N. Dupuis,* 1735, in-4. = Un autre : *Vanloo fils pinx. — N. Dupuis sculpsit,* in-4.

— (1733) Bernard Picart, dessinateur et graveur. *M. des Angles pinx. — P. Aveline sculp. — A Paris, chez Odieuvre.*

576. (1745?) Nic. Henry Tardieu, graveur. *Peint par Vanloo, en 1725. — Gravé par Tardieu le fils, en 1743,* in-4. Après l'adresse d'Odieuvre effacée.

— (1750?) Philippe Cayeux. *Dessiné par Cochin fils. — Gravé par L. Lempereur,* in-4. (Epreuve à l'eau forte pure.)

577. (1765) Le comte de Caylus, amateur. *Dessiné par Cochin le fils,* 1752. = Un autre : *Littret del. et sculp.,* 1766, in-4. = Un autre : *Scetched by J. Cotter.,* in-4 sur chine, ensemble trois pièces.

— (1765) J.-J. Balechou, graveur. *Peint par J. Arnavon, chanoine à Avignon. — Gravé par L.-J., graveur du roi,* in-4.

578. (1771) Laurent Cars, graveur. *Dessiné par C. N. Cochin,* 1750. — *Gravé par Aug. de Saint-Aubin,* 1768, in-4.

— (1773) Hubert Gravelot, graveur. *H. Gravelot del. — B. L. Henriquez sculp.* 1770, in-8.

579. (1774) Pierre-Jean Mariette, amateur, dessinateur et graveur à l'eau forte. *Dessiné par C. N. Cochin. — Gravé par Aug. de Saint-Aubin,* 1765, in-4. = Un autre : représenté debout la main droite appuyée sur un portefeuille d'estampes; gravé par Jean Daullé, d'après Ant. Pesne, in-fol.

Deux épreuves de cette dernière planche : l'une avant toute lettre, l'autre est une épreuve d'essai du graveur, à l'eau forte; les premiers travaux de la gravure seulement indiqués; la figure presque terminée.

— (1720) Antoine Coyzevox, de Lyon, sculpteur du roi. *H. Rigaud pinx. — Matthey sculp.,* in-4.

580. (1733) Nicolas Coustou, natif de Lyon, sculpteur ordinaire du roy, deux pièces.

= (1777) Guillaume Coustou, sculpteur. *Peint par J. de Lien. — Gravé par N. de L'armessin, pour sa réception à l'Académie, en 1730,* in-fol. — *C. N. Cochin delin. — Aug. de Saint-Aubin, sculp.,* 1770, in-4.

581. (1743) Robert le Lorrain, de Paris, sculpteur ordinaire du

roy. *Peint par Nonnotte. — Gravé par Nic. Tardieu pour sa réception à l'Académie,* en 1749, in-fol.

(1776) J. F. J. Saly, sculpteur du roi. *C. N. Cochin le fils, del.* 1752. *— J. F. Rousseaux,* in-4.

582. (1758) Paul Ambroise Slodtz, sculpteur. *Dessiné par N. Cochin. — Gravé par Lau. Cars.*

= (1764) Michel-Ange Slodtz, sculpteur. *Dessiné par Cochin fils. — Gravé par Lau. Cars.*

—(1756) Servandoni, architecte. *Colson pinx.— Niger* (Miger) *sculp.,* in-4.

583. (1728) Jean Fr. Lalouette. *Ferdinand pinx. — J. Tardieu filius sculp.*

—(1732) Louis, M^e organiste du roy. *Robert pinx.—Ch. Dupuis sculp.*

— (1734) Nicolas Bernier, M^e de musique de la chapelle du roy. *L. N. pinx. — Fiquet sc.*

584. (1741) Gabriel-Vincent Thevenard, pensionnaire du roy pour la musique. *Geuslain pinx.—G. F. Schmidt sculp.*

(1764) Rameau. *Restout del. — Benoist sculp.* = Un autre : *G. Dagoty, del. et sculp.* (à la manière noire). =Un autre : fait par *J.-J. Caffieri, S. D. R.* 1760. *— Gravé par Aug. de Saint-Aubin,* 1762.

—(1767) Blanchard, maître de musique de la chapelle de Sa Majesté. *Dessiné par C. N. Cochin.—Gravé par Aug. de Saint-Aubin,* 1767.

— (1767) Gauzargues, maître de musique de la chapelle du roy. *Dess. par C. N. Cochin. — Gravé par Aug. de Saint-Aubin,* 1767.

—(1768) Cassanea de Mondonville, maître de musique de la chapelle du roy. *Dessiné par C. N. Cochin,* 1768. *— Gravé par Aug. de Saint-Aubin,* 1768.=Un autre : *gravé par Delatre.*

— (1770) Jean Monnet. *C. N. Cochin del. —Aug. de St-Aubin sculp.,* 1765.

(1774) Jean-Pierre Guignon, de Turin, Roy des violons. *Van Loo pinxit.—Pinssio sculp.*

— (1781?) J. Gosseaume. *C. N. Cochin del.* 1781. *— L. J. Cathelin (sculp.).*

6. *Estampes sur les évènements du règne de Louis XV.*

585. 12 séptembre 1715. Entrée de Louis XV à Paris.

— Arrivée du Roi dans Paris, passant sur le Pont-Neuf.

Grande estampe en largeur composée de trois planches. Les personnages ont deux et trois pouces de hauteur. On voit la statue de Henri IV et l'horloge de la Samaritaine.

586. Feu d'artifice tiré pour la fête du roi aux Thuilleries (des médailles de Louis XV).

— 16 mars 1721. Entrée à Paris de l'ambassadeur des Turcs, in-fol.

— 2 mars 1722. Entrée de l'Infante d'Espagne à Paris (*Jollain sc.*)

587. Relation du voyage de Louis XV à Rheims pour son sacre et de son retour à Versailles. Manuscrit, gr. in-fol., avec une carte itinéraire de Paris à Rheims, rel. v. fauve.

Ce manuscrit, aux armes de Fleuriau d'Armenonville, garde-des-sceaux, contient : Relation du voyage de Louis XV à Rheims pour son sacre, et de son retour à Versailles avec les cérémonies du sacre, page 1. — Festes de Villers-Cotterets, données par M. le duc d'Orléans au roy, en revenant de Rheims, page 186. — Festes de Chantilly, données par M. le duc au roy en revenant de Rheims, page 203. — Acte de la majorité de Louis XV, séant en son lit de justice, page 222. On a ajouté plusieurs plans et vues de la ville et de l'église de Rheims. — Diverses représentations des cérémonies du sacre de Louis XV dans la cathédrale, etc., etc. 12 planches.

588. Le roi et la reine descendant de carrosse pour entrer dans l'église Sainte-Geneviève, 1730.

— Réception des chevaliers de l'ordre du Saint-Esprit dans la chapelle de Versailles lors de la grande promotion du 3 juin 1724, *J. Rigaud inv. et sculp.*

589. Plan et vue du feu d'artifice tiré à Paris sur la Seine le 21 janvier 1730, entre le Louvre et l'hôtel de Bouillon, au sujet de la naissance de Mgr le dauphin, par ordre de Leurs Majestez catholiques et par les soins de M. le marquis de Santa-Cruz et de M. de Barreuchea, ambassadeurs d'Espagne, une pièce de Servandoni. — Vuë et dessein de l'illumination faite sur la façade extérieure et intérieure de l'hôtel de Bouillon pour accompagner la fête et le feu d'artifice tiré sur la Seine en face de cet hôtel pour le même sujet, une pièce de Beaussire. — Ensemble 2 gr. pièces.

— Feu d'artifice élevé au milieu du Pont-Neuf au sujet de

l'alliance de Louise-Elizabeth, première dame de France, avec le prince don Philippe II, infant d'Espagne, ledit feu construit par les soins de M⁣ʳᶜ Turgot, prévôt des marchands. 6 pièces. — — Vues et perspective de l'illumination de la rüe de la Ferronerie exécuté pour le même sujet, le même jour 29 aoust 1739 ; les figures sont de Cochin le fils, et la perspective de J. de Sève. — Ensemble, 7 pièces.

590. Feu d'artifice élevé dans la Grève, en réjouisance de la prise d'Ipres, le 27 juin 1744, en présence du roy, exécuté sous la conduite de M. Beausire et peint par les sʳˢ du Mesnil.

— Représentation du feu d'artifice, élevé dans la Grève par Mʳˢ les prévosts des marchands et échevins de la ville de Paris, en réjouissance de l'heureux rétablissement de la santé du roy, le 8 septembre 1744, par les frères Du Mesnil. — Vue perspective des illuminations de la rüe de la Ferronnerie, du côté de la rue Saint-Denis, pour le même sujet, en 1745. — Ensemble, 2 pièces.

— Feu d'artifice élevé dans l'Hôtel-de-Ville, en réjouissance de prise de la ville et château de Gand, le 11 et 15 juillet 1745, par l'armée du roy, commendé par Sa Majesté, exécuté sous la conduite de M. Beausire et peint par les sʳˢ Du Mesnil.

591. Décoration sur le bâtiment de la cour de l'Hôtel-de-Ville, en réjouissance de l'heureux retour de Sa Majesté, le 15 novembre 1744, dessiné par Beausire.

— Feu d'artifice élevé devant l'Hôtel-de-Ville, en réjouissance de la prise des ville de Tournay et de sa citadelle, les 24 may et 19 juin 1745, sous la conduite de M. de Beausire, peint par Tremblin le jeune.

— Feu d'artifice élevé devant l'Hôtel-de-Ville, en réjouissance de la prise de Dendermonde, le 13 aoust 1745, par l'armée du roy, commandé par le duc d'Arcourt, exécuté sous la condüite de M. Beausire et peint par les sʳˢ Du Mesnil.

— Vue et perspective de l'illumination de la rüe de la Ferronerie du côté de la rue Saint-Denis, exécutée le 8 septembre 1745, à l'occasion du retour de Sa Majesté et de sa glorieuse campagne de Flandre, sur les dessins et conduite des sʳˢ Slodtz. Les fig. sont de Marvie, la perspective de Bovart.

592. Décoration du feu d'artifice qui se fera le 16 septembre 1753, à l'occasion de la naissance de Mgr. le duc d'Aquitaine né à Versailles le 8 du présent mois.

— Représentation du feu d'artifice tiré devant l'Hôtel-de-Ville, le 1er octobre 1758, en réjouissance des victoires remportées sur les Anglois, en Amérique. Peint par le sieur Du Mesnil, gravé sous la conduite de M. Le Bas.

— Décoration du feu d'artifice, tiré devant l'Hôtel-de-Ville, le 28 octobre 1758, en réjouissance de la victoire sur l'armée combinée des Hessois et Hanovriens à Lutzelberg, par l'armée du roi commandée par le prince de Soubise, dessiné par Damun, gravé sous la conduite de Le Bas.

— Représentation du feu d'artifice, tiré devant l'Hôtel-de-Ville, le 1er may 1759, en réjouissance de la victoire sur l'armée combinée de Berghen, par l'armée du roi commandée par le duc de Broglie; dessiné par Damun, gravé sous la conduite de Le Bas.

593. Emeute dans la rue Quincampoix à propos du système de Law. 2 estampes, belles épreuves.

594. Tentative d'assassinat par Damien, 1757. Estampe allemande. *J. Martin Will. sculps. et exc.*, et deux autres pièces sur le même sujet.

595. L'empoisonnement de M. et M<sup>me</sup> de Lamothe, par Ant.-Fr. Desrues. 17 estampes et portr. — Estampe représentant dix épisodes de la vie de Cartouche, avec l'explication en allemand au bas.

— (1772) François-Pierre Billard, condamné au carcan, caissier, prévaricateur dans ses fonctions, in-8.


G. — De Louis XVI a Louis-Philippe.

*1. — Portraits des Rois et des membres de la famille royale.*

596. Louis XVI. Six portraits différents, savoir :
— (1793) Louis XVI. *Dessiné par C.-N. Cochin. — Gravé par Auguste de S. Aubin, 1778.*
— Louis XVI, roi de France. *Dessiné par B.-A. Nicollet. — Fait par Lebeau, graveur de monseig. le duc de Chartres, 1783, in-4.*

— Louis XVI, roi d'un peuple libre, en pied. *P. Caresme pinxit.*
— *R. Duchemin sculpsit.*

— Au premier citoyen. *Bertaux del. — Le Cœur sculp.*, in-4.

— Louis XVI. *Dessiné et gravé par J.-B. Louvion*, in-4.

— (1775) Serment de Louis XVI à son sacre; très-grande estampe dessinée d'après nature par J.-M. Moreau le jeune.

Estampe d'une remarquable exécution et fort intéressante pour les costumes, les détails des décorations, etc.

598. (1793) Marie-Antoinette. *R. Brookshaw fecit.* Buste à la manière noire, in-fol. = Un autre. *Peint en* 1785 *par J. Boze.* — *Gravé en* 1814 *par S. C. Miger.*

— Marie-Antoinette. Cinq portraits différents.

599. (1794) Louis-Auguste Dauphin de France. *R. Brookshaw fecit Parisiis*, 1773. Estampe gravée à la manière noire, in-fol.

— Marie-Thérèse Charlotte, fille de Louis XVI. Sept portraits différents.

— Elizabeth-Philippe Hélène de France, sœur de Louis XVI. Quatre portr. différents.

600. Louis-Stanislas-Xavier de France;, comte de Provence. *E. Voysard, sculp.* — Louis XVIII, in-4.

(1810) — Louise de Savoie, madame; *Drouais pinxit*, 1771. —

— Un autre, d'après le même portr., gravé par Cathelin.

— (Marie-Josephe-Louise de Savoye), madame; dessinée par Desrais, gravée par Deny.

601. — Louis-Philippe I*er*, in-fol.

Très belle épreuve AVANT TOUTE LETTRE.


**2.** — *Portraits des Maréchaux de France, des Généraux, des Ministres et autres grands personnages, depuis Louis XVI jusqu'en 1830.*

602. (1780) Le duc de Cossé Brissac, maréchal de France. *Pougin de Saint-Aubin pinx.* — *Car. Gaucher del. et sculp.*, 1772, in-4. = Un autre, *Fossier* del. — *Hubert sculp.*, in-4.

— (1789) Durfort de Duras, lieutenant-général des armées du roy. *Queverdo delin.* — *Dembrun sculp.*, in-fol.

603. (1787) Réné de Voyer, marquis de Paulmy, ministre d'Etat. *C. Le Carpentier del.* — *A. de Saint-Aubin sculp.*, in-4.

— (1778) Le comte de Saint-Germain, secrétaire d'état. (Anonyme.), in-4.

— (1776) Bernard de Clugny, contrôleur général des finances. *Le Tellier pinx. — A. Romanet sculp.*, in-fol.

— (1781) Turgot, contrôleur général des finances. *Cochin del. — Dupin sculp.*, in-8. = Un autre, *Mich. Vanloo pinx. — Vin. Vangelisty sculp.*, 1776, in-4.

604. (1794) Lamoignon Malesherbes. *Peint par R...... — Gravé par C.-E. Gaucher.*

— Lamoignon fils. *Carmontel fecit.* Belle épreuve, mais rognée, in-4.

— (1785?) Jér.-Fréd. Bignon, conseiller d'Etat. *Aug. de Saint-Aubin ad vivum del. et sculp.*

— Déon de Beaumont. Quatre portraits et une estampe satirique anglaise.

— (1779) Louis Constantin, prince de Rohan, cardinal. *Gravé par C. Guerin en* 1776.

— (1780) Le duc de Lavallière. *C.-N. Cochin filius delin. et sculp.* 2 portr. in-8 différens.

— (1800) Marc René de Montalembert. *Delatour pinx. — Aug. de Saint-Aubin sculp.*

605. (1792) La princesse de Lamballe. Trois portraits.
— 1827. De la Rochefoucauld-Liancourt.

606. (1748-1781). Le marquis de Brumoy. Dessin au crayon.

607. (1784) Le comte de Saint-Germain, célèbre alchimiste. *Gravé en* 1783 *par N. Thomas,* in-4.

— (1795) Le comte de Cagliostro. *Brion de la Tour del. — J.-B. Chapuy sculp.*, in-fol.

**3.** — *Portraits des Savants et Littérateurs depuis Louis XVI, etc., jusqu'en 1830.*

608. (1786) Maloët, médecin. *C.-N. Cochin del. — Aug. de Saint-Lubin sculp.*, 1786, in-4.

— (1787) Hyac. Théodore Baron, de la Faculté de médecine de Paris. *Littret de Montigny ad vivum del. et sculpsit,* in-fol.

— (1787) Philippe Bouvart, médecin. *Dessiné par F. Bourgoin et gravé par B.-L. Henriquez*, in-fol.

— (1788) De Lassone, *C.-N. Cochin fil. delin. — August. de Saint-Aubin sculp.*, 1770, in-4.

— (1789) Prudent Hevin, médecin (anonyme), in-8.

— (1739) Bourgelat, médecin (anonyme), in-8.

— (1794) Antoine Petit, très célèbre médecin. *Dessiné et gravé pas C. Macret en 1775.* = Un autre, *dessiné par C.-N. Cochin, ch^er de l'ordre du roi. — Gravé par M^c Lingée de l'Académie royale de Marseille*, in-4.

— (1802) Xavier Bichat. *Adam sculpsit.*, in-8.

= (1799) Cl. V. D. Lud. Claud. Cadet, regiorum exercituum pharmacopœo olim primario. *Dessiné par F. Bourgeois, et gravé par B.-L. Henriquez, graveur de S. M. I. de toutes les Russies*, 1776, in-fol.

— (1815) A. Mesmer, D. en M. de la Faculté de Vienne en Autriche. *Pujos del. ad vivum. — Legrand sculp.*, in-4.

609. (1781) George de La Faye, professeur de chirurgie. *Dupin sculp.*, in-4.

— Jean Baseilhac dit frère Côme, relig. feuillant, *Gu. Fraiche ad vivum del. — Ingouf junior sculp.*, 1782, in-8.

— (1782) H. de Grandjean, chirurgien. *Par Deshays, peintre du roi. — Gravé par R. Gaillard en 1782*, in-fol.

= Guillaume Grandjean, chirurgien. Par Deshays, peintre du Roi. *— Gravé par R. Gaillard en 1784*, in-fol.

(1785?) Jacq. Daran, chirurgien. *Dessiné et gravé par Martinet*, in-8.

610. Jaques Dumont de Valdajou, chirurgien, d'après Lesueur. *Chenu sculp.*, in-fol.

— (1790) Pierre Fabre, chirurgien à Paris. *L.-S. Boizot del. — M.-L.-A. Boizot sculp.*, in-8.

— Ant. Louis, secrétaire perpétuel de l'Académie royale de chirurgie. *Peint par J.-S. Chardin, p^re du roy. — Gravé par S.-C. Miger en 1760*, in-4.

— (1792) Jean-Joseph Sue, professeur et démonstrateur aux écoles royales de chirurgie. *A. Pujos del. — N. Pruneau sculp.*, in-4.

— (1799) P.-J. Desault, chirurgien en chef de l'Hôtel-Dieu de Paris. *Dessiné par C.-N. Cochin,* 1788. — *Gravé par L.-J. Cathelin,* 1791, in-4.

= (1805) Arrachart, oculiste. *Dessiné et gravé par Roy.*

— (1833) Forleuze, doct. méd. oculiste de l'Hôtel-Dieu de Paris. (Gravé par Malbeste, avant la lettre), in-8.

611. (1780) Condillac. *Dessiné par P. Duval.* — *Gravé par A. Clément.*

— (1780) Dorat. *Gravé par Dupin.* = Un autre par Delvaux.

— (1780) Meusnier de Querlon. *Visprè pinx.* — *L.-J. Cathelin sculp.*

— (1780) J.-B. Leblanc. *C.-N. Cochin.* — *A. de Saint-Aubin sculp.,* in-4.

— (1781) Le comte de Tressan. *A. Borel del.* — *N. de Launay sculp.*

— (1782) Joseph Pellerin, célèbre numismate et antiquaire. *Aug. de Saint-Aubin inv. del. et sculp.,* 1781, in-fol. = Un autre par le même artiste, in-4.

— (1783) D'Alembert, dessiné par N.-R. Henriquez. = Un autre par A. de Saint-Aubin.

— (1784) Diderot. Peint par L.-M. Vanloo. — Gravé par L.-M. Henriquez. = Un autre. *J.-B. Greuze del.* — *Aug. de Saint-Aubin sculp.* = Un autre. *Bovinet sculp.*

612. (1784) Court de Gebelin. *A. Pujos ad vivum del.* — *F. Huot sculp.,* 1784.

— (1788) Le Tourneur. *A. Pujos del.* — *Vinsac sculp.*

— (1789) T. Du Chenteau, philosophe hermétique. Portrait curieux et très rare.

— (1799) Caron de Beaumarchais. Deux portraits.

— (1803) La Harpe. *Desrais del.* — *Lebeau sculp.* = Un autre. *Peint par Ducreux.* — *Dessiné et gravé par A. Migneret,* 1820.

— (1803) Morellet. *Massol sculp.*

— (1804) Fréron. *Dessiné par C.-N. Cochin.* — *Hubert sculp.*

612. (1805) Massers de Latude, *Peint et gravé par Vestier, peintre de l'Académie,* in-fol. Quatre portraits.

— (1806) Restif de la Bretonne. *L. Binet delineavit.* — *L. Berthet incis dicavit.*

— (1806) Collin d'Harleville. *A. Delvaux sc.*

— (1814) Louis-Sébast. Mercier. *Dessiné par A. Pujos. — Gravé par B.-L. Henriquez, graveur.*

— (1817) Claude de la Metterie. *Peint par Notté.— Gravé par Beljambe.*

**4. — *Portraits des Artistes, depuis Louis XVI jusqu'à nos jours.***

**613.** (1778) Charles Eisen, peintre, dessinateur du roi. *Vispré pinx. — E. Fiquet sculp.*, 1761, in-8.

**614.** (1779) Jean-Baptiste Siméon Chardin, peintre du roi; représenté avec des lunettes sur le nez. *Peint d'après lui-même en 1771. — Gravé par Chevillet*, in-fol.

— (1789) Joseph Vernet, peintre du roi. *Peint par L.-M. Vanloo,* 1768. *— Gravé par L.-J. Cathelin,* 1770, in-fol.

— (1819) P.-H. de Valenciennes, peintre du roi. *J.-M. Moreau delin. — A. de Saint-Aubin sculp.*, 1788, in-8.

**615.** (1784) N. Bernard Lepicié, peintre. *C.-N. Cochin fil. delin.,* 1776. *— J.-F. Rousseau sculp.*, in-4.

— Renée-Elisabeth Marlie, femme de Bernard Lépicié; son portrait représenté dans une figure de la Jeunesse sous l'habillement de la Décrépitude. *Peint par Charles Coypel, écuyer, premier peintre du roy. — Gravé par Renée-Elisabeth Marlie Lepicié,* 1751, in-4.

**616.** (1789). J.-B.-M. Pierre, peintre. *Cochin del. — C.-H. Watelet sculpsit,* 1755, in-4.

— (1789) Etienne Jeaurat, peintre. *Dessiné par C.-N. Cochin fils. — Gravé par P. Martenasi en* 1759, in-4.

**617.** (1790) Charles-Nicolas Cochin le fils. *Dessiné par luy-même. Gravé par J. Daullé,* 1754. = Un autre : *Dessiné par lui-même en* 1771. *— Et gravé par Aug. de Saint-Aubin.* = Un autre : tête de profil à droite dans un médaillon rond; eau forte pure, anonyme.

— (1824) Théodore Géricault, peintre. *Lithographié d'après un dessin trouvé dans des livres qui lui ont appartenu,* in-4.

**618.** (1851) M^me Elisabeth Vigée Lebrun, peintre. *Peint par M^me Lebrun. — ......,* in-fol.
Épreuve avant toute lettre.

**619.** (1783) Jacq.-Philippe Le Bas, graveur du cabinet du **roi.** *Dessiné par Ch.-N. Cochin et gravé par Ch.-E. Gaucher,* in-8.
— (1792) Nicolas de Launay, graveur du roi. *Gravé d'après le dessin d'Augustin de Saint-Aubin, par F. Huot en* 1780, in-4.
— (1784) Joseph-Charles Rœttiers, graveur en médailles. *Dessiné par C.-N. Cochin. — Gravé par Aug. de Saint-Aubin,* 1774, in-4.

**620.** (1794) Jean-Rodolphe Perronnet. *C.-N. Cochin filius del.—August. de Saint-Aubin sculp.,* in-fol.
— (1797) P. François Basan, graveur et marchand d'estampes. *Ch.-N. Cochin del. — Marais sc., terminé par Massard,* in-4. Deux épreuves dont une d'essai non terminée avant toute lettre, et au bas de laquelle on lit des conseils du dessinateur pour quelques corrections à faire. = Un autre. *P. P. Choffard, fecit l'an VIII,* in-8.

**621.** (1813) Duplessi Bertaux, gravé par lui-même. = Un autre. *Bonneville del. et sculp.*
— (1825) Dominique Vivant Denon, amateur et graveur. *H. Ramberg del.* 1792. — *D. N. St.* = Un autre buste de profil à droite dans un trait rond *dessiné par Quenedey — gr. p. Chrétien inv.*

**622.** (1785) J. B. Pigalle sculpteur du roi. *C. N. Cochin fil. et del. — Aug. de Saint-Aubin sculp.,* in-4.

**623.** (1792) J. J. Caffiery, sculpteur du roi. *C. N. Cochin filius delin.* 1779. — *Aug. de Saint-Aubin sculp.,* in-4.
— (1795) Christophe-Gabriel Allegrain sculpteur du roi, né à Paris. *Peint par Duplessis pour sa réception,* 1774. — *et gravé par J. S. Klauber pour sa réception à l'Académie de Paris,* 1787, in-fol.

**623.** (1778) Jean-Bap. Lemoyne sculpteur, *dessiné par Cochin fils. gravé par N. Dupuis,* 1755, in-4.
— (1781) Jacques Dumont, dit le Romain. *De Latour pinx. — J. J. Flipart, sculp.,* (les noms des artistes seulement tracés à la pointe), in-fol. = Un autre. *C. N. Cochin filius delin. — Aug. de Saint-Aubin sculp.,* 1770, in-4.
— (1782?) J. B. Cardon, *dessiné par C. N. Cochin,* 1782, — *gravé par S. C. Miger,* in-12.

— (1783) J. B. Perronneau. *C. N. Cochin f. delin.* —*B. A. Nicolet sculp.*, in-4.

— (1823) Etienne-Pierre Adrien Gois, sculpteur, né à Paris. *Peint par Dumont,* — *gravé par L. F. Jacquinot,* in-4.

— (1787) Nau Deville, amateur, dessiné par J. M. Moreau le jeune, — *gravé par Mme Lingée.*

624. (1788) Pierre Jeliote de l'Académie royale de musique. *Peint par L. Toqué,* — *gravé par L. J. Cathelin,* in-fol. = Un autre, *C. N. Cochin filius del.*, 1767. — *Aug. de Saint-Aubin, sculp.,* 1771.

— (1800) Piccini. *V. del. G. sculp.* = Un autre. *Bergeret del.* — *H. Pauquet filius sc.*

— (1806?) N. Arnoult. *A. P. Vincent del.* — *Bourgeois de la Richardière sculp.*, 1806.

— (1813) Grétry. *Peint par L. V. Lebrun peintre du roi en* 1785, — *gravé par L. J. Cathelin graveur du roi en* 1786. = Un autre, *Isabey pinx.* — *P. Simon sculp.* = Un autre *Melin pinx.* — *Forget sculp.*

### 5. — *Estampes sur les événements du règne de Louis XVI, etc., jusqu'en 1830.*

625. Minerve annonce la paix à la ville de Paris. 1783. Une pièce de Halle et Cochin.

— (1785) Procession des captifs françois rachetés par les deux ordres de la Rédemption, in-fol.

— (1786) L'innocence reconnue, Marie - Françoise - Victoire Salmon, accusée en 1781 des crimes de poison et vol domestique; estampe gravée par Patas d'après Binet, portrait.

626. Ouverture des états-généraux à Versailles, le 5 mai 1789. — Constitution de l'assemblée nationale et serment des députés qui la composent; à Versailles, le 17 juin 1789. Deux estampes *dessinées d'après nature par J.-Moreau le jeune.*

— Erection de la colonne de Rosback.

— (1805) **Bataille d'Austerlitz.** Épreuve avant la lettre et une autre.

## HISTOIRE ROYALE ET PRINCIÈRE.

### A. — Maisons de Valois et de Bourbon.

627. (1404) Philippe de France, duc de Bourgogne.

— (1419) Jean, duc de Bourgogne.

— (1467) Philippe, surnommé le bon duc de Bourgogne.

— (1477) Charles, dit le Belliqueux, duc de Bourgogne.

Ces quatre portraits sont gravés par Larmessin, d'après J. Van Eyck.

628. (1527) Charles de Bourbon en pied, gravé sur cuivre. ⚊ Un autre en buste du même, gravé par Thom. de Leu. ⚊ Un autre : *Pet. de Jode exc.* Ensemble trois portraits.

⚊ Un autre contemporain de l'ovale (*épreuve de Mariette*).

629. (1562) Antoine de Bourbon, roy de Navarre [1], dans la manière de Th. de Leu.

> [1] « Cil que tu vois ycy sous l'image de Mars,
> Anthoinne de Bourbon est cil qui d'une lance
> A soustenu l'honneur du fleuron de la France,
> Grauant deuant Rouen la valleur de ses dars. »

630. (1572) Jeanne d'Albret, royne de Navarre, mère de Henry IIII. Jolie épreuve contre-collée et rognée à l'ovale.

— Jean de Bourbon, comte d'Anguyen, dans la manière de Thom. de Leu.

631. (1608) Henry, duc de Montpensier. *Thomas de Leu fe.*

— Henry, duc de Montpensier, in-8. Portrait anonyme d'un artiste flamand.

632. (1614) François de Bourbon, prince de Conty. *Thomas de Leu fe.*

— Jeanne de Coesme, princesse de Conty. *Quesnel pinx.* — *Thomas de Leu sculp.*

633. (1612) Charles de Bourbon, comte de Soissons. *Tho. de Leu fe.*

634. (1641). Louis de Bourbon, comte de Soissons. Deux portraits par B. Montcornet; le premier représente le prince en buste et le second à cheval comme lieutenant-général.

— Louis de Bourbon, evesque de Metz. *Balt. Moncornet ex.*, in-4.

— Éléonore de Bourbon, princesse d'Autriche. *Pet. de Jode exc.* in-4.

635. Henri de Bourbon, prince de Condé, âgé de neuf ans, à cheval. 1597. *Tho. de Leu fe.* = Un autre où le prince est également représenté à cheval, à l'âge de quinze ans. (*Léonard Gaultier fecit.*) *J. Le Clerc excu.*

636. (1646) Henry de Bourbon, prince de Condé à l'âge de neuf ans. *Thomas de Leu fe.* = Un autre, (Jean de) *Gheyn sculptor* 1590. Deux portraits.

637. Henry de Bourbon à seize ans, par Léonard Gaultier. = Frontispice gravé par Léonard Gaultier, d'un livre dédié à Henri de Bourbon.

638. (1646) Henri de Bourbon, prince de Condé, *Léonard Gaultier fecit. — pour la veufve Jacquet à Paris.* = Un autre : *Jacques Granthomme fe.* Deux pièces.

639. Henry de Bourbon, prince de Condé (gravé par Michel Lasne). Épreuve avant la lettre. — Un autre : *Michel Lasne deline. ad vivum* 1645.

640. Henry de Bourbon, prince de Condé, *gravé à Paris par Michel Lasne. — Mariette excu.* 1632. = Un autre : *Balt. Montcornet excud.* = Un autre : *P. de Jode excudit.* = Un autre de l'*Hist. de F. de Mezeray.*

641. (1666) Armand de Bourbon, prince de Conty. Estampe en largeur gravée par Michel Lasne, sujet allégorique d'une thèse. = Un autre : Portrait en buste du prince. *Michel Lasne fe. et ex.* 1647.

— Armand de Bourbon-Conty. *Petr. Daret cælauit,* 1647; buste dans un ovale en bronze, d'anges et d'attributs allégoriques, in-fol. = Un autre du même prince. *B. Moncornet excu.*

642. Armand de Bourbon, prince de Conty. *C. Mellan G. del. et f.,* in-fol.

— Anne Martinozzi, princesse de Conty. *B. Moncornet exc.,* in-4.

— (1685) Louis-Armand de Bourbon, prince de Conty, fils d'Armand de Bourbon et d'Anne Martinozzi. *De L'armessin sculp.*

— (1776) Louis-François de Bourbon, prince de Conti. *Le Tellier pinx.* — *A. Romanet sculp.*

643. (1709) François-Louis de Bourbon, prince de Conty.
— M. le prince de Conty.
— M^me la princesse de Conty.
— M^me la princesse douairière de Conty.
— M^me la duchesse douairière de Conty.
— Frontispice de l'ouvrage : *Palatium eloquentiae* dessiné et gravé par Greg. Huret représentant Louis II de Bourbon, prince de Condé, né en 1621 et Armand de Conti, son frère, né en 1629, présentés par Mercure à la déese de l'Éloquence, in-fol.
— (1686) Louis de Bourbon, duc d'Anghuien. *B. Moncornet excu.* Trois portraits différents. = Un autre de l'*Hist. de Fr.* de Mezeray.
— Louis de Bourbon, prince de Condé. *N. Poilly sculp.* = Un autre : *Jacg. Lubin sculp.*
— Louis de Bourbon, prince de Condé. *De L'armessin sculp.*, in-4. = Un autre : Le prince est représenté à cheval avec l'adresse de Pierre Mariette, = Réception du duc d'Anguyen par la reine-mère et le jeune roi après la bataille de Rocroy et le siége de Thionville. *J. Frosne fecit.* Estampe en largeur.

644. (1709) Henry de Bourbon, duc d'Anguien, fils aîné de Louis de Bourbon. *J. Grignon sculpsit, à Paris, chez Daret* 1653. — Trois autres gravés par N. de L'armessin, in-4.

645. Henry de Bourbon, duc d'Anghuien. *Mignard Romanus pinxit.* — *Nanteuil sculpebat* 1661, in-fol. (R. D. 90).

646. (1709) (Henry-Jules de Bourbon, prince de Condé), grand maître de France.
— (Anne-Palatine, princesse de Condé).

B. — MAISON D'ORLÉANS.

647. (1660) Gaston de France, duc d'Orléans, frère du roi ; en pied comme maréchal de France. Attribué à Gagnière. Pièce très rare [1].

[1] « Le Destin a vostre naissancè
Nous promit un Gaston de jois,

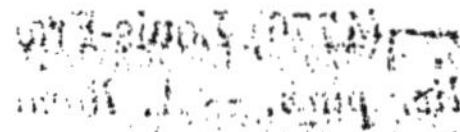

> Mais le ciel releuant cent fois
> Plus haut encor notre esperance,
> Nous asseure que vos vertus,
> Après ces monstres abatus,
> Forceront la fière Hespéride
> D'aduouer que les fleur de lys
> Sont l'inuincible fer d'Alcide,
> Dans les mains de son petit-fils. »

648. Gaston de France, à cheval, *Crispin de Passe invenit et fecit.*, gr. in-fol.

— Gaston de France. *B. Moncornet excudit.* — Un autre. *C. Dank. exc.* — Un autre (anonyme).

649. Les portraits de monseigneur le duc d'Orléans, frère unique du roi et de madame la duchesse de Montpensier, allégorie de leur mariage. *J. Picard incidit.* — A *Paris, chez Michel de Mathonière*, gr. in-fol.

650. Marie de Bourbon, duchesse de Montpensier. *Beth. Moncornet excu.* = Un autre portrait en pied de la même princesse. *Gagnière f. — Guerineau excu.*

— (1627) Marie de Bourbon, duchesse de Montpensier. *N. Regnesson ad viuum delin et sculpebat*, 1661.

651. (1672) Marguerite, princesse de Lorraine, duchesse d'Orléans. Son buste dans un cadre ovale avec ornements [1]. Portrait du temps anonyme. = Un autre. *Cornelius de Vos pinxit.* — *Petrus de Jode fecit.*

> [1] Le ciel logea dans ce beau corps,
> L'ame des ames la plus belle,
> Où la vertu prend son modelle
> Et ses plus superbes thresors.

652. (1693) Anne-Marie-Louise d'Orléans. *B. Moncornet excu.* = Un autre portr. de la même princesse. *De l'Armessin sculp.*, 1686. = Un autre petit, anonyme. Trois pièces.

(1701) Philippe de France duc d'Orléans. Trois portraits in-4 différents gravés par N. de l'Armessin.

653. Philippe, duc d'Orléans, à cheval. *Gravé par N. Bazin*, gr. in-fol.

— Monsieur, frère unique du roy, par Bonnart.

654. (1692) Henriette d'Angleterre, première femme de Philippe de France. *Van der Werff pinxit.* — *J. Audran sculpsit.* = Un autre, gravé par de l'Armessin, in-4.

**655.** Elizabeth-Charlotte-Palatine duchesse d'Orléans, fille de Charles-Louis prince Palatin du Rhin électeur de l'empire et de Charlotte fille de Lantyrane de Hesse, est née le 17 may 1652, et a épousé en 1671, le 16 novembre, Monsieur, frère unique du roy.

— Elizabeth Charlotte de Bavière, duchesse d'Orléans; portrait gravé par de l'Armessin, in-4. = Un autre, par Guibert, d'après H. Rigaud. = Un autre, représentant la princesse à cheval. *Gravé par N. Bazin*, 1682, gr. in-fol.

— Madame la duchesse d'Orléans, dans son habit de campagne.

— Marie-Louise d'Orléans, reyne d'Espagne, fille aisnée de M. Philippe de France, duc d'Orléans, et d'Henriette-Anne Stuard, sœur du roy d'Angleterre Charles II<sup>e</sup> à présent régnant; née le 27<sup>e</sup> mars 1661, a espousé en 1679, Charles II par la grâce de Dieu roy catholique des Espagnes. *Jollain excu.*

(1745) Mademoiselle de Chartres, fille de Monsieur, frère unique du roy et de Charlotte-Élisabeth Palatine, née le 13 septembre 1676.

**656.** — (1752) Louis, duc d'Orléans, premier prince du sang. *Car. Coypel pinx. — J. Daullé sculp.*

— (1752) Ludovicus dux Aureliensis. *Car. Coypel pix. — P. Drevet sculp.* = Un autre, petit portr.

**657.** (1785) Louis-Philippe d'Orléans, duc de Chartres. *A. S. Belle pinxit. — J. Daullé sculp.*, in-fol.

— Monsieur le duc de Chartres.

— Madame la duchesse de Chartres.

(Ensemble 2 pièces par Bonnart.)

**658.** (1821) Louise-Marie-Adélaïde de Penthièvre, duchesse douairière d'Orléans. 3 portraits différents.

— (1618) Antoinette d'Orléans. *A. Pezey pinx. — Cl. Duflos sculp.*, gr. in-4.

**659.** — (1629) Louis d'Orléans. *Cl. Mellan sculp.*, in-fol. = Un autre. *Otho Vaenius pinxit. — Hier. Wierx sculpsit. — Joan. Bapt. Vrints donavit Antverpiae*, 1602.

**660.** (1663) Henry d'Orléans II du nom, duc de Longueville, à cheval. *Balth. Montcornet*, in-4. = Deux autres portr. du même prince. *Montcornet excudit.* = Un autre, de *l'Hist. de Fr,* de Mézeray, in-fol. Ensemble quatre pièces.

**661.** (1672) Charles Paris d'Orléans. *Lenfant ad vivum faciebat,* 1663, in-fol.

**662.** (1663) Henri d'Orléans duc de Longueville. *Champaigne pinx. — Nanteuil sculpebat,* in-fol. (R. D., 149.)

**663.** (1679) Anne de Bourbon-Condé, femme d'Henry d'Orléans, duc de Longueville [1]. *F. Chauveau inv. — Regnesson fecit.* = Deux autres. *Moncornet excudit,* in-4.

> [1] « Moins d'esclat auoit dans les yeux
> Celle pour qni les Grecs firent dix ans de guerre;
> Et vous n'auez hommes et dieux,
> Ni rien de plus beau dans les cieux,
> Ni rien de si beau sur la terre. »

**664.** Charles d'Orléans, comte de Dunois. *Ferdinand pinxit. — R. Nanteuil sculpebat,* in-fol rogné.

C. — MAISONS DE LORRAINE ET DE SAVOIE.

**665.** (1602) Le duc de Lorreine [1]. *Jacq. Granthome fe. — P. Gordelle ex.,* in-8.

> [1] « Grand prince souuerain, enrichy de louenges,
> Les tiens vont adorant ton zèle et ta bonté,
> Ton nom se faict priser aux nations étranges,
> Tes vertus se font voir près de l'éternité. »

**666.** (1608) Charles, duc de Lorraine [1]. *Thomas de Leu fe. et excud.,* in-8.

> [1] « Grand duc, le prince aisné des princes de ta race,
> Le Lorrain étonné de tes exploits guerriers,
> Ne peut assez trouuer en son cloz de lauriers
> Pour ombrager ton front, tes temples et ta face. »

**667.** Henry de Lorraine, duc de Bar et marquis du Pont. *Thomas de Leu fe.* Belle épreuve. = Un autre portrait du même. *Tho. de Leu exc.*

**668.** Le prince Joseph de Lorraine, troisième fils de Charles V, duc de Lorraine, et frère de Léopold I, duc de Lorraine, aujourd'huy régnant, est né en 1685. (Deux pièces par Bonnart.)

669. Henri de Lorraine, fils de Nicolas de Lorraine, comte de Vaul-demont, par Thomas de Leu. Épreuve avant toute lettre.

670. Philippe-Emmanuel de Lorraine, duc de Mercœur. Deux portraits *Tho. de Leu fe.*, in-8. = Un autre : *Jehan le Clerc excu.* Trois portraits.

Sur l'un des portraits de Thomas de Leu, on lit :
« Tu voit dépeint Philippes de Loraine,
En deux tableaux plains de diuersité,
En ce portraict sa face luist haultaine,
Et en ces vers son courage indompté. »

671. Philippe-Emmanuel de Lorraine, duc de Mercœur. *Ant. Wierx fecit et excudit.* = Un autre [1] gravé par Léonard Gaultier. *P. Gourdelle excu.*

[1] « Ce duc, que la valeur en tous lieux accompagne,
Que Mercure chérist prudence, et le bon heur
De ces graces doné, merité cet honneur
De gouuerner (aymé) le peuple de Bretagne. »

672. (1602) Philippe-Emmanuel de Lorraine, duc de Mercœur. *Hieronymus Wierx sculp.*

673. Henri de Lorraine, marquis de Mouy. *R. Nanteuil sculpebat et excudebat*, in-fol.

Superbe épreuve du 1er état (R. D., 167).

674. (1574) Charles de Lorraine [1], cardinal de Guise. *Ja. Grant. F.* (Jacques Granthomme fecit). — *P. Gourdex.* (P. Gourdelle excudit), in-8.

[1] « Si l'enuieuse mort de l'heur plus grand des hommes,
Nous eust voulu laisser iusques à ce iourd'huy
Ce tres rare prélat de la France l'appuy,
Nous ne serions (peut estre) ou maintenant nous sommes. »

675. (1578) Louis de Lorraine, cardinal de Guise. Trois contemporains, dont un de Gourdelle et deux de Thomas de Leu. Un des portraits de Thomas de Leu est avant la lettre.

676. Loys de Lorreine, cardinal de Guize, gravé par Thomas de Leu, in-8.

[1] « Dedans le circuit d'vne ouale petite,
Tu vois mon vray portrait enclos estroitement,
L'esprit venu du ciel dessus le ciel habite
Et mon nom pour ouale a tout le firmament. »

**677.** (1588) Henri de Lorraine, duc de Guise ; *de Leu fecit.* — *Rabel excu.* = Un autre portrait anonyme et du temps [1].

[1] « D'un prince ualeureus tu uois icy l'image,
Ou plustost du dieu Mars le portrait animé,
De qui l'esprit divin et le brave courage,
L'estranger a iadis tant craint et tant aimé. »

**678.** Mme la duchesse de Guise [1] (Léonard Gaultier fecit) *P. Gourdelle excud.* 1588, in-4.

[1] « En ce diuin portraict, Nature, tu nous monstres
Une autre Alcmeine encor dont les costey iumeaux
R'engendreront aux dieux mill' Hercules nouveaux,
Pour encor repurger la terre de ses monstres. »

**679.** (1588) Louis IIe de Lorraine, cardinal de Guise [1]. Portrait de Thomas de Leu.

[1] « Veux-tu voir vu prelat de la romaine églize,
Digne s'il en fut onq d'estre au nombre des siens,
Sans rechercher si loin les prélats anciens,
Contemple seulement ce cardinal de Guize. »

**680.** (1611) Charles de Lorraine, duc du Mayne. *Thomas de Leu fe. et excudit.* = Un médaillon du même prince, gravure anonyme et du temps. = Un autre tiré de l'Hist. de Fr. de Mezeray.

**681.** (1640) Charles de Lorraine, duc de Guise. *Leonard Gaultier fecit.* — *Jean le Clerc excu* [1]. = Un autre portr. tiré de l'Hist. de Fr. de Mezeray.

[1] « Son grand père entre ses hauts faictz,
Chassa les Anglois de Calais,
Et luy d'vne valeur pareille,
Met l'Espagnol hors de Marseille. »

**682.** (1684) Marie de Lorraine, duchesse de Guise, princesse de Joinville. *Petrus Mignard pinxit.* — *Ant. Masson delineavit et sculpsit*, 1684.

**683.** (1657) Charles de Lorraine, duc de Chevreuse. Trois portraits différents.

— Isabelle d'Orléans, duchesse de Guise. *L'armessin sculpsit*, in-4.

**684.** (1648) Achilles de Lorraine, prince de Guise. *H. David fecit*, in-fol.

**685.** Le chevalier d'Aumale. *Thomas de Leu fecit*, in-8.

**686.** Mademoiselle d'Elboeuf, Armande-Charlotte de Lorraine, née en 1683 est fille de Henry de Lorraine, duc d'Elboeuf, et de Charlotte de Rochechouart-Mortemar.

— Mademoiselle de Lislebonne, sœur de madame la princesse d'Épinais. (Deux pièces par Bonnart.)

687. Henri de Lorraine, comte d'Harcourt, grand escuyer de France. (*Cadet a la Perle*). *N. Mignard aveni. pin. Anto. Masson sculp.*, 1667, in-fol.
Très belle épreuve *avant la retouche* et le n° 4. (1er état. R. D., 34). Marges.

688. (1666) Henry de Lorraine, comte d'Harcourt. *Ph. Champaigne pinx. — J. Morin sculp.* = Un autre tiré de l'Histoire de France de Mezeray.

689. Monsieur le chevalier de Lorraine.
— Charles de Lorraine, comte de Marsan.
— Charles de Lorraine, comte de Marsan, prince de Mortaigne. (Trois pièces par Bonnart.)

690. (1686) Raymond Bérenger de Lorraine, abbé de Harcourt. *Clau. Lefebure delineavit. — Petrus Landry sculp.* Très belle épreuve.
— Mademoiselle d'Armagnac, Charlotte de Lorraine, fille de M. le comte d'Armagnac, pair et grand écuyer de France. (Par Bonnart.)

691. Louys de Lorraine, prince de Phalsbourg à cheval; le lointain représente un combat. (*J. Callot fe.*) in-fol. en travers.
Très belle épreuve avec marges.

692. Charles-Emmanuel II, duc de Savoie. *Nanteuil sculpebat juxta effigiem* 1668, in-fol. Belle épreuve.

693. Charles-Emmanuel, duc de Savoye, prince de Piémont [1]. *Th. de Leu ex.*

[1] « Prince fils de noz lys héritier du courage,
De FRANÇOIS ton ayeul uenant voir nostre roy,
Tu détournes bien loin de tes Alpes l'orage,
Car la paix il te donne en luy donnant ta foy. »

694. Victor-Amé IIe, duc de Savoye, prince de Piémont, roi de Cypre, etc.
— M. le duc de Savoye, prince de Piémont, roy de Chypre.
— Anne-Marie d'Orléans, née le 27 aoust 1669 et mariée l'an 1684 à Victor Amé, duc de Savoye.
= Anne-Marie d'Orléans, duchesse de Savoye.
— Madame la duchesse de Savoye.
— Eug. de Savoye, comte de Soissons. *Moncornet excudit.*, in-4.
(Ensemble, cinq pièces par Bonnart.)

### 3. — HISTOIRE DES PROVINCES ET DES VILLES DE FRANCE.

#### A. — Paris.

*1. — Histoire civile et politique.*

**A. — Topographie.**

*aa. — Plans et vues générales,*

**695. Plan de Paris, édité à Cologne, par G. Braun vers 1572.**

Ce plan, dressé à vol d'oiseau, est gravé à l'eau forte et représente Paris tel qu'il était vers l'année 1530. M. Bonnardot a donné sur ce plan des détails fort intéressants dans son ouvrage : *Etudes archéologiques sur les anciens plans de Paris.*

**696. Plan dit de Tapisserie, représentant l'état de Paris vers 1540, gravé par Mlle Caroline Naudet, 1818.**
**= Parise. *In Venetia,* 1567 ;**

Ce plan, extrait d'un ouvrage italien, est gravé sur cuivre. Il n'est pas cité par M. Bonnardot.

**697. L'assedio di Parigi..... *In Roma Natal. Bonifatio da Sibenicco fec.,* 1591 ; (au bas à droite) *Appresso Bartholomio Grassi.***

Ce plan de Paris, gravé sur cuivre, est dédié au pape Grégoire XIIII, par Pigafetta. Les indications sont en italien. Nous ne le trouvons pas cité dans l'ouvrage de M. Bonnardot.

**698. Vue de Paris, 1607. *L. Gaultier sculp.* = Vue de Paris, (prise du pont des Tuileries), attribué à Le Pautre. = Vue de Paris gravée au bas du portrait d'Israël Silvestre par Edelinck, etc.; ensemble six pièces.**

**699. *(*1610) Vue de Paris ; copie avec changements de celle de Léon-Gaultier ; dans un encadrement où sont représentés divers monuments. *E. Moreau fe. et excudit.***
**— Plan de Paris en 1630, édité par Melchior Tavernier, 2 gr. feuilles.**

Le Roi, la Reine et des courtisans sont disposés en huit compartiments et occupent la partie supérieure de l'estampe. M. Bonnardot donne une longue et intéressante description de ce plan, qui est bien rarement passé dans les ventes.

**—Plan et vue de Paris en 1620, *par Mérian,* deux des estampes en largeur.**

702. Profil de la ville de Paris par I. Siluestre. == Perspective de la ville de Paris, vue du pont des Tuileries, *Siluestre incidit Parisiis*, 1650. == Autre grande vue par Mérian.

703. Portrait d'Israël Silvestre. *C. Lebrun pinx.* — *G. Edelinck scul.*

Au bas de ce portrait se trouve une vue de Paris, gravée par Isr. Silvestre.

704. Plan et vue de Parys en 1654, *par Mérian*, deux grandes estampes, en largeur.

705. Plan de Paris édité par Nicolas Berey, 1656.

Plan tracé à vol d'oiseau et composé de 6 feuilles; les portraits de Louis XIV, d'Anne d'Autriche et une suite des armoiries de tous les prévôts des marchands de 1407 à 1654.

705 bis. Plan de Paris en 1663, *à Paris, par J. Lagniet, au Fort-Levesque.*

706. Le plan de la ville de Paris en 1705, par N. de Fer. *H. van Loon sculp.*

707. Plans de Paris publiés par N. de Fer., extraits du *Traité de la police* par De La Marre, 7 feuilles avec explications.

708. Plan de Paris et de ses faubourgs en 1748, par le Rouge.

709. Plan de Paris par de la Grive, une très grande estampe. — Plan de Paris, fait en 1784, par Brion de la Tour.

710. Description des principales églises, rues et places de la ville de Paris, tant du dedans, que des fauxbourgs, (1575), gravure sur bois avec plusieurs légendes explicatives par Cruche.

711. Diverses vues de Paris et des environs par Perelle, et Israël Silvestre, 16 planches en feuilles.

712. Vues de Paris, des environs de Versailles, de Saint-Germain et d'autres châteaux royaux par Aveline, 77 planches, in-4, oblong en feuilles.

713. Vues de Paris par Martinet, 50 planches.

714. Vues de Paris. *R. Zeeman fecit.*, 8 estampes très joliment gravées à l'eau forte, (suite complète et rare.)

715. Vues de Paris par Géroult du Pas., 4 pl. in-4, obl.

716. La Tour de Nesle, la galerie du Louvre, le Pont-Neuf, le grand Chastelet, la place Royalle, etc,, 6 pl. par Mérian.
== Les portes de Paris; 5 vues d'optique coloriées; == 3 vues de Paris par Rigaud, et diverses vues de Paris, 16 pièces coloriées.

**717.** Vues du Pont-Neuf et de la Tour de Nesle. ═ Vue du Louvre et de la Tour de Nesle, 2 pièces gravées par Callot.

Belles épreuves avant l'adresse d'Israel.

**718.** Vue de l'isle de Nostre-Dame. *Israel Siluestre delin. et fec.*, 2 pièces ; ═ par Perelle[1] ; ═ par N. de Poilly ; ═ la teste de l'isle du Palais (par Perelle) *J. Mariette ;* ═ vue du mail — dessignée par Israël Silvestre, gravée par Perelle ; ═ par Nic. de Poilly ; ═ par Aveline, etc., ensemble dix pièces.

[1] « Veue de l'isle Nostre-Dame et de la maison de M. de Bretonvillier, aussi bien que de plusieurs autres qui y ont esté basties depuis l'an 1635. »

**719.** Les faux bourgs de Paris, 26 pièces gravées par Chatillon, Israël Silvestre, Séb. Leclerc, Gottfr. Stein, etc.

*bb. — Rues, places, ponts et fontaines. (Vues et évènements).*

**720.** La rue Saint-Anthoine[1], *Van Merlen excudit ;* — Almanach de la fortune ou agenda de la rue Quinquempoix. *Benard inv. scul.* 1720 ; — rue Quinquempoix en l'année 1720. *A. Humblot inv. et scul.* Ensemble trois pièces en bel état.

[1] « La rue Saint-Anthoine est la plus spacieuse de Paris, au bout de laquelle est la Bastille, que l'on tient avoir été bâtie par les Anglois, durant le règne de Charles VIIᵉ, au coin d'icelle rue, est la porte de l'Arcenal, et un peu deçà est le couvent des Filles-Sainte-Marie. »

**721.** Carozel faict à la place Royalle à Paris, le v, vi, vii avril 1612. Grande estampe gravée par C. Chastillon. ═ Desaing de la place Royal veue du costé du rampart. *Boisseau excu.* Ensemble deux pièces.

**722.** Dessein des pompes et magnificences dv carovsel faict en la place Royalle à Paris, le v, vi, vii dapvril, par C. Chastillon, 1612.

Autour de cette estampe se trouve l'explication imprimée en colonnes et intitulée : *Description succinte de la place Royale, avec indice particulier, tant pour icelles, que pour les pompes et magnificences qui y ont esté faites les 5, 6 et 7 avril 1612, en faveur des alliances de France et d'Espagne.*

**723.** La place Royalle par Perelle, Israel Silvestre, N. de Fer, 1716, etc. Ensemble six pièces.

Au bas de l'estampe de Perelle on lit : « La place Royale de Paris, laquelle fut commancée l'an 1604, par l'ordre de Henry IV, et achevée quelque temps après. Son dessein estoit d'y établir des manufactures, mais par je ne scay quel changement des particuliers s'y sont faits des logements magnifiques : la statue de bronze de Louis XIII, qui est au milieu, est de Biar, et le cheual qui la porte est de Daniel de Volterre, ils furent posez l'an 1639. »

724. La place Dauphine durant le règne de Henri le Grand, par C. Chastillon. Épreuve avant les bateaux sur la Seine, le cortége sur le Pont-Neuf et les légendes explicatives.

725. Une autre épreuve avec les bateaux sur la Seine, le cortége sur le Pont-Neuf et les légendes explicatives. On lit au bas : *J. Poinsart ex. A* PARIS, *avec privilége du Roy*, **1640**, PAR C. CHASTILLON.

726. Amphithéâtre de la place Dauphine, par Jean Marot. — La place Dauphine, par N. de Poilly. — La place Dauphine, par Perelle. Ensemble trois pièces.

Au bas de la troisième pièce on lit : LA PLACE DAUPHINE du costé du Pont-Neuf, fut bastie en 1608 à la naissance du roy Louis 13, les bastimens y sont de mesme hauteur et simmetrie. L'on voit dans l'enfoncement la nouvelle porte du palais.

727. (1610) L'admirable dessein de la porte et place de France avec ses rues commence à construire es marestx du temple à Paris durant le règne de Henri le Grand, par Claude Chastillon Chaalonnais, in-fol. en travers.

Avec un texte imprimé au bas, donnant l'explication étendue de ce projet qui n'a pas été exécuté.

728. La place des Halles. — La place Maubert. Deux estampes gravées par Aliamet d'après Jeaurat.

729. Vue de la place de Grève et de l'église Nostre Dame, par Israel (Silvestre). — L'hostel de ville; chez *N. Langlois*. Deux pièces, belles épreuves.

On lit au bas de cette dernière estampe : « L'hostel-de-Ville, scis dans la place de Grève, fut commencé l'an 1533, sous le règne de François Ier, par Dominique de Cortone, architecte, et achevé par l'ordre d'Henry-le-Grand, la façade est fort riche d'architecture, la cour est en quatre portiques et l'escalier, quoyque petit, est surprenant dans sa construction, la grande salle est très-ample et ornée des portraits des prévots des marchans et échevins. Cet hostel s'appelloit, avant sa restauration, le Parloir aux Bourgeois et la maison des Piliers. »

730. La place de Louis le Grand par P. le Pautre (*Mariette*); par Perelle; N. de Fer, etc. Ensemble six grandes pièces.

On lit au bas de la première de ces estampes : « La place de Louis-le-Grand, située au bout de la rue Saint-Honoré à Paris, a été bâtie en 1699, sur le dessein de Jules Hardouin Mansard, et sur le terrain qu'occupoit autrefois l'hôtel de Vandôme. Son plan est de figure octogone irrégulière, ses façades sont décorées de pilastres d'ordre corinthien; et aux avant corps de chacune il y a des colonnes de même ordre couronnées par des frontons. Un stilobate ou piedestal continu, orné de refends, règne sous ce grand ordre tout au pourtour de la place. On y a érigé au milieu la statue équestre du roy Louis XIVe, faitte par Fr. Girardon, sous la conduite duquel elle avoit esté jettée en bronze, par J. B. Keller, en 1692. »

731. La place des Victoires (par Perelle) *chez J. Mariette.* — La place des Victoires où la figure pedestre de Louis le Grand et

l'ange qui le couronne sont de bronze doré et fondu tout d'un jet par M. Desjardin en 1686. — La place des Victoires érigée à la gloire de Louis le Grand par le mareschal duc de la Feuillade. — Marche du corps de ville de Paris pour l'érection de la statue équestre du roy. A Paris, chez Guérard graveur. — Façade de l'hostel de Thoulouse par Marot, etc. Ensemble neuf pièces.

**732.** Plan de la place de Louis XV et de la statue équestre dont la première pierre du piédestal a été posée le 22 avril 1754.

**733.** Vue de la statue équestre de la place Louis XV. Épreuve avant la lettre.

— Vue de la place de Louis XV en 1763, par Le Rouge; on y aperçoit l'Assomption, la Magdeleine. etc. Curieuse estampe gr. in-fol.

**734.** Feu d'artifice tiré à la place de Louis XV, le 30 mai 1770, à l'occasion du mariage de Louis-Auguste, dauphin de France, avec l'archiduchesse Marie-Antoinette, sœur de l'empereur.

— Vue de l'ordre et de la marche des cérémonies le jour de la publication de la paix à la place de Louis XV. 23 novembre 1783.

**735.** Piramida de fuego erigida en Paris delante el palacio del Ex^mo señor duque de Alva, embaxador de España en celebracion del nacimiento del principe de Asturias, año 1707. Deux pièces dont une grande de Desmaretz. — Combite que dio tres noches seguidas en Paris el Ex^mo duque de Alva en celebracion del nacimiento del principe de Asturias. Desmaretz. Ensemble trois pièces.

**736.** (1790) Plan du cirque qui a servi à la fête du 14 juillet au champ de Mars.

**737.** Veüe et perspectiue du pont Notre-Dame bâti en 1507 sous la conduite de Jean Jucundus, cordelier, natif de Vérone. — Veüe et perspective du pont au Change commancé à bastir en 1639, sous le règne de Louis 13, et achevé sous Louis 14. Deux pièces par Aveline.

**738.** Dessin d'un pont à bastir à Paris dont la rue sera couuerte de bastimens et les corps d'hostelz à costé dicelle couvertz en terrasse sur voûtes pour aller de la rue de la Barillerie en celle de Sainct Denis. Faict en l'an 1622 [1]. *Marcel le Roy invenit et delineavit.* Curieuse estampe en trois pièces.

[1] « Ce pont doit estre basty à la place où estoit anciennement, en l'année 1338, et long-temps auparavant le pont lors vulgairement nommé le Grand-Pont de Paris, où depuis a esté le Pont-au-Change, ou estoient les orpheures et le Pont Meusnier où y avoit quantité de moulins à blé, en la place duquel Pont Meusnier, après sa cheute, a esté basty le Pont-aux-Oyseaux. »

739. Veüe du pont Saint-Landry estant veu du costé de la porte Saint-Bernard à Paris, par Israel Silvestre. — Veüe de l'archeuesché de Paris et du pont de la Tournel, prise de dessus le pont de l'Hostel Dieu, dessigné et gravé par Israel Silvestre, 1658. — Le pont Notre-Dame et le quay Peletier, par Perelle [1]. — Le pont Marie, par Perelle [2], etc. Ensemble dix pièces.

[1] *Le Pont Notre-Dame* fut commencé l'an 1507 et achevé peu de temps après sur le dessein et par la conduite de Jean Jocondus, cordelier veronnois, célèbre architecte. Il est bâti fort solidement d'une pierre très-dure et chargé de 68 maisons qui furent embellies de quelques ornements pour l'entrée de la reine, épouse de Louis-le-Grand. *Le quay Pelletier*, ouvert l'an 1675, à la place des maisons de tanneurs et des teinturiers, est un des plus utiles ouvrages de la ville de Paris pour l'issue du pont Notre-Dame et de la place de Grève. La banquette pour les gens de pied est suspendue sur une portion de voûte qui va terminer dans la première arche de ce poupar une grande trompe appareillée avec beaucoup d'artifice.

[2] *Le Pont-Marie.* L'an 1614, un nommé Christofle Marie entreprit à ses dépens ce pont auquel demeura son nom. Il ne fut achevé, avec ses ailes, qu'en 1633. Une partie étant tombée en 1657, elle fut refaite quelques années après sans maisons dans le dessein d'abatre celles qui restent aussi bien que les ailes. *Le quay de la Grève* fut bâti l'an 1550, sous le règne d'Henri II, et l'*Isle Notre-Dame* fut achettée par le roi Louis XIII, où en 1635, on commença de bâtir les plus belles maisons de la ville.

740. Veüe de la galerie du Louvre et du pont des Tuilleries, comme il estoit en 1657, par Israel Siluestre. — Perspective de la ville de Paris veüe du pont Royal, dessiné et gravé par Perelle. = La même vue, par Livens. = Le pont roial des Thuileries, par Perelle [1]. Ensemble six pièces.

[1] « Basti par le sieur Gabriel. Cet ouvrage fut commencé l'an 1685, et achevé en 1687, malgré les difficultés qu'il y eut à le fonder. Il est du dessein de M. Mansart, premier architecte du roi. »

741. Veüe du quay des Augustins et du pont Sainct-Michel, dessigné et graué par Israel Silvestre, 1658. — Le pont Sainct-Michel et la rue Neufue Sainct-Louys. *Israel excudit.* — Le pont Sainct-Michel par Perelle [1] et une autre vue du même pont. Ensemble quatre pièces.

[1] « Le pont Sainct-Michel, sur le petit cours de la rivière comme il paroit du Pont-Neuf fut bâti premièrement de bois l'an 1384. mais étant tombé en 1587, il fut réparé. Enfin, aiant été emportée en 1616, il fut rebati de pierre avec huit pavillons de chaque côté qui contiennent deux maisons chacun, et il fut achevé en 1624, sous le règne de Louis XIII. Il est ainsi nommé, ou parce qu'il est proche de la petite église de Saint-Michel, dans l'enclos du Palais, ou parce qu'il conduisait par la rue de La Harpe à la porte Saint-Michel, démolie en 1672. Sur le quay des Augustins se tiennent deux marchés, l'un de pain, l'autre de viande.

**742.** Vue du pont Neuf, par Della Bella.

Avec la girouette sur le clocher de Saint-Germain-l'Auxerrois.

**743.** La perspective dv pont Nevf de Paris. *St. Della Bella Florentinus in. e. fe. et DD.* 1646.

**744.** Le pont Neuf, petite vue de la place, par Della Bella. == Le grand Thomas [1]. Ensemble deux pièces.

> [1] Grand Thomas avec son panache
> Est la perle des charlatans,
> Il vous guérit le mal de dents
> Quand il vous les arrache.

**745.** Vue du Pont-Neuf, par Callot. *A Paris*, 1620, *Israel excudit.*

**746.** Projet (dédié à Anne d'Autriche et Louis XIV) d'une place avec statues et monuments à faire sur le pont Neuf en face la place Dauphine. *N. de Lespine arch. Reg. delin.* — *J. Marot sculp.* Grande estampe en hauteur. (*Curieuse.*)

**747.** La statue de Henri IV sur le Pont-Neuf, par Israel Siluestre. == La place du Pont-Neuf, par Perelle, *N. Langlois*, etc. Ensemble cinq pièces.

« [1] LA PLACE DU PONT-NEUF, qui en fait le milieu, est à la pointe de l'isle du Palais, où est élevée la statue équestre de bronze de Henry-le-Grand, qui a été faite et fondue à Florence par Jean de Boulogne, et fut envoiée en France en 1615, par Côme II, grand duc de Toscane, qui en fit présent à la reine Marie de Médicis pendant qu'elle était régente. Le piedestal de marbre qui porte cette figure, est orné de quatre esclaves et de quatre bas-reliefs de bronze accompagnez de trophées et d'inscriptions de même métal, qui sont de la main de Pierre de Francheville, célèbre sculpteur. Ce magnifique monument fut achevé l'an 1635. »

**748.** La pompe de la Samaritaine, par Perelle, *N. Langlois*,— par Aveline — *chez J. Mariette* [1], etc. Ensemble six pièces.

« [1] LA POMPE DE LA SAMARITAINE, qui est derrière la seconde arche du Pont-Neuf du côté du Louvre, fut bâtie sous Henri III pour conduire de l'eau dans un réservoir qui parait encore devant le port de l'Ecole ; mais ce réservoir n'ayant point servi, l'eau de cette pompe, qui est aspirante et de l'invention du sr Joly, a été conduite par des tuyaux au château et jardin des Tuileries, dont elle fait jouer les jets du parterre. Les figures de Notre Seigneur et de la Samaritaine sont des copies de celles que fit alors Germain Pilon, fameux sculpteur. Le timbre de l'horloge est accompagné d'un carillon qui sonne aux heures et qui a été refait en 1684, que le bâtiment a été aussi renouvellé de plusieurs ornements et d'un cadran anémonique, qui par le moien d'une Renommée tournante au gré du vent, se hausse quand l'air est pesant et se baisse quand il est léger, et marque les vents sur des cadrans. »

**749.** Vues de Paris sous les ponts par Israel Silvestre et Duplessis-Bertaud. — Vue du Pont-Neuf et de l'isle du palais à Paris, par Israel Silvestre, ovale. Ensemble quatre pièces.

**750.** Vues du Pont-Neuf, par Israel Silvestre, — du côté du Louvre, par Perelle [1], chez *N. Langlois.* — Du côté du quay des Augustins, par Perelle [2] *J. Mariette.* — Un coin du **Pont-**Neuf (caricature), etc. Ensemble cinq pièces.

[1] Le Pont-Neuf, du côté du Louvre, sur le grand bras de la rivière, tel qu'on le voit du Pont-au-Change, avait été commencé sous Henri III, mais sa mort l'ayant fait cesser, il fut continué et réduit en sa perfection l'an 1604, sur le dessein et par la conduite de Guil. Marchand, célèbre architecte. Henri-le-Grand voulant dôner à son peuple par des dépenses extraordinaires d'une fabrique si magnifique un témoignage de la part qu'il prenait à l'utilité publique et à l'embellissement de la capitale de son roiaume. »

[2] Le Pont-Neuf, sur le petit bras de la rivière, entre le quay des Augustins et celui des Orfèvres, fut commencé l'an 1578, sous le règne de Henri III, sur le dessein de Jacques du Cerceau. Ce pont, qui est un des plus grands de l'Europe, a 12 toises de largeur, dont 6 servent pour la route des charois et le reste pour les banquettes et les parapets. La corniche soutenue par des consoles et des masques, est d'une assez grande manière, et les petites demi-lunes posées en saillies sur les avant-becs des piles, ont été pratiquées pour y ériger sur des piedestaux les statues des plus illustres de nos rois. »

751. Les fontaines de Paris, par Israel Silvestre, N. de Fer et autres, dont la fontaine des Innocents, quatre pièces ; les fontaines rue Saint-Louis, au Marais, de la Porte Saint-Germain, Saint-Ovide, une pièce ; les fontaines de la Porte-Saint-Denis, de la Charité, des Petits-Pères-Noirs, une pièce ; plan de la conduite des eaues et fontaines publiques de la ville de Paris, par de Fer, 1716, une pièce ; titre d'Israel Silvestre représentant la Seine. En tout huit pièces.

— Projet d'une fontaine à élever près de la Bastille par le sieur Douceur, ingénieur du roy. Grande estampe anonyme d'une assez belle exécution.

### b. — Portes, Forteresses et Arsénaux.

752. La porte Saint-Bernard, par Perelle[1] ; chez *N. Langlois ;* — chez *P. Mariette ;* — par Israel (Silvestre)[2], etc., ensemble cinq pièces.

[1] Sur la première de ces estampes, on lit :

« La porte St-Bernard fut construite sous le règne de Henri IV, l'an 1606, et refaite beaucoup plus commode qu'auparauant par le partage de deux parties égales, sous le règne de Louis XIV, l'an 1674, auec plusieurs inscriptions sur les victoires de ce grand monarque, et le sr Blondel en fut l'architecte. »

[2] Lorsque d'un rude hyver nous ressentons l'outrage,
Et qu'au foyer le feu n'a de quoy se nourrir,
Icy l'on voit venir les forests à la nage,
Et le port St-Bernard nous peut seul secourir.

753. La porte Saint-Anthoine, par Perelle. *N. Langlois ; chez N. de Poilly ;* chez *J. Mariette ;* de Fer, 1716, etc., ensemble sept pièces.

Sur la première de ces pièces : « La porte St-Anthoine fut batie l'an 1585, sous le règne de Henry 3e. Ornée de devises, dorures, etc., pour l'entrée de la reine Marie Thérèze, espouse de Louis 14e l'an 1660 ; enfin embellie et augmentee en 1671, de deux autres portes, d'une avenue et d'un agréable jardin qui est à côté »

**754.** Veuë de la porte St-Denis de la ville de Paris par le dehors, dessinée et gravée par Israel Silvestre.

Jolie épreuve d'une pièce rare.

La porte St-Denis [1] par Perelle ; chez *N. Langlois ;* chez *N. de Poilly ;* trois pièces.

[1] « La porte St-Denis a este bastie à peu près sur les ruines de l'ancienne l'an 1672 et acheuée en 1673, elle a 72 pieds de large et autant de hauteur avec une ouverture de 26 pieds ; les petites portes ont 9 pieds. Elle a été faite pendant les victoires du Roy sur les Hollandois. M. Blondel en est l'architecte. »

**755.** La porte de la Conférence, par Perelle, chez *N. Langlois ;* chez *N. de Poilly ; Israel Silvestre,* etc., ensemble six pièces.

La première de ces estampes porte : « La porte de la Conférence, ainsi appellée à cause que l'on y tint quelques assemblées du temps de la Ligue, son véritable nom est la porte des Thuilleries ; elle a esté rebastie de neuf du règne de Louis XIII, l'an 1633. Un peu avant que d'entrer par cette porte on a cette veuë admirable de la ville de Paris, comme vous le voyez icy. »

**756.** La porte St-Honoré, par Israel (Silvestre). $=$ La porte St-Honoré et le dôme des filles de l'Assomption, par Perelle, chez *N. Langlois ;* par Aveline. $=$ Vue du Louvre et de la porte de Nesle, dessinée par I. Silvestre et gravée par N. Perelle. $=$ La porte St-Martin, par Perelle, chez *N. Langlois ;* chez N. de Poilly, ensemble six pièces [1].

[1] « La porte St-Martin fut construite à la place de l'ancienne, l'an 1674, elle a 54 pieds de face, l'ouuerture du milieu a 18 pieds sur 40, et celles des costez ont 9 pieds sur ce costé qui regarde la ville, fut achevé pendant la conqueste de la Franche-Comté et la prise de Limbourg. »

**757.** Plan général de la Bastille, de l'Arsenal, des Célestins, des dames de la Visitation, de Ste-Marie et des environs, par Matthieu. Assez bien exécuté.

— Vue de la porte St-Antoine et de la Bastille. Gravure à l'eauforte.

**758.** La BASTILLE, par Israel Silvestre, quatre pièces [1]. $=$ Vue par Gudin, grav. par Broguet [2]. $=$ Vues par Boisseau, Manesson — Mallet, etc. — Ens. huit pièces.

[1] « Pendant que le beau monde au long de ces murailles,
Faict valoir son credit à la faueur du cours,
De pauvres malheureux resuent leurs funérailles,
Dans le triste seiour de ces obscures tours. »

[2] « Ces murs baignés sans cesse et de sang et de pleurs,
Ces tombeaux des vivants, ces bastilles affreuses.
S'écrouleront un jour sous des mains généreuses :
..................................................

> On verra les Français plus fiers que leurs ancêtres,
> Reconnoissant des chefs, mais n'ayant pas de maîtres ;
> Heureux sous un monarque, ami de l'équité,
> Restaurateur des loix et de la liberté. »

— Deux vues différ. de la Bastille, par Mérian.

759. Prise de la Bastille. Estampe au burin.

— Plan de la Bastille *levé et dessiné par Cathala, architecte et inspecteur de la démolition de la Bastille.* — *Gaitte sculp.*

— Colonne de Juillet, élevée sur la place de la Bastille, inaugurée le 28 juillet 1840. *Imprimée par Desjardins.*

760. CHATELET (Grand et Petit). — Vue du Grand Châtelet par Israel Silvestre, une pièce. — Vue du Grand et Petit Chatelet, par Manesson Mallet, trois pièces. — Ens. quatre pièces.

761. ARSENAL (Vue de l') avec l'adresse de Mariette [1]. — Vue, par Israel Silvestre [2]. — Deux pièces.

[1] « L'ARCENAL est le magazin des poudres et des armes du roi, la fonderie de ses canons et la demeure du grand-maître de l'artillerie. Il fut commencé sous Charles V, environ dans le temps que fut bâtie la Bastille, à laquelle il est joint par le Petit-Arsenal, où il y a un jardin d'une grande étendue qui sert de promenade publique. L'arcenal a été renouvellé par Henri II, et augmenté par Henri III, qui en a fait bâtir la porte qu'on voit ici ; elle est d'une architecture militaire, aïant des canons pour colonnes, avec ces deux beaux vers :

> Aethna hic Errico Vulcania tela ministrat,
> Tela giganteos debellatura Furores. »

[2] « Dans ce grand arsenal, se forge le Tonnerre,
> Dont le bras de nos roys escrase les Titans ;
> Et comme la paix vient au sortir de la guerre,
> Tout proche aussi le Mail s'offre à vos passe-temps. »

— (1710?) Magazin royal des armes à Paris. *Levé et dessiné par E. Fourier, architecte.* — *Gravé par P. Le Pautre.* Grande estampe en travers.

### c. — Palais et Monuments.

762. Palais Royalle en la Citté. *Boisseau excu.* = Le Palais [1]. = = Vue extérieure du Palais de Justice, d'après Meunier, par Née. Séance extraordinaire tenue par Louis XVI, au Palais, le 19 novembre 1787, d'après Meunier et Girardet, par Cl. Niquet.

[1] « LE PALAIS en la Cité, ancienne demeure des roys jusqu'à Philippe le Bel, qui y établit le Parlement en 1286. La Ste-Chapelle a été bâtie par St-Louis, l'an 1239, le bâtiment est estimé le plus hardy de France, ayant 2 églises l'une sur l'autre. »

763. LOUVRE (le Palais du). Le Louvre au temps de Philippe-Auguste, par Baltard. — Face du derrière du Louvre. *Boisseau exc.* — Veue et perspective en général du Louvre, par Aveline,

*sur le petit pont au Croissant.* — Autre vue, par Aveline, *rue de la Juifverie.* — Veue et perspective de la principale entrée du Louvre, par Aveline. — Vue du Louvre, par Perelle [1]. — Quatre veues générales du Louvre de Manesson Mallet. — Vue du Louvre du côté de St-Germain-l'Auxerrois, par Durand. — Veüe et perspective de la galerie du Louvre, par Israel Silvestre. — Veuë de la Tour de Nelle et de la gallerie du Louvre et veue du Louvre et de la grande galerie du costé des offices, deux pièces, par Israel Silvestre. — Veue et perspective de la partie du Louvre où sont les appartements du roy et de la reyne du costé du jardin, par Israel Silvestre. — Veue du Louvre par dedans le bastiment neuf et veue du dedans du Louvre, faict du règne de Louis XIII, deux pièces par Israel Silvestre. — Les galeries du Louvre, par Israel Silvestre. — Deux vues des galleries du Louvre du côté de la rivière, deux pièces de Manesson Mallet. — Veue de la tour neufue de l'Hostel du grand Preuost et de la gallerie du Louure, par Israel Silvestre. — Veue de la tour de Nesle et du Louure, par Israel Silvestre. — L'Hostel de Neuers et les galeries du Louvre, par Israel Silvestre. — Veuë d'une partie de l'église des Carmes deschaussez et de la grande gallerie du Louvre, par Israel Silvestre. — Quelques enrichissements des salles. — Le tribunal estant en la grande salle du Lovvre. — L'ordre de l'architecture du troisièsme estage du costé des salles dans la court du Louure. — La face du corps de logis des salles du Louure du costé de la court. — L'ordre de l'architecture du deuxiesme estage du costé des salles dans la court du Louvre. Ces cinq dernières pièces de A. Du Cerceaux. — Vue et perspective de l'élévation des bâtiments du Louvre, dix gr. pièces par Marot. — Façade de la gallerie du Louvre du costé de la rivière ( « Logements accordés par le roy aux artistes célèbres et au-dessus desdits logements, la grande gallerie des plans en relief. ») — Elévation de la façade du Louvre du costé qui regarde la rivière, bâtie sous le règne de Louis XIV sur les desseins de Cl. Perrault, une gr. pièce par Blondel. — Le tout ensemble forme quarante-quatre pièces.

[1] « Le Louvre commença à recevoir vne forme régulière l'année 1528, par les soins de François Ier, qui changea l'ordonnance gothique que ses prédécesseurs y avoient donnée. Henri IIe y ajouta de nouveaux ornemens d'architecture. Henri IVe en fit faire la grande galerie, et Louis XIVe l'a mis dans l'estat superbe ou nous le voyons. Cette face regarde la rue Frementeau. »

— **Représentation des machines qui ont servi à eslever les**

grandes pierres qui couvrent le fronton de la principale entrée
du Louvre. In-fol. en travers.

764. TUILLERIES (Palais de). Palais de la reyne Catherine de Medicis, basty en 1564 et augmenté l'an 1600 par Henry IV, par Isr.
Silvestre. — Vingt vues différentes des jardins du Palais, par
Isr. Silvestre et Perelle. — Perspective et élévation, façade des
bâtiments, quatre grandes planches, par **J. Marot. Ensemble
vingt-cinq pièces.**

765. Vues du palais, des bâtiments et jardins de Thuilleries, **par**
Israel Silvestre, neuf très grandes estampes.

766. Palais, jardins et la grande escurie des Thuilleries, par **Merian**; quatre vues par Merian.
— Veüe du palais et des jardins des Thuilleries. Belle et curieuse estampe coloriée.
— Les Thuilleries. Quatre vues d'optique, coloriées.

767. LUXEMBOURG (Palais du). Palais d'Orléans. *Boisseau excu.* —
Le même, deux vues par Isr. Silvestre. — Deux vues du côté
du jardin, par Perelle. — Plans et profils du palais d'Orléans,
basti par la roine Marie de Médicis. — Vue perspective, par
Perelle. — Vues des jardins, par Silvestre et Perelle, etc. Ensemble vingt-une pièces.

— Le palais et les jardins du palais du duc d'Orléans (le Luxembourg), quatre vues par Merian; deux autres.

768. Le Palais-Cardinal ou le Palais-Royal; vue perspective par
Boisseau. — Le Palais-Royal, par Perelle [1]. — Vue de la gallerie
du Palais-Royal, par Isr. Silvestre et par Perelle, deux pièces.
Différentes vues du jardin, par Perelle. — Veue du fort royal
fait en 1650 dans le jardin du Palais-Cardinal pour le divertissement du roy, par Israel Silvestre. Ensemble quinze pièces.

[1] « LE PALAIS-ROYAL porta du commencement le nom de Palais-Cardinal, à cause que le
cardinal de Richelieu le fit bastir pendant les prospérités de son ministère. Il le laissa en
mourant au roy Louis XIII<sup>e</sup>, et nostre grand monarque Louis XIV<sup>e</sup> en ayant changé le
titre pendant le séjour qu'il y a fait, en a mis en possession Monsieur, son frère unique. »

769. Vue de la gallerie du Palais-Royal, prise du côté de la rue
des Bons-Enfants (en 1790). *Garbizza del.* — *Coquerel sculp.*
— Mazarin (Palais). — Une pl. par Marot.
— Bourbon (Palais) et hôtel de Lassay. Dix pièces de Blondel.
— Hôtel des Monnoies, exécuté sur le quay de Conty. *Antoine*

(architecte) *invenit.* — *C. R. G. Poulleau sculpsit,* gr. in-fol.
en travers.

### d. — Architecture civile Parisienne.

*(Plans, Coupes, élévations et vues des hôtels particuliers.)*

770. Manière de bastir pour touttes sortes de personnes, par P. Le
Muet, architecte du roy. *Paris,* 1681 ; in-fol., fig. v. m.

771. Architecture parisienne ; 118 pl. in-fol. v. br.

Plans, perspectives et vues de divers hôtels de Paris : Hôtel de Matignon , hôtel de Noirmoutier, château d'Issy, etc. Vue générale de Chantilly et une autre vue générale de Fontainebleau.

772. Aigle (maison de M. de L'), basti par le sieur Le Muet, architecte du roy, *au fauxbourg Saint-Germain près les Jacobins.*
2 pièces par Marot.

— Hôtel Amelot, bâti sur les desseins de M. de Boisfranc, *rue
Saint-Dominique-Saint-Germain.* Plans et élévations de l'hôtel.
5 pièces par Blondel.

— Hôtel d'Ancezune, *rue de Bourbon.* 5 pièces par Blondel.

— Hôtel de M. d'Argenson, *rue des Bons-Enfants,* bâti sur les
desseins de M. de Boffrand. 5 pièces par Blondel.

— Hôtel d'Aumont. Veuë de l'hostel de M. le mareschal Daumont, du costé du jardin, à Paris, par Israel Silvestre.

773. Hôtel d'Auvergne , *rue de l'Université* , du dessein de
M. Lassurance. 3 pièces par Blondel.

— Hôtel d'Avaux, *rue Sainte-Avoye.* 6 pièces.

— Bazinière et de Bouillon (hôtels de la). M. de la Bazinière,
*sur le quay du Pont-Rouge, aujourd'hui l'hôtel de Bouillon, sur
le quay Malaquais,* 5 pièces par Marot.

— Belle-Isle (hôtel de), sur les desseins de M. Bruant, *rue
de Bourbon,* 7 pièces par Blondel.

— Beauvais (hôtel de), *rue Saint-Antoine,* 4 pièces par Marot.

— Béthune (hôtel de), *rue Saint-Dominique-Saint-Germain* ;
ensemble 4 pièces, par Blondel.

— Bizeuil (hôtel de), vieille rue du Temple. — Face de l'hôtel,
du dessein du s<sup>r</sup> Cottart ; 3 pièces par Marot.

— Blouin (maison de M.), sur les desseins de M. Gabriel, *rue
du Faubourg-Saint-Honoré* ; 3 pièces de Blondel.

— Bretonvillier (la maison de M. le président de), *située dans*

*l'Ile Notre-Dame*, 3 pl. par Israël Silvestre,—1 pl. de J. Marot ;
1 pl. de Martin Engelbrecht et une autre vue par J. Le Potre,
belle estampe peu commune.

— Carnavalet (hôtel de), bâti par le sieur Mansart, *située au
Marais, rue Culture-Sainte-Catherine*, — 1 pl. de J. Marot. —
2 pl. de Blondel.

774. Chevalier (maison de M.), président au parlement, *rue du
Faubourg-Saint-Honoré*, — 5 pl. de Blondel.

— Cossé (hôtel de), 1 pl. de J. Marot.

775. Crozat aîné et Crozat jeune (maisons de MM.), *rue de Richelieu* et *place Vendôme*, 15 pl. de Blondel.

— Dangeau (maison de monsieur le marquis de), 11 pl. **par**
Perelle.

— Desmarets (hôtel), *rue St.-Marc*, 3 pl. de Blondel.

— Duras (hôtel de), *rue du Roule, faubourg St.-Honoré*, 4 pl. par
Blondel.

— Emery (porte de l'hôtel de M. d'), 1 pl. de J. Marot.

— Estrées (hôtel d'), *rue de Grenelle*, du dessein de M. Cotte,
premier architecte du roi, 4 pl. de Blondel.

— Étampes (hôtel d'), du dessein de M. Dulin, architecte, *rue
de Varennes*, 4 pl. de Blondel.

— Évreux (hôtel d'), sur les desseins du s[r] Mollet, architecte du
roy, *rue du Faubourg-Saint-Honoré*, 3 grandes planches de
Blondel.

— Falconi (maison de M.), *rue des Saints-Pères et sur le quai*,
3 pl. de Marot.

— Fieubet (maison de M.), *sur le quai St.-Paul, près l'Arsenal*,
1 pl., par Perelle avec l'adresse de Langlois.

— Guillot (maison de M.), négociant, *rue des Mauvaises Pa-
roles*, bâtie sur les desseins de M. Cartault architecte, 3 pl. de
Blondel.

— Hesselin (maison de M.), *dans l'Ile Notre-Dame*, 6 pl. de
Marot.

776. Hôtel de Gave à Paris, dessins à la gouache, comprenant les
ameublements, l'intérieur de la disposition des pièces ; détails
d'architecture, plafonds, etc., sept pièces.

777. Hoguer (maison de M.), bâtie sur les desseins de M. Aubry
architecte, *rue de Varennes*, 2 pl. par Blondel.

— Hôtel-Dieu (maison appartenant à l'), rue Saint-Dominique, du dessein du s<sup>r</sup> Le Duc, 2 pl. de Marot.

— Humière (hôtel d'), rue de Bourbon, sur les desseins du s<sup>r</sup> Mollet, 4 pl. de Blondel.

— Jabac (hôtel), trois planches par Jean Marot.

— Jars (hôtel de), hostel de M. le commandeur de Jarre, gravé par Perelle, et par Blondel, ensemble 3 pièces.

— Lambert (hôtel), 6 pièces de Blondel.

— Lambert (hôtel de), *rue de l'Université,* du dessein du s<sup>r</sup> Dullin, 2 pièces de Blondel.

— Legendre d'Armini (maison de M.), du dessein de M. de Cotte architecte du roy, *rue et barrière des Capucines,* ensemble 3 pièces de Blondel.

— Léon (hôtel de), *faubourg St-Germain.* Façade de l'hôtel, du dessein du s<sup>r</sup> Robelni, 1 pièce par Jean Marot.

— Liancourt (hôtel de), du dessein du s<sup>r</sup> Mercier, architecte du roy, deux vues de l'hôtel par Iraël Sylvestre, 5 pièces par Jean Marot, ensemble 7 pièces.

— Lhopital (porte de), *rue des Petits-Pères,* 1 pièce.

— Lorge (hôtel de), du dessein de Mansart, *rue Neuve St-Augustin, près la porte Gaillon,* porte de l'hôtel, — plan au rez-de-chaussée, — plan du 1<sup>er</sup> étage, — élévation de la façade, côté de l'entrée, — élévation de la façade, côté du jardin, — coupe en travers du grand corps de logis, — coupe et élévation de l'escalier et du vestibule, — élévation des costées de la cour ; ensemble 8 pièces de Blondel.

**778.** Louvois (hôtel de), sous la conduitte du s<sup>r</sup> Chamois, architecte, *rue de Richelieu,* 6 pièces de Blondel.

— Ludes (hôtel du), sur les desseins de M. de Coste, *rue Saint-Dominique,* 4 pièces de Blondel.

— Lyonne (hôtel de), 2 pièces de Jean Marot.

— Maine (hôtel du), sur les desseins de M. de Cotte, *rue de Bourbon,* 5 pl. de Blondel.

— Maisons (hôtel de), du dessein du sieur Lassurance, *rue de l'Université,* 4 pl. de Blondel.

— Mansard jeune (maison de M.) premier architecte du roy, bâtie sur ses desseins, *rue des Tournelles,* 2 pl. de Blondel.

— Matignon (hôtel de), *rue de Varennes,* 5 pl. de Blondel.

— Montbason (hôtel de), bâti sur les desseins de **M. Lassu-**rance, architecte du roi, 4 pl. de Blondel.

— Moras (maison de M. de), bâtie sur les desseins de **M. Ga-**briel, contrôleur des bâtimens du roi, et de M. Aubert, archi-tecte, *rue de Varennes*, 6 pl. de Blondel.

— Mortemart (élévation de la face, profils et plans de l'hôtel de), du dessein du sieur Marot, rue des Roziers, 2 pl. par lui-même.

— Nevers (hôtel de), *quai Conti*, deux pièces de Chastillon, — une pièce d'Israël Silvestre.

— Noailles (hôtel de), du dessein de M. Lassurance, *rue St.-Honoré*, 6 pl. de Blondel.

779. Noirmoutier (hôtel de), du dessein de M. Cortonne, archi-tecte, *rue de Grenelle St-Germain*, 4 pl. de Blondel.

— Paul (hôtel de St-). — Veuë et perspective de l'hostel de Saint-Paul; et de la fassade des pères Jésuites de la *ruë St-An-thoine*, 1 pl. par Israël Silvestre.

— Pompadour (hôtel de) situé rue de Grenelle, bâti sur les desseins du sieur de la Maire, architecte, 2 pl. de Blondel.

— Prieur (hôtel de M. le grand) *au Temple,* du dessein du sieur de l'Isle, 2 pièces de Marot.

— Pussort (hôtel), du dessein du sieur Marot, 1 pl. par lui-même.

— Président (maison de M. le premier), du parlement de **Paris,** — 1 pl. par Israël Silvestre.

— Richelieu (maison de la *rue de*), du dessein du sieur Levé, 2 pl. de Blondel.

— Rohan (hôtel de) sciz *Vieille rue du Temple*, du dessein de M. Delamaire, architecte, 5 pl. de Blondel.

— Roquelaure (hôtel de) scis *rue Saint-Dominique*, commencé à bâtir par M. de Lassurance, et terminé par M. le Roux, archi-tecte, 5 pl. de Blondel.

— Rothelin (hôtel de) *rue de Grenelle* du dessein de M. Lassu-rance, 3 pl. de Blondel.

— Salm-Salm (hôtel de).

— Salvois (vue de la maison de M. de), du dessein du sieur Gittard, et de la fontaine de la Charité, *rue Taranne*, 1 pl. par Marot.

780. Séguier (hôtel de M. le chancelier), 1 pl. par Marot.

— Seignelay (hôtel), *rue de Bourbon*, du dessein de M. de Bosfranc, 4 pl. de Blondel.

— Sennetaire (hôtel de), du dessein du s<sup>r</sup> le Feure d'Orléans ; 2 pièces de Marot.

— Sillery (hôtel de), 1 pièce : coin du jardin.

— Soissons (hôtel de). Veuë de l'hostel de Soissons bâti par Catherine de Médecis, et conduit par Jean Bullant, architecte du roy. — Veuë de l'hostel, du costé du jardin. 2 pièces par Israël Silvestre.

— Hôtel de Soissons, hôtel de Lavrillière, de Chevreuse, 2 pl., de Bautru, de Saint-Paul (dit des Tournelles), du duc de Luynes, de Liancourt, le palais cardinal, etc., 10 pl. par Merian. = Hôtel d'Évreux, col.

— Sonning (hôtel de M.), receveur des finances de la généralité de Paris, *rue de Richelieu*, du dessein de M. Dulin, architecte, 4 pl. de Blondel.

— Soubise (hôtel de), *rue de Paradis*, du dessein de M. de la Maire, 4 pl. de Blondel.

— Sully (hôtel de), *rue Saint-Antoine*. — Veuë de l'hostel. — Veuë de l'orangerie de l'hostel ; 2 pièces d'Israël Silvestre.

Tambonneau (veüe de la maison de M. le président), *rue de l'Université*, du dessein du sieur le Vau ; 1 pièce de Marot.

— Torcy (hôtel de), *rue de Bourbon*, bâty sur les desseins du sieur Bosfranc, 6 pl. de Blondel.

— Toulouse (hôtel de), nommée cy devant l'hôtel de la Vrillière, située *ruë Neuve des Petits-Champs* près de la *Place des Victoires*, bâtie sur les desseins de Fr. Mansard, et réparée en 1715, sous la conduite de M. de Coste, premier architecte du roy ; 5 pl. de Blondel.

— Tubeuf (hôtel de M. le président), divers plans et façades de l'hôtel, *rue des Petits-Champs*, 7 pièces ; — plans et façades de l'hôtel *rue Vivien*, bâti par le sieur le Muet, 6 pièces de Marot, ensemble 13 pièces.

— Varanjeville (maison de M<sup>me</sup> de), scize *rue Saint-Dominique, faubourg Saint-Germain*, du dessein de M. Gabriel, intendant et contrôleur des bâtiments du roy. 3 pl. de Blondel.

— Vauvray (hôtel de), scize *rue de Seine, faubourg St-Victor*, du dessein de M. Bulet, architecte, 2 planches de Blondel.

— Vendôme (hôtel de), 2 pièces dont une d'Israël Silvestre.

— Vrillière (hôtel de la), scis *rue Saint-Dominique, au faubourg Saint-Germain*, bâty sur les desseins de M. Aubry, architecte, 3 pièces de Marot, 3 pièces de Blondel; ensemble six pièces.

### e. — Mœurs et usages; Costumes à diverses époques.

781. Partie de chasse. Estampe fort curieuse pour les costumes et les mœurs du temps de Henri II. Elle est gravée sur bois et coloriée.

782. Les joueurs de boule dans un jardin aux environs de Paris. *A Paris, chez N. Berey....*, in-fol. en travers.

Estampe à l'eau forte d'une remarquable exécution et curieuse sous le rapport des cos-tumes et des mœurs du temps de Louis XIII.

783. L'enfant prodigue prenant congé de ses parents : *O qu'on souffre ici-bas...*, par Ab. Bosse.

— L'enfant prodigue est réduit à garder les pourceaux : *Icy la pauureté, compagne de la honte....*, par Ab. Bosse.

— L'enfant prodigue revient chez son père : *Vn deuil continuel.* A. Bosse in. et fe. — Le Blond excud.

784. Les vierges sages, par Ab. Bosse (une pièce, nᵒ 91, du catalogue de l'œuvre, manuel de l'amateur d'estampes, par Ch. Leblanc).

— Les Vierges sages. *A. Bosse in. et fe. — Le Blond excud.* (nᵒ 87).

785. Le branle où la nouvelle mariée est menée par le seigneur du village, *par Abr. Bosse. — Le Blond excud.*

— Les garçons de la noce portant le chandeau aux nouveaux mariés. *A. Bosse in. et fe. — Joan. Le Blond excud.*

— La nouvelle mariée recevant des présents le lendemain de noces, *par Ab. Bosse. — Le Blond excud.*

— La nouvelle mariée se déshabillant le soir du jour de ses noces. *A. Bosse fe. et in. — Le Blond excud.*

786. L'odorat; un cavalier conduisant une dame dans un jardin. *A. Bosse in. et fe. — Tauernier excud.*

787. Le goût; un homme et une femme assis à une table, *par Ab. Bosse.— Tavernier excudit.*

788. Un chirurgien s'apprêtant à saigner une dame. *A. Bosse in. fe. — A Paris, chez Le Blond.*

789. Allégories (comme mœurs et costumes sous Louis XIII) :
La Terre, représentée par un homme qui prend des fruits que
porte un Amour (par Abraham Bosse).

790. Un mari battant sa femme. *A. Bosse in. et fe. — Le Blond
excud.*

— Une femme battant son mari. *A. Bosse in. et fe. — Le Blond
excud.*

792. Le printemps; un cavalier qui est en entretien avec sa maîtresse. *A. Bosse in. et fe. — Le Blond excud.*

— L'Esté; des personnes qui vont à la promenade. *A. Bosse in.
et fe. — Le Blond excud.*

— L'Automne; des gens furieux après s'être enivrés dans une
débauche. *A. Bosse in. et fe. — Le Blond.*

793. Un amant exprimant sa passion à sa maîtresse, pendant que
leurs pères et mères sont occupés à dresser le contrat de mariage. *C'est vne maxime....*, par Abraham Bosse.

— La jeunesse; un jeune homme près de sa maîtresse, *par Ab.
Bosse. — Huart excud.*

794. Un procureur assis dans son étude et recevant les présents
de ses parties. *A. Bosse inven. et fe. — Le Blond excud.*

795. Un apothicaire apportant un clystère à une dame qui est
indisposée. *A. Bosse fe. — Chez Tavernier.*

796. Mœurs et scènes populaires. Quatre estampes gravées sur
cuivre, à l'adresse de *P. Ferdinand*, gr. in-fol. en largeur.

*Le Parnasse ridicule de la place Maubert. — Le retour de Gonnesse. — La chasse de
Monoye. — Le retour de la paix.*

797. (1760) Jean Ramponneaux et son cabaret; madame Ramponneaux et les environs du cabaret; 4 estampes à l'eau forte dont
une avant la lettre.

798. Veuë des porcherons proche Paris. *Siluestre sculp. — Israel excud.*

Pièce rare. — Épreuve à toutes marges.

799. (1792) Les porcherons, scène de cabaret; à la manière noire,
en travers.

800. (1778) La désolation des filles de joie. == Le vice forcé dans
ses retranchements. 2 estampes à l'eau forte, en travers.

## 2. — *Histoire ecclésiastique.*

### a. — Saints de Paris.

**801.** Sancta Genouefa Parisiorum patrona. *P. de Champaigne in. et pin. — N. de P. Montaigne scul.* 1668 *et excu.*, gr. in-fol. (Belle épreuve).

**802.** Divers portraits anciens de Sainte-Geneviève; ensemble huit pièces.

— Divers portraits ou estampes représentant sainte Geneviève. 19 pièces.

**803.** Procession de la châsse de sainte Geneviève, grande estampe avec l'explication au bas (Anonyme).

— Procession de la châsse de sainte Geneviève. H. S. F.

Grande estampe hollandaise gravée sur cuivre. On remarque le portail de Notre-Dame dans le coin à droite.

**804.** La deuote procession de la châsse de saint Germain, euesque et patron de Paris, faite le 16 juin 1652 pour la paix et l'heureux retour du roy. *N. Cochin.*

« A très-haut et puissant prince monseigneur *Henry de Bovrbon*, éuesque de Metz, prince du Saint-Empire et abbé de Saint-Germain-des-Prés :

> Nous auons souffert un désastre,
> Qui n'auoit ny regles ny lois,
> Ne pouuans iouir du bel astre
> Qui donne le jour aus François.
> Mais au plus fort de ces tempestes,
> La gloire de nos fleurs de lys
> Venant rayonner sur nos testes,
> A dissipé tous nos ennuis;
> Car les saints protecteurs de France,
> Et leur Moyse saint *Germain*,
> Nous ont rendu nostre espérance,
> Louis, l'amour du genre humain.

A Paris, chez Boissevin, rue Galande, à la Pomme rouge. »

— (1760) Madame De La Fosse guérie miraculeusement à la procession du S.-Sacrement de la paroisse de Ste-Marguerite, le 31 mai 1725 et morte à Paris le 3 juin 1760; 3 pièces.

— (1764) Miracle de guérison opéré par l'intercession de saint Maur, 2 pièces.

**805.** (1507) Saint François de Paule. *M. Lasne sc.*

¹ « Vray pourtraict de S. François de Paule tiré sur l'original qui est conservé à Rome, au Vatican, lequel fut envoyé par François premier, roy de France, au pape Leon X, qui le canonisa l'an mil cinq cens dix neuf. »

— (1660) Vincent de Paul, instituteur des prêtres de la Mission. *Hérault pinxit.* — *Grignon sculp.* = Un autre, *E. Desrochers.* = Un autre, *Jeaurat sculp.*

— Vincent de Paul (monseigneur), instituteur et premier supérieur général de la Congrégation de la Mission.

— Miracles opérés par l'intercession de saint Vincent de Paul, grande estampe à l'eau forte (épreuve non terminée). =Histoire véritable de l'hostie miraculeuse; 2 pièces.

806. Histoire véritable de l'hostie miraculeuse par laquelle Dieu confirma la vérité du S. Sacrement de l'Eucharistie par le sang qui en sortit estant percée par un juif avec un canif, clous et lance, fouettée et jettée dans la flame, bouillie dans une chaudière, etc., dessiné et gravé par Gab. Ladame, gr. in-fol.

### b. — Évêques et Archevêques de Paris.

807. (1164) Pierre Lombart, évêque de Paris.

— (1366) Estienne de Paris, cardinal, évêque de Paris, d'après le relief d'un pilier de Notre-Dame.

— (1471) Guillaume Chartier, évêque de Paris. *J. Robert delineavit.* — *R. Gaillard sculp.*

— (1616) Pierre de Gondy, cardinal de Retz, évêque de Paris. *Thomas de Leu fecit.* [1] = Un autre, *A. Pezey pinx.* — *C. Duflos sculpsit.*

[1] Jolie épreuve. — Dans une bordure ovale sur laquelle on lit : *Pierre de Gondy*, et à gauche l'anagramme : *O digne de prier.* Au bas ces quatre vers :

> *Voiez Parisiens la face désirable,*
> *D'un pair digne de roy vostre benin pasteur,*
> *Auquel j'ay dédié d'un amour insondable,*
> *Mon liure, mes désirs et mes vers et mon cœur.*
>
> *Thomas de Leu fecit.* »

808. (1622) Henry de Gondy, cardinal de Retz, évêque de Paris *L. Gaultier.* = Un autre : *Duflos sculp.*

809. (1654) Jean-François de Gondy, premier archevêque de Paris. *M. Lasne.* = Un autre : *suite de Moncornet.* = Un autre, in-fol. rogné par le bas. Gravé par Michel Lasne.

— (1662) Pierre de Marca, archevêque de Paris. *Van Loo pinxit an. 1661.* — *Van Schuppen sculpsit an. 1663.* = Un autre : *Edelinck sculpsit.* = Un autre, *Bernigeroth sc.* = Un autre, *gravé par E. Desrochers.*

Très-belles épreuves.

810. (1670) Victor le Bouthillier, grand aumônier du duc d'Orléans, archevêque de Paris. *C. Mellan del. et f.*, in-fol.

1er état avant l'inscription sur le socle.

811. (1670) Hardouin de Péréfixe, archevêque de Paris. *N. Mignard Auenionensis pinxit. — Ant. Masson sculpebat 1664.* = Un autre, *Fr. Chauveau.*

812. (1670) Hardouin de Péréfixe. *R. Nanteuil ad vivum pin. et sculpebat*, 1663, in-fol.

2e état. — R. D., 212.

813. Hardouin de Péréfixe. *R. Nanteuil ad vivum pingebat et sculpebat*, in-fol.

Belle épreuve. R. D., 213.

814. (1679) J.-François Paul de Gondy, cardinal de Retz, archevêque de Paris. *M. Lasne fecit*, in-fol.

815. (1679) Le cardinal de Retz. *R. Nanteuil faciebat*, in-fol. (R. D. 217.)

816. (1679) Cardinal de Retz. *S. Bourdon delineavit. — A. Eg. Rousselet sculpsit.* = Un autre, *B. Moncornet excudit.* = Un autre, *Aubert sculp.* = Un autre, anonyme. = Un autre, *P. de Jode sculp.. — Jean Meyssens exc.*

817. (1695) François Harlay de Chanvalon, archevêque de Paris. *Pet. Van Schuppen ad vivum delineabat et sculpebat.* 1659, in-f. Très-belle épreuve.

— (1695) Harlay-Chanvalon, *Cl. Duflos sculp. — Le Febvre pinxit.* = Un autre, g. par E. Desrochers. = Un autre, *suite de Bonnart.*

818. Harlay de Chanvallon, archevêque de Paris. *Nanteuil ad vivum ping. scul. et excudebat.*, gr. in-fol.

Très-belle épreuve avant les armes au bas de la bordure.

819. (1729) Louis-Antoine de Noailles, archevêque de Paris. *Hyacintus Rigaud pinx. — Petrus Drevet sculp.* = Un autre. *P. Drevet sculp.* = Un autre, *N. de Largilière pinxit. — Steph. Desrochers sculp.* = Un autre, *N. Pitau sculp.* — Ensemble 5 pièces.

820 (1746) Charles-Gaspard-Guillaume de Vintimille, des comtes de Marseille du Luc, archevêque de Paris. *Peint par Hyacinthe*

*Rigaud, chevalier de l'ordre de Saint-Michel. — Gravé par C. Drevet.* = Un autre, *Boisseau del. — Ravenet sculp.* = Un autre, *Du Dessert sculp.*

821. (1781) Christophe de Beaumont, archevêque de Paris, *peint par J. Chevallier.— Gravé par R. Gaillard.* = Un autre, *peint de réminiscence par A. Duhamel.— Gravé par A. Romanet.* = Un autre, *Rimsber delin. — Klaber cath. sc. Aug. v.*

— (1808) Le cardinal de Belloy, archevêque de Paris. *Dessiné par Mademoiselle Deseine, d'après le buste fait d'après nature par M. Deseine, — gravé par L.-C. Ruotte.*

— (1812) Léon. Le Clerc de Juigné, archevêque de Paris. *Invenit F. Nogaret. — Sculpsit M. Fessard.* = Un autre, *Desrais del. — Le Beau sculp.* = Un autre, *J.-B^te Massard del. et sc.*

822. (1821) Alex. de Talleyrand-Périgord, cardinal, archevêque de Paris en 1819.

Épreuve d'essai retouchée au pinceau, découpée et collée dans un encadrement dessiné et lavé au bistre, par Moreau, dont la signature se trouve au bas : *Moreau le jeune.*

— (1244) Eudes de Chasteauroux, cardinal, chancelier de l'église de Paris.

« Tiré de l'*Histoire des cardinaux françois*, d'après un portrait communiqué par Henry Loys Chastaigner de la Rocheposay, évêque de Poitiers. »

823. (1715) Emanuel-Theodose de la Tour-d'Auvergne, cardinal de Bouillon. *R. Nanteuil ad vivum pinge. et sculpebat,* 1668, in-f.

Belle épreuve du 2ᵉ état de la collection Donnadieu.

824. (1758) Pierre de Guérin, cardinal de Tençin. *Ste. Parocel effigiem pinx. — J.-G. Will del. et sculp.* Belle épreuve.

### c. — Architecture religieuse Parisienne.

*(Églises et Abbayes.)*

825. Églises et couvents à Paris, 24 pl. par Mérian.
= Quatre vues d'optique coloriées. = Tombeaux dans diverses églises de Paris ; 7 pièces.

826. Plan de l'église Notre-Dame de Paris, façade et portail : cinq vues différentes de Notre-Dame par Mérian.
— Parallèle des églises de Saint-Pierre de Rome et de Notre-Dame de Paris ; plan de la moitié de chacune des deux églises. *Dumon deli. — Poulleau sculp.*

827. **André des Arts** (veue de l'église de Saint-), qui a esté bâtie par M. Gamard, et où est la sépulture de M. de Thou. — 1 pièce de Marot.

— **Annonciate** (les filles de l'), est la première église à main gauche en sortant de la porte Saint-Jacques, — 1 pièce d'Israël Silvestre.

— **Assomption** (faç. de l'église des religieuses de l'), *rue Saint-Honoré*, du dessein du sieur Errard ; =profil et plan de la même église ; ensemble trois pièces par Marot.

— **Augustins** (église des Petits-), *du faubourg Saint-Germain*, par Israël Silvestre. = Une vue intérieure de la même, par Séb. Leclerc. = Une autre vue de la même église par un anonyme, ensemble 3 pièces.

— **Bernardins** (vue de l'église des), où est un vis double unique en son espèce, et universellement admirée. *Jean Marot fecit.* = Vue de la même église par Is. Silvestre. — De la même église par un anonyme. = Vue des ruines de l'ancienne église des Bernardins, *Née sculp.* =Vue des mêmes ruines, gravée à l'eau forte, assez rare ; ensemble 5 pièces.

— **Calvaire** (église des Filles-du-Mont-), *au Marais du Temple;* 2 pièces.

— **Capucins** (plan et élévation du portail des), *de la Place Vendôme*, fait sur les desseins de M. Seloueste, architecte, — 1 pièce.

— **Carmes Deschaussés** (église des), *au bout du faubourg Saint-Germain, du costé du parc du palais d'Orléans*, une pièce par Marot. = Veue d'une partie de l'église des Carmes Deschaussez, et de la grande gallerie du Louvre ; une pièce par Israël Silvestre. = Vue intérieure par Joachim Cholot, = deux autres pièces ; ensemble cinq pièces.

— **Carmélites** (veuë de l'église des), *du faubourg Saint-Jacques*, par Israël Silvestre. = Une autre vue de Manesson Mallet; — 2 pièces.

— **Catherine** (vue intérieure du cloître de Sainte-), *du Val des Écoliers*, — 1 pièce.

— **Charité** (veue et plan de l'église de la), — 1 pièce de Marot.

828. **Chapelle** (profil de l'église de la Sainte-), scituée *dans la court du Pallais de Paris*, **P.** *Brebiette fecit, chez J. Bosseau.* Grande estampe gravée sur cuivre. = Sommaire déclaration des

choses plus remarquables de la Saincte-Chapelle de Paris[1], texte imprimé au bas duquel se trouve le *Portail de la Sainte-Chapelle* gravé sur cuivre par Brebiette, 2 grandes pièces.

[1] « Cet admirable édifice fut commencé à bastir par St-Louis, l'an 1242 et entièrement parachevé l'an 1247. Au lieu où auparavant estoit une chapelle ou oratoire fondée dès l'an 1154, par le roy Louis VI, dit le Gros, construite en l'honneur de Nostre-Dame, ou, selon Favin, cet oratoire fut fondé par le roy Robert, lequel institua l'ordre de l'Estoille, composé de trente cheualiers, l'an 1022, sous le titre de Nostre-Dame de l'Estoille, qui a depuis esté renouuelé par le roi Jean, et a duré iusques au règne de Louis XI, roy de France, lequel le suprima l'an 1485.

Quand à l'édifice, il est d'une admirable structure à raison que les colomnes semblent être trop foibles à cause de leur délicatesse, pour soutenir un si grand faix, d'autant qu'il y a deux chappelles l'une sur l'autre, l'une nommée la haute, et l'autre la basse.

La haute chappelle fut dédiée, l'an 1248, en l'honneur de la Sacrée-Saincte-Couronne-d'Espines, ce qui se voit par un escrit qui est contre le mur septentrional d'icelle, en ces mots :

*Anno Domini 1248. J. Calendas Maij, dedicata est ecclesia ista à venerabili Patre Odone Thusculanensi Episcopo Apostolicæ sedis legato in honore Sacro-Sanctæ-Coronæ-Spineæ Domini et vinificæ crucis.*

La basse chappelle le fut aussi le mesme iour comme il paroist par l'escrit qu'on voit pareillement gravé dans le mur septentrional d'icelle, en ces mots :

*Anno Domini 1248. J. Calendas Maij, dedicata est ecclesia ista à venerabili Patre Philippo Bituricensi Archiepiscopo, in honore gloriosissimæ Virginis Genitricis Dei Mariæ.* »

829. Chapelle (vue de la), et de la Chambre des Comptes à Paris, par Isr. Silvestre. = La même, par Perelle, = deux vues anonymes, = quatre vues tirées de l'*Hist. de la Sainte-Chapelle par Morand*, ensemble 8 pièces.

— Chartreux (l'église des), de Paris, fondée par le roy Saint-Louis, et dédié le 26 d'aout 1325 en l'honneur de la bienheureuse Vierge, et de Saint-Jean-Baptiste, *dessignée et gravée par J. Marot*, deux pièces. = La chartreuse de Paris, par Perelle. = Deux autres vues; ensemble, cinq pièces.

— Cordeliers (couvent des), fondé par Marguerite, femme de Saint-Louis en 1287, 1 pièce.

— Culture Sainte-Catherine (élévation du portail de l'église de la), *proche les Grands Jésuites à Paris*, — 1 pièce de Patte.

— Denis de la Chastre (veuë de l'église Saint-), — 1 pièce d'Israël Silvestre.

830. Élisabeth ( l'église et couvent des filles Saincte-), *rue du Temple, proche la porte*, par Israël Silvestre, = deux vues du portail; ensemble, 4 pièces.

— Eustache (St-), estoit autrefois une chappelle dédiée à Sainte-Agnez, fondée par un bourgeois de Paris, nommé Alais, et depuis a esté faite paroisse, et est maintenant une des plus grandes de la ville; l'an 1632 elle a esté accreüe et rebatie comme on la voit représentée, — 1 pièce de Van Merlen.

— (1754) Élévation perspective du portail de Saint-Eustache.
*J. Mansart de Jouy invenit.* — *N. J. B. de Poilly sculp.*
Grande estampe dédiée au duc d'Orléans, dont les armoiries se trouvent au bas.

— Feuillantines (portail de l'église des religieuses), situé *rue du
Faubourg Saint-Jacques,* — 1 pièce.

— Feuillants (église des); les Feuillants[1] par Israël Silvestre,
deux pièces, — portail, — élévation du portail; ensemble cinq
pièces.

[1] « Le convent des *Feuillans,* dans la rue St-Honoré, qui autrefois estoit dans le fauxbourg, a esté fondé par Henry III, l'an 1587, et depuis a esté rebasty de la libéralité de la
reyne Marie de Medicis, avec une fort belle église comme on la voit à présent.

831. Vue intérieure de la nouvelle église Sainte-Geneviève. *C. R.
G. Poulleau sculp.*
— Vue intérieure en perspective du plan projetté en raccorde-
ment aux fondations de la nouvelle église de Sainte-Geneviève
en 1765; à la gloire immortelle de Louis-le-Bien-Aimé XVe du
nom. *Desbœufs inv. delin.* — Très belle et grande estampe en
largeur.

832. Geneviève (porche et positif de l'orgue de Sainte-), 1 pièce.
— Geneviève des Ardents (vue de l'église Sainte-), détruite en
1747, — 1 pièce.

832 bis. Germain des Prez (l'église de Saint-[1]), vue de l'abbaye,
par Isr. Silvestre, — portail de l'abbaye, du dessein du sieur
Gamart. *J. Marot fecit.*—Maison abbatiale, par Is. Silvestre. —
La confrairie et porteurs de la chasse Saint-Germain. *N. Cochin f.* [2], ensemble 6 pièces.

[1] « *L'église de St-Germain-des-Prez,* bâtie où étoit autrefois le temple d'Isis, par Chil-
debert, roy de France, qui erigea cette abbaye sous le nom de St-Vincent; le corps de St-
Germain y ayant esté apporté, cette église fut dédiée sous le nom de St-Germain. »

[2] C'est un fragment de la pièce in-fol. gravée par N. Cochin, dont un exemplaire entier
se trouve sous le numéro qui précède.

833. Gervais (Sainct-)[1], par Is. Silvestre; — portail de Saint-Gervais, élevé en 1616, par M. Brosse, 4 pièces; ensemble six
pièces.

[1] « *Sainct-Gervais,* qui autrefois n'estoit qu'une petite Chappelle, fut faite paroisse l'an
1212, et du règne de Louis XIII a esté superbement rebatie, son portail est estimé un des
plus beaux et magnifiques de Paris. »

— Germain l'Auxerrois (face d'une maison dépendant du cloistre
Saint-), comme elle se voit du costé de la rivière, — 1 pièce de
Marot.

— Germain le Vieil (église Saint-), — 1 pièce par Manesson Mallet.

— Incurables (veue de l'église des), bâtie après les desseins de M. Gamard, et fondé par M. le cardinal de la Rochefoucault, — 1 pièce de Marot.

— (1645) François de la Rochefoucault, cardinal, fondateur de l'hospice des Incurables à Paris. *M. Lasne delineavit et fecit ad vivum.*

— Philippe Despont, docteur en théologie, recteur aux Incurables, in-fol., très beau portrait.

834. Innocens (veue de l'église et cimetière des Saints-), à Paris, par Isr. Silvestre. == Deux autres vues en ovale par Della Belle; ensemble 3 pièces.

834 bis. Jacques de la Boucherie (église de), — 1 pièce de Manesson Mallet.

— Jacques de l'Hôpital (église Saint-), — 1 pièce.

— Jacques du Haut-Pas (vue extérieure de l'église de Saint-), et du séminaire Saint-Magloire, — 1 pièce.

— Jacques et Saint-Philippe (ancienne église de Saint-), — 1 pièce.

— Jean-de-Latran (Saint-), détruit en 1822, de Deroy. == Vue du cloître, de Constant Viguier, — 2 pièces.

— Jean-en-Grève (église Saint-), maître-autel et chapelle de la communion, sur les desseins de M. Blondel architecte du roy, 2 pièces ; == porte du chœur, Mariette exc., — ensemble trois pièces.

— Jésuites (église du noviciat, et de la maison professe des), *Faubourg Saint-Germain* et *rue Saint Anthoine.* == Le noviciat des Jésuites, par Israël Silvestre. == Le portail de la maison[1], par J. Marot, ensemble dix pièces.

[1] « Le portail de l'église de la maison professe des R. P. Jesvistes de Paris, dans la rue St-Anthoine, le plus haut et le plus chargé d'ornemens qui soit en laditte ville, fut construit des liberalitez de Jean Armand, cardinal duc de Richelieu, suiuant le dessin qu'en auoit donné le R. P. Derant. »

— Laurent (portail de l'église Saint-), — 1 pièce.

— Lazare (église de Saint-), — 1 pièce.

835. Marie (église des Filles de la Visitation de Sainte-), *rue Saint-Antoine*, bâtie en 1637, sur les dessins de François Mansard, — 1 pièce d'Israël Silvestre, — 3 pièces de Blondel, — ensemble, 4 pièces.

— Martin des Champs (veües et perspective de l'église Sainct-),
— 1 pièce d'Israël Silvestre, — 2 autres pièces, — ensemble 3
pièces.

— Mercy (église des Religieuses de la), — 1 pièce de Marot, —
1 d'Israël Silvestre, — 1 de Manesson Mallet, — 1 autre, — ensemble 4 pièces.

— Minimes (église des), à la *place Royale,* sur les desseins de
François Mansard, — 2 pièces de Marot, — 3 de Blondel; —
ensemble 5 pièces.

— Nazareth (église des pères de), — une pièce de Manesson
Mallet.

— Nicolas du Chardonnet (église Saint-), *rue des Bernardins,*
bâtie en 1669,—2 pl. de Blondel, = un autre, —ensemble trois
planches.

— Nicolas du Louvre (vue de la démolition de l'église Saint-),
— 1 pièce de Baltard.

— Notre-Dame des Champs ( l'église de ), — une pièce de
Marot.

« L'église de Notre-Dame-des-Champs, autrefois, selon l'opinion commune, le temple de
Mercure ou de Cérès, fut un prieuré de l'ordre de St-Benoist, dépendant de l'abbaye de
Mairmoustier, et depuis l'année 1603, a esté donnée aux religieuses carmélites de la Refor-
mée de Ste-Thérèse, pour y establir le premier monastère de cette sainte congrégation. »

— Oratoire (église des pères de), par J. Marot, Perelle, etc.,
ensemble, 7 pièces.

« La maison de *l'Institution* des Prestres de l'Oratoire, est le lieu destiné pour éprou-
ver et former les sujets qui se présentent pour estre admis dans cette congrégation. L'église
consacrée au mistère de la Ste-Trinité et à celui de l'enfance de Jésus-Christ, a été achevée de bâtir en 1657. La maison avoit été fondée dès l'année 1650, par Nic. Pinelle, trésorier de Gaston duc d'Orléans; elle est située à l'extrémité du fauxbourg St-Michel, à
Paris. »

— Paul (église Saint-), — une pièce.

836. Plan, coupes et élévations, profils de l'église de Saint-Philippe du Roule. *Chalgrin inv. — G. Taraval sculp.*, gr. in-fol.,
16 planches, v. m. fil., arm., (suite rare).

837. Port-Royal (église de) [1], dessignée et gravée par J. Marot,=
profil du dedans de l'église du Port-Royal, au fauxbourg Saint-
Jacques à Paris, grande et belle estampe par Anth. Le Pautre;
ensemble trois pièces.

[1] « L'église du monastère du St-Sacrement, des religieuses de *Port-Royal,* ordre de Cis-
teaux, portant le titre et l'habit des filles du St-Sacrement, bastie sur le dessin de M. Le
Paustre, dans le fauxbourg de St-Jacques, à Paris. »

— Prémontré (veue de l'église des religieux de), *faubourg Saint-Germain*, du dessein du sieur Derbay, — 1 pl. de Marot.

— Quinze-Vingts (église des), — 1 pièce par Israël Silvestre.

— Roch (église de Saint-), par Marot, Blondel, Claude Ch. Riolet, etc., ensemble 5 pièces.

=Saint-Sauveur (église de), *rue Saint-Denis*, par Chastillon, Is. Silvestre, J. Marot; ensemble 4 pièces.

— Severin (église paroissiale et archipresbytérale), par Marot.

= Vue, par Manesson Mallet, ensemble 2 pièces.

— Sorbonne (vues et perspective de la[1]), par Israël Silvestre, J. Marot, Perelle, 15 pièces.

[1] « Le grand portail et église de *Sorbonne*, colege en l'Université de Paris, fondé l'an 1245, par Robert Sorbon, homme scauant, enrichy par St-Louis, et magnifiquement basti par le cardinal duc de Richelieu, l'an 1642, où ses os reposent sous le grand autel. Ce bastiment a esté conduit par M. Mercier, architecte du roy. »

**838.** L'église Saint-Sulpice à Paris, dessin à la gouache du XVIIIᵉ siècle in-fol. en largeur.

— Sulpice (Saint-)[1], par Israël Silvestre, 2 pièces, — le grand portail, — chapelle du sacré-cœur, par Mondon; ensemble 5 pièces.

[1] « L'église *Sainct-Srlpice* est la seulle paroisse de la ville St-Germain-des-Prez, laquelle pour le grand peuple qui y est, et sa grande estendue, a esté accreue et richement bâtie de nostre temps, ou est incertain du temps de la fondation. »

— Élévation du grand portail de Saint-Sulpice de Paris. *Servandoni architectus. — Ravenet sculp.*

**839.** Chapelle de l'enfance de Jésus exécutée dans l'église paroissiale Saint-Sulpice à Paris, composée par M. Laurent architecte.

Très grande estampe gravée à l'eau forte, avec les armoiries du duc de Chevreuse au bas.

**840.** Temple (église et maison du), par Chastillon; Is. Silvestre, J. Marot; ensemble six pièces.

— Théatins (portail de l'église des), de Paris, que messire Fr. Boyer, ancien évêque de Mirepoix, a fait construire en 1747, sur les desseins et sous la conduite de P. Desmaisons, architecte, — 1 pièce.

— Trinité (veüe de l'église de la), *rue Saint-Denis*, — 1 pièce de Marot.

— Val-de-Grâce (église, monastère du[1]), par J. Marot, Perelle, etc.; ensemble 12 pièces.

[1] « *Le monastère royal de Val-de-Grâce*, qu'Anne d'Autriche, reine de France, fit bastir en action de graces des deux enfants que Dieu lui auoit donnez; elle acheva cet édifice en

1668, aussi bien que celuy de la nouuelle maison des religieuses, que Marguerite d'Arbouze auoit commencé en 1622. Mansard, Leduc, Lemuet et Duval en ont esté les architectes, et Mignard en a peint le dôme. »

— Val-de-Grâce (vue du), par Perelle[1], = vue avec l'adresse de Mariette, — ensemble 2 pièces.

[1] « Le monastère de Val-de-Grace, qu'Anne d'Autriche, reine de France fit bastir en action de graces des 2 enfans que Dieu luy auoit donnez; elle acheua cet édifice en 1668, aussi bien que celuy de la nouuelle maison des religieuses que Marguerite d'Arbouze auoit commencée en 1622. Mansard, le Duc, le Muetet Du Val en ont esté les architectes, et Mignard en a peint le dôme à fraisque. »

— Victor (église de Saint-), fondée par Louis-le-Gros, par A. Flamen, Is. Silvestre, J. Marot, etc.; ensemble 6 pièces.

— Vue du Mont-Valérien ou Calvaire, près Paris, grande estampe joliment dessinée.

— Yves (église de Saint-), 1 pièce de Manesson Mallet.

### d. — Chanoines, Curés et prêtres des églises de Paris. Solennités religieuses.

*(Portraits et Estampes.)*

841. (1651) Marc Bochard de Champigny, chanoine de l'église de Paris. *R. Nanteuil faciebat.* (Belle épreuve. R. D. 42.)

842. (1653) Claude Thevenin, chanoine de l'église de Paris. *Nanteuil ad vivum faciebat.* 1653, in-fol. (R. D. n. 230.)

843. Claude de Benichere, chanoine de Paris. ***Jo. Lenfant ad vivum del. et sculpebat.*** 1656, in-fol.

844. (1659) Michel Le Masle, chanoine de l'église de Paris. *Nanteuil ad vivum faciebat.* 1658.

Très-belle épreuve du 2ᵉ état.

845. (1666) Nicolas Parfaict, abbé de Bouzonville, chanoine de Notre-Dame. *C. Le Febure pinxit. — N. Poilly sculpsit.* 1666, in-fol. Très belle épreuve.

— (1666) Jean-Baptiste Decontes, doyen de Notre-Dame. ***Jo. Lenfant faciebat.*** 1666, gr. in-fol. Très belle épreuve.

846. (1733) Louis Le Gendre, chanoine et sous-chantre de Notre-Dame. = Un autre.

— (1757) Nic. Isoard, licentié ez loix, ancien promoteur du diocèse de Paris. = Un autre *L. Sixe pinxit.*

847. *Te Deum* chanté à Notre-Dame à l'entrée solennelle de Louis XIV (1660). *Marot fe.*

848. Le Camp de Douleur, dessein de l'apareil funèbre pour le service solennel faict à M. le prince de Condé dans l'église de Notre-Dame de Paris, le 10 de mars 1687. Ses batailles et les principales actions de sa vie sont représentées avec les médailles des princes de la royale maison de Bourbon depuis Robert, comte de Clermont, fils de Saint-Louis. = Représentation du portique élevé devant la porte du chœur pour entrer dans le Camp de la Douleur. = Décoration funèbre de la chapelle de Condé dans l'église de la maison professe des jésuites de Paris pour l'inhumation du cœur de S. A. S. le prince de Condé. Trois grandes pièces de J. Berin.

849. (1735) Pompe funèbre de Polixène de Hesse-Rhinfelds, reine de Sardaigne en l'église Notre-Dame, le 24 mars, exécutée par les sieurs Perault et Slodtz. *De Bonneval in. — C. N. Cochin sculp.* Très belle estampe en hauteur.

— (1741) Pompe funèbre d'Élisabeth-Thérèse de Lorraine en l'église de Notre-Dame, le 22 septembre, exécuté par les sieurs Perot et Slodtz. *C. N. Cochin filius del. et sculp.* Grande estampe en hauteur.

— (1746) Pompe funèbre de Philippe de France, roy d'Espagne. *Inventé et exécuté par les sieurs Slodtz, — dessiné et gravé par C. N. Cochin fils.* Grande estampe en largeur.

850. (1806) Fiacre-Joseph de Goy, curé de l'Abbaye-aux-Bois. *Rosalie Grossard pinx. — F. Massard sculp.*

— (1774) Claude Léger, curé de Saint-André-des-Arcs. *Nochez inv. et sculp.* = Un autre à l'eau forte, *par le même.*

— (1735) Guillaume de la Mare, curé de Saint-Benoist. *Aurea Billete delineavit et sculp.*

— (1648) François Veron, docteur en théologie, curé de Charenton. *Suite de Moncornet.*

— (1746) Charles Gerin, docteur de Sorbonne, curé de Sainte-Croix de la Cité, *peint et gravé par Alexis Loir le Romain, son neveu.*

— (1789) J.-B.-Joseph Trois, docteur en théologie, curé de l'église du Saint-Esprit, *d'après le tableau qui est dans la maison.*

— (1730) Pierre Blondel, curé de Saint-Étienne-du-Mont. Deux portraits anonymes.

— (1756?) J.-N. Regnauld, curé de Saint-Étienne-du-Mont, *M^lle Loire pinxit.* 1756. — *Fr.-R. Ingouf sculp.*

851. (1705) Léonard Delamet, curé de Saint-Eustache. *Hyacinthe Rigaud pinx.* — *P. Drevet scul.*, gr, in-fol.

— (1771?) François-Robert Secousse, curé de Saint-Eustache. *H. Rigaut pinx.* — *J. Audran scul.*, in-fol.

— (1747) Étienne de la Brue, curé de Saint-Germain-l'Auxerrois. = Un autre.

— (1761) François Feu, curé de Saint-Gervais. = Un autre, *dessiné par Piauger d'après le buste fait par Feuillet, sculpteur, et gravé par B. Audran.* = Plan et élévation du tombeau de Fr. Feu. *J.-B. Feuillet, inv. et fc.* — *Le Canu scul.*

— (1703) Guillaume-Denis Ravisar, curé de Saint-Hypolyte.

— (1720) Louis Hideux, curé des Innocents à Paris. *Delescrinierre pinx.* — *Petrus Drevet sc.*, in-fol.

— (1732) Jean Des Moulins, curé de Saint-Jacques-du-Hautpas. *Liebault pinxit.*

— (1783) Jean-Denis Cochin, curé de Saint-Jacques-du-Haut-Pas. *Joly pinx.* — *J.-A. Bradel sc.* = Un autre *lith.* par *Perrot.*

852. (1712) Ant.-Alexandre Francelles, docteur en Sorbonne, curé de Saint-Jean en Grève, *gravé à Paris par E. Desrochers,* in-4.

— (1679) Pierre Loisel, curé de Saint-Jean en Grève. *Langlois sculpsit.*

— (1784?) Marc-Louis Royer, docteur de Sorbonne, curé de Saint-Jean en Grève, *dessiné d'après nature,* par A. *Pujos.* 1784, — *gravé par Laurent.*

— (1663) Louis Messier, curé de Saint-Landri. *R. Lochon faciebat.* 1663.

— (1746) Philippe de Lamet, curé de Saint-Laurent. *Merelle pinxit.* — *De Larmessin sculp.*

— (1739) Franç. Vivant, curé de Saint-Leu-de-Saint-Gilles, *gravé par E. Desrochers.*

853. Portraits et pièces sur le diacre François de Paris.

Réunion curieuse et factice de pièces rares. Savoir :

— François de Paris, diacre, né le 30 juin 1690, mort le 1^er may 1727. Quinze portraits gravés et différents.

— Circonstances principales de la vie du bienheureux Fr. de Paris. Grande estampe sur cuivre.

— Circonstances principales de la vie de Fr. de Paris. Dix-sept estampes.

— Vue du cimetière Saint-Médard où est enterré F. Paris. Estampe assez joliment exécutée.

— Son altesse sérénissime madame la princesse de Conti, seconde doüairiaire visita le tombeau de M. François Paris, diacre, inhumé à Saint-Médard, le 17 du mois d'aoust 1731.

854. (1783) Charles-Bernardin Laugier de Beaurecueil, curé de Sainte-Marguerite. *G. Benoit sculp.* 1783, — *peint en* 1763.

—(1710) Nicol. Blampignon, doct. Sorb., curé de Saint-Merri. *Vivien pinx.* — *(Ger.) Edelinck eques sculp.* 1702, gr. in-fol. Très belle épreuve.

855. (1771?) Jean-Étienne Parent, curé de Saint-Nicolas-des-Champs. *Vestié pinx.* — *G.-R. le Villain sculp.*

1er état avant l'année 1771, après le nom du graveur.

856. (1662) Thomas Le Juge, curé de Saint-Nicolas-du-Chardonnet. *J. Patigny sc.*

— (1655) Adrien Bourdoise, instituteur de la communauté de Saint-Nicolas-du-Chardonnet, *gravé par E. Desrochers.* == Un autre.

857. (1677) Hippolyte Feret, docteur en théologie, curé de Saint-Nicolas-du-Chardonnet, vicaire-général de l'archevêque de Paris. *R. Nanteuil ad vivum pingebat et sculpebat.* 1669.

1er état. R. D. 96.

858. (1727 ?) René Richard, doyen des chanoines de Sainte-Oportune, *gravé à Paris par E. Desrochers.*

— (1734 ?) Nicolas-Pierre Guéret, curé de Saint-Paul. *L'Hermite pinxit.*

— (1696) André Hameau, curé de Saint-Paul. *Ant. Paillet pinx. ad vivum.* — *Steph. Picart Rom. sculp.* 1672. == Un autre : *Vivien pinxit.* — *Edelinck sculp.* — *E. Desrochers ex.*

— (1803) Pierre Brugière, curé de Saint-Paul. *Roy sculp.*

— (1739) Jac. Bence, curé de Saint-Roch, in-fol.

— (1778 ?) J.-B. Marduel, doct. de Sorb., curé de Saint-Roch. *Davesne pinx.* — *Gaucher sculp.*

860. (1705) Jean Lizot, archiprêtre de Paris, curé de Saint-Severin. *P. Pesié P.* — *Thomassin sculp. Reg.*, in-fol.

— (1751 ?) Jean Pinel, archiprêtre de Paris, curé de Saint-Se-verin. = Un autre.

— (1766) Charles-Melchior Daumet de Brinon, archiprêtre de Paris, curé de Saint-Séverin.

— (1750) Jean-Baptiste-Joseph Languet de Gergy, curé de Saint-Sulpice, *dessiné et gravé par Aug. de Saint-Aubin en 1767, d'après le buste fait en 1748, par J.-J. Caffiery.* = Un autre : *Chevalier pinx. — Petit sculp.*

= (1641) Le R. P. Bernard, dit le pauvre prêtre. *F. Benssel ex.* = Un autre : *Jaspar Isac fecit et excudit.* = Un autre : *Aubry.* = Un autre : *B. Moncornet excu.*

— (1670) Francisc. Ogierus, presbyter. Paris. *C. Gilbert.* — *N. Habert.*

861. (1680) Jean Eudes, prêtre. *Le Blond pinxit.* — *P. Drevet sculpsit.*, in-fol. Très belle épreuve.

— (1731) Christophe-François de Sangins, prêtre.

— (1733) Alexandre Levier, prêtre. *Mathey fecit.*

— (1734) Hercule Meriadec d'Avollé de Predavid, prêtre du diocèse de Paris. *Schmidt sculp.* Belle épreuve.

— (1761) Gabriel-Nicolas Nivelle, prestre du diocèse de Paris, prieur de Saint-Geréon.

— (1768) Jean-Roger Schabol, diacre du diocèse de Paris. *J. Robert del.* — *Vin. Vangelisty sculp.*

862. (1775) P.-Étienne Gourlin, prêtre de Paris, *peint par S. Beauvais, — gravé par Tardieu*, in-fol.

— (1693) N. Feuillet, chanoine de Saint-Cloud. *Compardel pinxit.* — *G. Edelinck sculpsit.*, in-fol. Belle épreuve.

### e. — Séminaires, Abbayes et Monastères de Paris.

*(Portraits des Supérieurs, Abbés, etc.)*

863. (1676) Alexandre le Ragois de Bretonvilliers, supérieur du séminaire de Saint-Sulpice. *Montagne pinxit.* — *L. Barbery sculpsit.*

— (1700) Louis Tronson, supérieur du séminaire de Saint-Sul-pice. *N. Guerry ad vivum pinx.* — *Cl. Duflos sculpsit.* = Un autre, *par les mêmes.*

864. (1731) Maurice Le Pelletier, supérieur du séminaire de St-

Sulpice. *N. Lefebure pinx.* — *J. Moyreau sculp.*, 1734, in-fol. Très-belle épreuve.

— (1781) Jean Garrel, supérieur du séminaire de Saint-Louis. *Brossard de Beaulieu pinx.* 1781. — *P.-G. Langlois sculp.*

— (1684) Le frère Fiacre de Ste-Marguerite, religieux des Augustins déchaussés de Paris. *P. Simon del. et sculp.*, in-fol.

— Fiacre de Sainte-Marguerite (Le vray portrait du très deuot R. F.), augustin déchaussé, décédé en leur couuent de Paris, le 16 feurier 1684, aagé de 75 ans dont il en a passé 63 dans son ordre, et plein de vertu et de mérite est mort en odeur de sainteté, par Bonnart.

— (1713?) Grégoire Gilbert, augustin de Paris, *de Troye pinxit.* — *Michel Dossier sculpsit,* gr. in-fol.

— (1734) R. P. Placidus a Santa-Helena, augustin déchaussé et géographe. *Elisabeth Gaultier pinxit,* 1714. — *Langlois sculp.*

865. (1674) Le R. P. Cæsanne, général des Capucins de Paris. C. *Mellan del. et sculp.*, 1674.

— (1678) Le P. Yves, gardien des Capucins de Paris. *Cl. Mellan del. et fe.* (Odieuvre).

— (1738) Le P. Joseph de Paris, prédicateur, par C. Mellan. *Suite d'Odieuvre.* == Un autre, suite de Moncornet.

806. (1729) Sébastien Truchet, religieux affilié au grand couvent et collége de Paris. *Elizabeth Cheron Le Hay pinxit,* 1703. — *H. S. Thomassin fil. sculpsit* 1720, in-fol.

— (1625) Jacques Doublet, abbé de Saint-Denis. *M. Lasne deline et fe.*, 1625.

867. (1644) Charles Faure, fondateur et premier supérieur de la congrégation de Saint-Augustin, abbé de Sainte-Geneviève à Paris. *Mellan*[1]. == Un autre, *Nanteuil f.* (Epr. de la collection de M. R. Duménil.)

[1] 2e état. Le premier est avant la date de sa mort.

868. Raymundus Revoire, abbas Santæ-Genovefæ. *Libon Dautecombe pinxit.* — *Caput Cathelin, cetera de la Gardelle sculpsere.*

— (1702?) Claudius Cherier, theologus, abbas. *Jo. Tortebat pinxit.* — *Jo. Audran sculp.*, in-4.

— (1753) Basile Duchesne, abbé de Sainte-Geneviève, *peint par J. Chevallier en 1752, — gravé par René Gaillard en 1753.*

— (1760) Louis Chaubert, abbé de Sainte-Geneviève. *Barere pinxit 1756. — Ficquet sculpsit 1760.*

— (1766) Carolus Franciscus de Lorme, abbé de Sainte-Geneviève. *Duplessis pinx.* — *J. Tardieu sculp.*

869. (1780 ?) Andreas Guill. de Gery, abbas Santæ-Genovefæ. *Dessiné d'après nature, et gravé par* **M.** *Blot en* 1780.

— (1781) Claude Rousselet, abbé de Sainte-Geneviève. *Peint par Robin, peintre du roi.* — *Gravé par Noel Le Mire.*

— (1776) Pierre-François Le Courayer, ancien bibliothécaire de Sainte-Geneviève. *Suite de Desrochers.* = Un autre, *Ficquet sculp.* (Odieuvre).

— (1799) Barthelemi Mercier, abbé de Saint-Léger de Soissons, bibliothécaire de Sainte-Geneviève. *Voiriot pinx.* — *G. Benoist sculp.* Belle épreuve.

870. (1737) Henry de Thiard de Bissy, cardinal de la S. E. R., évêque de Meaux, abbé de Saint-Germain-des-Prés. *Hyacinthe Rigaud pinxit* 1715. — *Marie-Hyacinthe Horthemets sculpsit.*, in-fol., belle épreuve.

871. (1556) Saint Ignace de Loyola, gravé par Jean Valdor, in-f.
Estampe sur cuivre d'une exécution très-finie. Épreuve avant le nom du graveur.

872. (1556) Ignace de Loyola, fondateur de l'ordre des Jésuites. *Hieronymus Wierx fecit et excud.* Jolie épreuve.

873. (1663) Julien Hayneuve, jésuite, *suite d'Odieuvre.*

— (1681) Jean Garnier, jésuite. *Steph. Gantel sculpsit.* = Un autre *gravé par Desrochers.*

874. Gregorius de Valentia. *J. de Fournazeri fecit,* in-4.
Portrait ovale entouré d'ornements, d'une exécution soignée. Pièce rare.

875. Gregorius de Valentia, docteur en théologie, jésuite ; *Thom. de Leu fecit.*
Superbe épreuve avant toute lettre.

876. (1648) Dom Grégoire Tarrisse, supérieur de la congrégation de Saint-Maur. *F. Donstan pin.* — *Morin scul.,* in-fol. (Très-belle épreuve). (R. D. 75.)

— R. P. Jean-Baptiste Elie Avrillon, Rˣ Minime. *J.-B. Scotin sculp.* R. D., 75.

— (1609) Jean du Houssay, reclus au Mont-Valérien. *Frière sculp.* Le nom du graveur est très-légèment tracé à la pointe.

— (1650) Hubert Charpentier, supérieur de la congrégation des prêtres du Mont-Valérien. *B. Moncornet excudit.* = Un autre.

**877.** (1641) Charles de Condren, second supérieur de la Congré-
tion de l'Oratoire. *Mellan del. et f.* Belle épreuve avec toute sa
marge.

**878.** (1671) Jean-François Senault, général de l'Oratoire. *Jac.
Lubin sculp.*

— (1733) Pierre-François Darerez de la Tour, supérieur de
l'Oratoire.

— (1659) Jean Morin, père de l'Oratoire. *Jac. Lubin sculp.*

— (1695) Louis Thomassin, prêtre de l'Oratoire. *Jacobus Van
Schuppen ad vivum pinxit. — P. Van Schuppen sculpsit*, 1696.
= Un autre, différent, *par les mêmes.*

**879** (1719) Le R. P. Pasquier Quesnel, prêtre de l'Oratoire.
*Masson excud.* = Un autre, *gravé par Desrochers.* = Circonstances principales de la vie du R. P. Quesnel et ses principaux écrits [1], in-fol.

<sub></sub>

[1] Estampe historique où le Père Quesnel est représenté assis, derrière une table sur laquelle il écrit, un rideau et les rayons d'une bibliothèque. Le portrait, de forme ovale, est
entouré de palmes numérotées de 1 à 76, et chargées d'inscriptions françaises relatives à la
vie et aux ouvrages du Père Quesnel. — Épreuve avant l'inscription sur le cartel du bas.

**880** (1732) Joseph de la Fontaine Solare de la Boissière, prêtre
de l'Oratoire. *Mathey sc.*

— (1770?) Le R. P. Paul Rainaud, prêtre de l'Oratoire. *Ad
vivum pinxit Bonnet. — Offerebat B. Audran qui sculpsit.*

**881.** (1653) François de Harlay, abbé de Saint-Victor, archevêque
de Rouen. *D. Du Monstier pinx.* 1625. — *M. Lasne scul.*, in-fol.
Très-belle épreuve.

**882.** Le R. P. Simon Gourdan, chanoine régulier de l'abbaye
royale de Saint-Victor. *Langlois*, in-4.

— Le R. P. Simon Gourdan, chanoine de l'abbaye de St-Victor.
*Gravé par E. Desrochers.*

— (1785) Fran.-Val. Mulot, docteur en théologie, bibliothécaire
et prieur de Saint-Victor. *David f.*

**883.** (1642) Jean Du Verger de Hauranne, abbé de Saint-Ciran.
*P. Champaigne pin. — Morin scul.* = Un autre. *D. Du Monstier pinx. — P. Daret sculp.* 1645.

Et un autre petit anonyme et avec son épitaphe en vers français, gravée au bas sur la
même planche, et intitulée :
Épitaphe mise sur son tombeau dans l'église de Saint-Jacques-du-Haut-Pas, à Paris.
(18 lignes.)

**884.** (1664) Antoine de Singlin, supérieur des religieuses de

Port-Royal. *Gravé par Jean-George Will, d'après l'original peint par Ph. Champaigne.*

— (1691) Pierre Floriot. *Gravé par E. Desrochers.* = Un autre.

— (1684) Isaac-Louys Le Maistre de Sacy, prêtre de Port-Royal, *Desprez typographus reg. excud.*

— (1687) Charles Duchemin, solitaire de Port-Royal, *publ. par Gantret.*

— (1710) Messire Louis Raveau, prêtre du diocèse de Paris, instituteur de la communauté des filles pénitentes à Paris. *Sculp. et dedit D. Hurtrelle, notarius Paris.* in-8.

886. (1612) Anna de Roussy, instit. Ursulinarum Parisiensium. *P. Mariette exc.*, in-4.

— (1618) La bienheureuse sœur Marie de l'Incarnation parisienne, d'après Sim. Vouet, in-fol. = Un autre : *Joannes Lenfant Abbavillæus faciebat* 1657.

— (1618) Sainte Anne de Geneuillac Vaillac. *Cars sculp.*

— (1626) Marguerite de Veni Darbouze de Sainte-Gertrude, abbesse de l'abbaye royalle de Notre-Dame du Val de Grace. *L. Moreau fecit*, in-4.

887. (1658) Marie des Anges Suyreau, abbesse de Maubuisson, ensuitte de Port-Royal, *chez Daumont*, in-8.

— (1660) Mademoiselle Le Gras, fondatrice de la maison des filles de la Charité. *G. Duchange sculp.*, in-fol.

— (1661) La Mère Marie-Angélique Arnauld, assise, d'ap. Philippe de Champaigne, par Jean Boulanger, et quatre autres.

888. (1692) Marie de Combé, première supérieure des filles du Bon-Pasteur. *Pitau f.*

— (1696) Marie Bonneau, dame de Miramion. *De Troye pinx.* — *Ficquet sculp.*, in-12.

— (1701) Anne-Louise-Christine de Foix de la Vallette d'Espernon. *Peint par Beauxbrun.* — *Gravé par le chevalier Edelinck*, in-4.

— (1710) Sœur Louise de la Miséricorde, religieuse carmélite au grand couvent du fauxbourg Saint-Jacques à Paris; cy devant Françoise de la Baume duchesse de La Vallière. *P. Sevin d.* — *Elizabeth Bouchet Le Moine fecit*, gr. in-4. = Un autre portrait anonyme, in-12.

— (1716) Claude-Louise de Sainte-Anastasie du Mesnil de Courtiaux, dernière prieure de l'abbaye du Port-Royal des Champs.

— (1710) Anne-Louise de Crevant-d'Humières, abbesse et réformatrice de l'abbaye de Mouchy au diocèse de Beauvais. *P. Drevet scul.*, in-12. Belle épreuve.

— (1722) Marie-Anne de Harlay abbesse de l'Abbaye-aux-Bois. *Nic. Tardieu sculp.*, in-4.

889. (1694) Louise-Eugénie de Fontaine, religieuse du monastère de la Visitation de Sainte-Marie, rue Saint-Antoine. *Edelinck sculp.*, in-12.

— (1694) Dame Françoise de Vassé, prieure perpétuelle du monastère de Sainte-Anastase dit Saint-Gervais à Paris. *De Largillière pinxit. — Edelinck sculpsit*, in-12. — Belle épreuve.

890. (1698) Catherine de Baz, dite Mechtilde du Saint-Sacrement décédée en son premier monastère du faubourg Saint-Germain. *C. Courtin pinx. — Drevet f.*, gr. in-fol.

891. (1753) L'octave royale de la reine Marie-Thérèse en actions de grâce de l'heureuse naissance du Dauphin en l'église des religieuses de l'Immaculée Conception, rue du Bac, gr. pièce.

### f. — Docteurs en théologie de la Sorbonne et de la faculté de Paris. — Thèses de théologie.

*(Portraits et Estampes.)*

892. (1274) Robert Sorbon, fondateur de la Sorbonne à Paris, représenté assis dans sa bibliothèque (anonyme). *Jollain excudit.*, in-fol. = Un autre : *Matheus fecit.*, in-4. = Un autre : *Radique sculp.*, in-4.

893. (1537) Jacques Lefèvre, d'Estaples en Picardie, docteur en Sorbonne, précepteur du troisième fils de François Ier. mort à cent deux ans. Deux portraits gravés sur bois.

894. (1625) Philippe Gamache, abbé de Saint-Julien-de-Tours, docteur et professeur en Sorbonne. *L. Gaultier incidit.*, in-fol. = Un autre avec un monogramme que Brulliot indique comme celui de Paul de Zetter, graveur d'Hannovre.

895. (1687) Gorin de Saint-Amour, docteur en théologie de la Sorbonne. *N. Habert sculp.*, in-fol. = Un autre *gravé par E. Desrochers*, in-4.

— (1706) Nicolas Gobillon, docteur en théologie de la maison de Sorbonne, in-fol.

— (1749) Fr. Boursier, docteur de Sorbonne (anonyme).

— (1772 ?) Coppette, docteur en Sorbonne. *Méon del. — Lempereur sculp.* 1772, in-4.

896. (1618) Pierre de Besse, docteur en théologie. *L. Gaultier incidit.*

— (1631) Edmond Richer, docteur en théologie de la Faculté de Paris, *gravé à Paris par E. Desrochers,* in-4.

897. (1638) André Duval, doyen de la Faculté de Paris. *M. Lasne fecit.* = Un autre, *par le même.*

— (1678) Jean de Launai, docteur de la maison de Navarre. *Jacob Lubin sculp.,* in-fol.

898. (1690) Charles Gobinet, docteur en théologie, *gravé par E. Desrochers,* in-4.

— (1691) Martin Grandin, docteur en théologie. *N. de Largillière pinx.* 1691. — *Cl. Duflos sculp.* 1710, in-fol.

899. (1694) Ant. Arnauld, docteur en théologie. *J. B. Champagne pinxit. — C. Edelinck,* in-fol. = Un autre : *Lud. Simonneau sculp.,* in-4. = Un autre : *Massard sculp.,* in-4.

900. (1702) Joan. Burlugay, doct. théolog. *Stephanus pinxit. — N. Habert sculpsit.*

— Laurent Boucher, theolog. doctor. *J. Gourdant pinxit. — N. Habert sculp.*

— (1719) Louis-Ellies Dupin, docteur en théologie, *peint par Phil. Vignon, — gravé par E. Desrochers,* in-4.

901. (1723) R. P. Natalis Alexander, predicator in sacrâ Facultate Parisiensi, doctor et professor. *Jacobus Van Schuppen ad vivum pinxit. — Petrus Van Schuppen sculpsit.* 1701, in-fol.

— Joannes Francisc. Escalle S. Fac. Par. doctor. *Haussard sculpsit.,* in-fol.

— (1725) François Leschassier, prêtre, docteur de la Faculté de Paris. *Fr. André Dominican pinxit. — J. Moyreau sculpsit.* 1727.

902. (1727) Thomas Durieux, docteur en théologie, gravé par E. Desrochers, in-4.

— (1747) Nicolas Petitpied, docteur en théologie, in-4.

— (1762) Jean Bruté, docteur de la Faculté de Paris. *C. N. Cochin delineavit. — Car. Dominicus Meliny sculpsit.* 1760, in-fol. == Un autre ; .*M. L. A. Boizot, delineavit et sculpsit,* in-fol.

**903.** (1722) Thèse théologique dédiée au roi, soutenue par Joseph-Gaspard-Gilbert de Chabannes (depuis évêque d'Agen), en présence de Jacques de Rastignac, évêque de Tulles, docteur en Sorbonne.

Très-grande composition où le portrait du roi Louis XV figure environné d'allégories. *N. Mignard, avensis inu. et delin. — N. Poilly sculp.*

**904.** Thèse de théologie et de philosophie dédiée au pape Urbain VIII par Gilbert Borromée ; composition allégorique d'une très grande dimension. *Andreas Camaseus delin.*

On y remarque un grand nombre de personnages de trois et quatre pouces de hauteur.

== Thèse pour le Droit canonique soutenue par Paul Al. Arnulfus Danjean, 1755, avec grande composition en deux planches.

### g. — Ministres protestants.

**905.** (1564) Jean Calvin, gravé par Cornelis Danckerts, in-fol. en ovale. Belle épreuve un peu rognée.

**906.** (1652) Edme Aubertin, ministre de l'église réformée de Paris. *Moncornet ex.*

**907.** (1656) Jean Mestrelat, ministre de Charenton. *Greg. Huret inven. et f.,* in-fol. en travers. == Un autre.
— (1657) Michel Le Faucheur, ministre de Montpelier et enfin de Charenton. *Suite de Desrochers.*

**908.** (1658) Pierre Du Moulin, ministre calviniste à Paris, né à Orléans en 1568, mort à Sédan en 1658, *Thomas de Leu sculpsit,* in-4. Belle épreuve.

**909,** (1658) Pierre Dumoulin, ministre calviniste à Paris. *Thomas de Leu sculpsit (en* 1588). Très belle épreuve.

### *3 — Histoire judiciaire et administrative de Paris.*

#### a. — Cours souveraines.

##### *aa. — Parlement de Paris, Présidents et Avocats-Généraux.*

**910.** (1541) Augustin de Thou, premier du nom, président au parlement de Paris en 1541. *Morin scul.,* in-fol. (R. D. 77.)

911. (1582) Christophe de Thou, premier président au parlement de Paris. *Morin scul.*, in-fol. Belle épreuve (R. D. 78). = Un autre gravé dans le genre de Léonard Gaultier. Belle épreuve.

912. (1584) Guy du Faur, seigneur de Pibrac, gravé par Léonard Gaultier.

913. (1614) Édouard Molé, conseiller du roy, par Nanteuil, in-fol. Belle épreuve rognée.

914. (1617) Jacq. Aug. de Thou. *D. Du Monstier pinx. — Esme de Boulonois fecit* [1]. = Un autre : *Ferdinand pinx. — Morin scul.* = Un autre : *Jacq. Lÿmende sculp.*

[1] Fait partie de l'ouvrage *Académie des Sciences et des Arts*, in-fol.

915. Jacques-Auguste de Thou, président au parlement de Paris. *Du Monstier pinxit. — R. Lochon sculp.* Belle épreuve.

916. (1624) Gaston de Grieu, président au parlement de Paris. *Crispan Passe juni. fecit.*

917. (1627) Nicolas de Verdun *C. Mellan f.*, in-4.

[1] Ce grave de Verdun que ce pourtraict nous montre,
Est prince du sénat le premier des François ;
Sous ses couronnes d'or et son pourpre on rencontre,
La force, la vertu, la sagesse des rois.

(1640) Nicolas Le Jay, premier président au parlement de Paris, par Moncornet.

917 bis. Henri de Mesmes, président à mortier au parlement de Paris. *R. Nanteuil delineabat et sculpebat.*

Belle épreuve du 1er état. R. D., 191.

918. (1650) Henri de Mesmes, président au parlement. Deux portraits différents gravés par Michel Lasne, in-fol.

919. (1654) Messire Jacques Le Coigneux, grand président au parlement. *Beaubrun pinx. — Nanteuil sculpebat* 1654.

920. (1656) Mathieu Molé. *M. Lasne fecit*, in-fol.

Très-belle épreuve avant la lettre de la collection de M. Robert Duménil.

921. (1656) Mathieu Molé. *Rob. Nanteuil ad vivum sculpebat*, in-fol. Belle épreuve.

922. (1657) Pompone de Bellièvre, premier président au parlement de Paris, représenté en pied. *Jo. Lenfant sculp.*

923. Pompone de Bellièvre, premier président au parlement de Paris. *Carolus Le Brun pinxit. — Robertus Nanteuil sculpebat.*, in-fol.

Très-belle épreuve du 1er état.

**924.** (1657) **François Lotin de Charny**, président au parlement de Paris. *Nanteuil ad vivum faciebat.*, in-fol. — 3ᵉ état. **R. D. 151.**

**925.** (1658) François de Nesmond, président au parlement de Paris. *C. Mellan del. et fe.*, in-fol.
Belle épreuve avec marges.

**926.** (1664 ?) Fr.-Théod. de Nesmond. *R. Nanteuil ad vivum faciebat.* 1653, in-fol. Épreuve avec marge. (R. D. 201.)

**927.** Fr.-Théod. de Nesmond, président à mortier au parlement de Paris, *Michel Lasne deline. et fecit.*, in-fol.

**928.** (1672) Jean-Antoine de Mesmes, président à mortier au parlement de Paris. *Nanteuil faciebat.* 1655.
Épreuve du 1ᵉʳ état. R. D., 192.

**929.** (1677) Guillaume de Lamoignon, premier président au parlement de Paris, *Edelinck sculp.*, in-fol. (Des *Hommes illustres* de Perrault.)

**930.** (1677) Guill. Lamoignon, premier président au parlement de Paris. *Nanteuil ad vivum faciebat.* 1661.
Épreuve du 2ᵉ état. R. D., 119.

**931.** (1677) Guill. Lamoignon, premier président au parlement de Paris. *R. Nanteuil ad vivum pinx. et sculpebat.*, in-fol. (R. D. 120.)

**932.** (1693) Guillaume de Nesmond. *Jo. Lenfant ad vivum faciebat.* 1664., in-fol. Belle épreuve.

**933.** (1698) Denis Talon, président à mortier au parlement de Paris. *Nanteuil faciebat ad vivum*, in-fol.
Très-Belle épreuve de la collection Donnadieu. R. D., 228.

— Denis Talon. *R. Lochom ad vivum faciebat.*, in-fol.

**934.** (1701) Louis de Bailleul, président à mortier au parlement de Paris. *M. Lasne fecit, ex.*, in-fol. rogné.

**935.** (1701) Louis de Bailleul, président à mortier au parlement de Paris. *Nanteuil ad vivum faciebat.*, in-fol.
Belle épreuve du 1ᵉʳ état. R. D., 27.

**936.** (1706 ?) Henri de Fourcy, président au parlement de Paris. *Ant. Masson ad vivum pingebat et sculpebat.* 1679, in-fol.

**937.** (1713) Ant. de Mesmes, comte d'Avaux. *De Troye pinx.* — *Thomassin sculp. reg.* 1713.

— (1738) Melchior Cochet de S. Valier, comte de Brioude, président des requêtes du palais, *dessiné et gravé par S. Thomassin*, in-fol.

— (1775) Réné-Charles de Maupeou, premier président au parlement.

938. (1794) Barthélemy-Gabr. Rolland, président au parlement de Paris. *Suvè delincavit. — L.-S. Lempereur sculp.*

— (1756) Joly de Fleury. *De Lorraine del.—Voyez Maj. sculps.*, in-fol.

---

939. (1640 ?) Jacques Talon, avocat-général au parlement, gravé par Michel Lasne, in-fol. Épreuve avant la lettre.

940. (1652) Omer Talon, avocat-général au parlement de Paris. *P. Champaigne pinx. — Morin scul. et ex.*, in-fol. *(Belle épreuve.)* = Un autre dessiné et gravé par Cl. Mellan. Épreuve rognée.

941. (1656) Hier. Bignon, avocat-général au parlement de Paris. *P. Van Schuppen sculp.* 1695, in-fol.

942. (1736 ?) Ch.-Hug. Sonnois, avocat-général au parlement. *J.-B. Cornu pinx.—J. Daullé sculpsit.*

— (1794) Duval d'Épremesnil, dessiné d'après nature par Bernard. — *P.-F. Le Grand sculpsit.*

*Conseillers au Parlement et au Grand Conseil.*

943. (1588) Bon de Broé. *Thomas de Leu fe.*

944. (1589) Ant. de Murat. *Thom. de Leu fe.*

945. (1589) Guydo de La Vau. *Th. de Leu f.* — Jolie épreuve.

946. (1629 ?) Vincent Nevelet, conseiller au parlement de Paris. *P. Lombart sculpsit.*, in-fol.
Superbe épreuve d'une très-belle pièce.

947. Ch. Benoise. *Ph. Champaigne pinx. — Rob. Nanteuil sculpebat.* 1651 (R. D. 38.)

948. (1650 ?) François Molé, maître des requêtes. *R. Nanteuil delineabat et sculpebat.*, in-fol. — Épreuve de la collection Donnadieu.

949. (1657) Claude Le Prestre, conseiller au parlement.

950. (1658) Pierre de Broussel, conseiller au parlement.
Rare et beau portrait dans le style de Michel Lasne et que nous pensons être de cet artiste quoiqu'il ne porte pas son nom. Belle épreuve à toutes marges.

951. De Broussel (anonyme) et au bas duquel sont imprimées deux pièces de vers français [1]. = Un autre gravé par Fiquet (Odieuvre).

> [1] *La France à M. de Broussel, conseiller du roy.* (Sonnet.)
>
> La plainte grâce aux dieux ne m'est plus défendue,
> Et c'est l'unique bien qui me peut consoler,
> Je puis dire aujourd'hui que la voix m'est rendue,
> Car sans toi, de Broussel, je ne saurois parler.
> La longueur de mes maux m'a si fort confondue,
> Que sans pouvoir crier je me voyois voler.
> Sans toy, noble Caton, après qu'on m'a tondue
> Au gré des financiers on m'alloit immoler.
> Sans ma ioye il n'est rien d'aussi grand que ta gloire,
> Il faut qu'en lettres d'or on trace dans l'histoire
> Jusques ou dans ton cœur le zèle s'est porté.
> Cette illustre action ne manque point de charmes,
> Et pour le mieux apprendre à la postérité,
> Qu'on scache que pour toy tout Paris prit les armes.
>
> Du Pelletier.
>
> *A M. de Broussel, conseiller au Parlement.* (Sonnet.)
>
> La plus grande vertu doit céder à la tienne,
> Et ie n'en connoy point qu'on luy puisse égaler;
> Des Grecs et des Romains la sagesse ancienne,
> Revit en ta personne et te vient signaler.
> Toutefois elle prend le tiltre de chrestienne,
> Et chacun est d'accord qu'on ne peut l'esbranler;
> Telle ne fut jamais cette vertu payenne,
> De celuy qui pour Rome a voulu s'immoler.
> Un illustre consul mourut jadis pour Rome,
> Et le Tibre pleura la mort de ce grand homme
> Qui voulut que son sang payât sa liberté.
> La France, grâce aux Dieux, qu'oy qu'en dise le Tibre,
> Parle plus hautement que sa felicité,
> Puisque de Broussel vit et que la France est libre.
>
> Du Pelletier.

952. François Lescuyer, conseiller au parlement de Paris. *S. Gribelin deline.* — *P. Landry sculp.* 1663, in-fol. Belle épreuve.

— (1671) Jac. Tubeuf. *P. Mignard pinx.*—*N. Poilly sculpsit.*, in-fol.

— M. Tubeuf, conseiller au parlement. *M. Lasne fecit.*, in-fol.

953. (1697) F. de Verthamon, comte de Villemenon, conseiller au parlement. *C. Le Febure pinx.* — *J. Grignon sculp,*, in-fol. Belle épreuve.

(1737) Jér.-Nicolas de Paris, conseiller au parlement de Paris (anonyme), in-fol.

954. (1745) Réné Pucelle, conseiller au parlement, abbé de Corbigny, *peint par H. Rigaud,* — *gravé par P. Drevet en* 1739,

gr. in-fol. Belle pièce. = Un autre *Hy. Rigaud pinx.* — *Fiquet sculp.* et deux autres anonymes.

— J.-B. Maximilien Titon, conseiller au parlement. *De Troy pinx.*, in-fol. Belle épreuve.

— Henry-Philippe Chauvelin, conseiller en la grande chambre du parlement. *C. N. Cochin delin. et sc.*, in-4.

955. (1769) L'abbé Pommyer, conseiller en la grande chambre du parlement. *C.-N. Cochin filius del.* 1769. — *Aug. de Saint-Aubin sculp.*

— (1779 ?) Nicolas Vernier, conseiller au parlement de **Paris,** *peint par L.-M. Vanloo,* — *gravé par S.-C. Miger.*

— (1781) Jacques-Louis Radix, conseiller au parlement de Paris, *dessigné par C.-N. Cochin fils,* — *gravé par Demarteau.* 1781.

---

556. (1658) Cl. Regnauldin, procureur-général au grand conseil. *Nanteuil ad vivum faciebat.*

Très belle épreuve du 1er état de la collection Donnadieu.

— (1640 ?) Pierre de Maridat de Serrières, conseiller au **grand** conseil, gravé par R. Nanteuil.

*bb.* — *Avocats au parlement et aux Conseils du Roi.*

957. (1624) Nicolas Richelet, avocat au parlement de Paris. *Picquet faciebat,* in-4. = Un autre : *M. Lasne deli. et fe.*

958. Jean Chenu de Bourges avocat au parlement de Paris. *L. Gaultier incidit.*, in-4.

959. (1639) Sébastien Rouillard avocat au parlement de **Paris,** gravé par Léon Gaultier.

960. Pierre Monnerot. *Nic. de Plate Montagne 1656,* in-fol.

Belle épreuve d'une pièce rare.

961. (1657) Charles Labbé avocat au parlement, (anonyme) avec un sonnet de 14 vers, imprimé au bas.

962. (1658) Ant. Lemaître, avocat au parlement. *Jac. Lubin sculp.*, in-fol. = Un autre. *Champagne pinxit.* — *Habert sculp.* = Un autre. *E. Desrochers sculpsit.*

963. Réné Choppin avocat au parlement. *Jannet pinx.* — *J. Ch. Flipart sculp.*, in-fol., belle épreuve.

— (1711. J. Léon. Secousse. *H. Rigaud pinx.'*— (Alexis) *Loir sculp.*, belle pièce.

964. (1743) Claude Le Noir avocat au parlement, ancien solitaire de Port-Royal (anonyme)', in-4.

— (1751) François Castanier. *Hyac. Rigaud pinx. — R. Gaillard sculp.*, in-fol.

— (1773) Fr. Floncel avocat au parlement de Paris, bibliophile, *C. N. Cochin filius delin.*, 1762. — *Benoist sculp.*, in-fol., belle épreuve.

— (1781 ?) Laurent Jean Babille, avocat au parlement de Paris. *Pitou del. et sc.*, in-4.

965. (1788) J. B. Gerbier avocat au parlement de Paris. *Pujos del. — Le Beau sculp.*

— Louis-Marie Guillaume, avocat aux conseils du roi. *Gros del. — Desliens sculp.* == Un autre gravé par Allais.

— (1693?) Catherine Touchellée, femme d'Hillaire Clément, procureur au parlement. *Joan Cotelle pinxit* 1667. — *Jo. Lud. Roullet sculp.*, 1693, in-fol.

Très belle épreuve avant la lettre.

*cc. — Chambre des Comptes, Cour des Aides et des Monnaies. — Châtelet.*

966. (1649?) Michel Larcher, président à la chambre des comptes, par R. Nanteuil, in-fol,

3e état provenant de la collection Donnadieu. (R. D., 122.)

967. (1649?) Michel Larcher, gravé par Abraham Bosse, in-8, (*rare*).

968. (1653) François Blondeau, président de la chambre des comptes. *Rob. Nanteuil ad vivum sculpebat.* (R. D. 40.)

969 (1678?) Nicolas Le Camus président de la chambre des comptes. *P. Van Schuppen ad vivum delineabat et sculp.*, 1678, in-fol., (belle épreuve avant les guillemets, et avec marges.) == Un autre. *Hyac. Rigaud pinxit. — Nic. Tardieu sculpsit*, in-fol.

970. (1698) Nicolas Lambert seigneur de Thorigny, conseiller du roy en tous ses conseils, et président en la chambre des comptes. *Nic. Largillière pinxit. — Petr. Drevet sculpsit*, in-fol.

971. Nicolas Lambert, seigneur de Thorigny. *Nic. Largillière pinxit — P. Drevet sculp.*, in-fol.

— Marie de l'Aubespine, femme de Nicolas **Lambert** seigneur de Thorigny. *De Largillière pinxit.* — *P. Drevet sculp.*, **gr.** in-fol.

972. (1709) Gédéon Berbier du Metz, conseiller du roy, président de la chambre des comptes. *Hyacinthe Rigault pinxit.* — *Edelinck eques Romanus sculp. C. P. R.*, in-fol.

— (1673) Antoine Rossignol, maître des comptes, in-fol., anonyme, fait partie des *Hommes illustres* de Perrault.

973. Henry Godet sᴿ Des Bordes, conseiller du roy, auditeur des comptes. *P. Van Schuppen faciebat* 1665 ; in-fol. Belle épreuve.

974. (1720) Claude Bonnard Rousseau, conseiller du roi, auditeur en sa chambre des comptes. *Chereau f.* gr. in-fol.; belle épreuve d'une très belle pièce.

---

975. (1621) Nicolas Chevalier, premier président à la Cour des aides. *Michel Lasne delineavit et fecit* 1621.

On lit au bas de ce portrait les vers suivants :

> Ce brave Chevalier est des Francois l'eslite,
> De Nauarre et Béarn, digne surintendant,
> D'vne coûr souueraine vu premier presidant :
> Ses vertus toutes fois ont moins que leur merite.
> Par les armes de Mars en ieunesse il milite,
> Soubs nostre grand Henry, Themis les bras luy tend,
> Le pousse à ses honneurs, tousiours en attendant
> Que son throsne plus haut elle-mesme luy quitte.
> Il est ambassadeur par deux fois aux Anglois ;
> Son grave et doux parler est un oracle aux rois,
> Quand sur vn poinct d'Estat, Nestor, il les conseille.
> De nostre auguste royne il est le chancelier,
> Et Junon va dorant ce vaillant chevalier,
> Il est donc de la France vne rare merueille.
>
> Corbin.

976. (1655) Jacq. Amelot, premier président à la Cour des aides. *C. Le Feure pinxit.* — *N. Poilly sculpsit*, 1664, belle épreuve.

977. (1655) Jacques Amelot, premier président à la Cour des aides. *R. Nanteuil faciebat.*

Épreuve du 1ᵉʳ état de la collection Donnadieu. (R. D. 19.)

978. (1660) Jean Dorieu, président à la Cour des aides. *Nanteuil ad vivum faciebat*, 1660. (R. D. 84.)

919. (1686) M. Helyot, conseiller du roy, en sa Cour des aides de Paris, épousa damoiselle Marie-Herina, connüe sous le nom de madame Helyot. Il entreprit le voyage à Rome pour obtenir du

pape vne dispense pour son mariage, à cause de l'affinité qui était entre eux. Il vescu sans vice, et il mourut dans la réputation d'un homme juste, le 30ᵐᵘ janvier 1686 ; âgé de 58 ans, (anonyme), avec l'adresse de F. Jollain l'aîné.

— (1682*)* Madame Helyot, femme de Claude Helyot, conseiller en la Cour des aides de Paris. *G. Edelinck sculpsit*, belle épreuve. = Quatre autres portraits de cette dame par Larmessin, N. Bazin, etc.

———

980. (1621) Claude Fauchet. *L. Gaultier sculp.*, 1610, in-4.

981. (1680?) Gab. Chassebras de la Grand'maison. *P. Lombart, sculpsit*, in-fol.

= Armoiries gravées, de M. Gabriel Chassebras, seigneur de la Grand'maison, Nanteuil Cramailles et autres lieux, conseiller du roy en ses conseilz, et sa cour des monoyes, maistre de requêtes de la reyne-merre.

— (1683) Jaques Chassebras, écuyer, seigneur de Cramailles, parisien, peint à Venise, en habit de gentilhomme vénitien, l'an 1683. *N. Bonnart sculpsit*, portr. in-12, assez rare.

982. (1672) Jean Varin, graveur des monnoyes de France. *Edelinck sculp.*, (tiré des *Hommes illustres* de Perrault), in-fol. = Un autre. *Lefèvre pinx.* — *J. Balechou sculp. chez Odieuvre*, in-4.

———

983. (1639) Ant. Ferrand, lieutenant particulier au châtelet de Paris, deux épreuves de son portrait, gravé par Michel Lasne, format in-12.

984. (1640) Jean-Bapt. Haultin, conseiller au Châtelet, numismate et antiquaire ; son portrait dans un encadrement entouré d'attributs allégoriques, gravé par Michel Lasne (?)

Pièce rare. — Épreuve avant la lettre, mais rognée.

985. (1700) Jacq. Defita, lieutenant criminel du Châtelet de Paris. *S. de Quoy pingebat, — sculpebat N. Habert*, in-4.

— (1745?) Henry Bachelier, lieutenant criminel de robbe courte au Châtelet de Paris. *Peint par de Troy, — gravé par Petit.* in-fol. Belle épreuve.

— (1767) Jean François Dufour de Villeneuve, lieutenant civil au Châtelet de Paris. *F. Mauperin del.* — *G. R. Levillain sculp.*, 1767, in-4.

## b. — Juridiction municipale et consulaire ; Police. Hopitaux. — Fêtes. — Expériences aérostatiques.

*(Vues, Portraits et Estampes.)*

986. Hôtel-de-Ville. Vues par Israel Silvestre, 2 pièces [1]. — Vue par Perelle [2].

[1] « L'Hostel de Ville de Paris, anciennement l'Hostel de Charles Dauphin régent en France, fils du roy Jean, lors nommée la Maison des Pilliers, fût commencée à bastir sous François I<sup>er</sup>, l'an 1538, et achevée sous Henry IV, l'an 1606. »

[2] « L'Hostel de Ville, scis dans la place de Grève, fut commencé l'an 1533, sous le règne de François I<sup>er</sup>, par Dominique de Cortone, architecte, et achevé par l'ordre d'Henry le Grand. La façade est fort riche d'architecture, la cour est en 4 portiques et l'escalier, qu'oy que petit, est surprenant dans sa construction, la grande salle est très ample et ornée des portraits des prévosts des marchans et échevins. Cet hostel s'appelloit avant sa restauration, le Parloir aux Bourgeois et la Maison des Piliers. »

— Les armoiries de la ville de Paris. 15 pièces gravées sur bois et sur acier.

987. (1662 ?) Alex. de Sève, conseiller d'état, prévôt des marchands. *Nanteuil ad viuum ping. et sculpebat*, 1662.

Magnifique épreuve du 1<sup>er</sup> état de la collection Donnadieu.

988. (1679) M. Voisin, conseiller d'état, maître des requêtes et prévost des marchands, de la ville de Paris. *Mignar Romani pinx. — N. Pitau sculp.*, 1668, in-fol.

— (1751) Michel-Etienne Turgot, prévost des marchands, conseiller d'état. *Dupuis sculp.*, in-12. Deux épreuves dont une avant toute lettre.

989. (1772) Armand-Jérôme Bignon, conseiller d'état, prévôt des marchands. *F. Drouais effigiem pinx.* 1758. — *N. de Launay sculp.*, 1769, in-fol.

— (1772 ?) Fr. de La Michodière, conseiller d'état et prévost des marchands. *J. S. Duplessis pinx. — P.-P. Moles sculp.* 1772, in-fol. Belle épreuve.

------

990. (1669) Pierre Séguier, marquis de Saint-Brisson prévost de Paris. *Nanteuil ad vivum del. et sculpebat*, in-fol. (R. D. n° 224). Belle épreuve.

991. (1762) Hier. d'Argouges de Ranes, conseiller du roy, lieutenant civil de la ville de Paris. Trois portraits d'apr. Largillière.

— (1801) Gabriel de Sartine, lieutenant général de police. *Peint par Vigée.— Gravé par Chevillet*, in-fol. = Un autre *peint par L. Vigée. — Gravé par C. Miger.*

— 146 —

— (1807) Charles-Pierre Le Noir, conseiller d'état, lieutenant-
général de police. *Scevole eff. inc. ad perfect. similitud. statuæ
express. Fernex.*

992. (1581 ?) Anna Rovsselet nobil. genere Paris, illvstr. Clavd.
Hervy vrbis Lvtet. ædil. vxor. *R. Lochon sculpebat,* 1671, in-4.
Belle épreuve.

On lit dans le cadre de l'ovale au-dessous de l'exergue que nous avons transcrit : Aₒ Sₒ
1581 æt⁵ 58.

993. (1786) Claude-Denis Cochin, doyen des anciens échevins,
des juges et consuls de Paris. *Dessiné et gravé par P. Plé,* in-f.
— (1672) Robert Ballard, consulariæ jurisdictionis præfect. an.
1666. *Le Fèvre pinx.* — *Cl. Duflos sculp.,* grand in-fol.
— (1712) Dionysius Thierry consularis jurisdictionis Parisiensis
præfectus 1689. *Ferdinand pinx.,* 1690. — *Cl. Duflos sculp.,*
1711, in-fol. Belle épreuve.

994. (1770) Ph.-Ant. Magimel, ancien consul, ancien grand garde
du corps de l'Orfévrerie de Paris. *Aubert delineavit.* — *Demarteau sculps.* = Eth-Mte Descottes, épouse de Monsieur Magimel, ancien juge-consul, morte en 1770, âgée de 71 ans.

On lit au bas du premier les deux vers suivants :

> Du cercle des humains, où sa vertu brilla,
> S'il fut le mieux aimé, qui mieux le mérita ?

— Jean Lesaige, payeur de rentes à l'Hôtel-de-Ville de Paris.
*N. Regnesson delineavit et sculp. Anno* 1670, in-fol. avant la
lettre.

———

995. Charité (hôpital de la), l'infirmerie de l'hôspital de la Charité
de Paris, *A. Bosse inv. et fe.*—Vue et plan de l'église de la Charité. *J. Marot fecit.* — Plan et élévation du portail de la Charité
bâtie sur les desseins de M. de Coste, en 1732, ensemble 3 pièces.

996. Hôtel-Dieu (vues de l'), basty par Gamart ; par Israël Silvestre,
Marot et Manesson-Mallet, 3 pièces.
— Salpêtrière (hôpital de la). Vue par Perelle [1]. — Vue par
Gueroult. — Vue par Le Clerc, ensemble 3 pièces.

[1] « L'Hospital de la Salpestriere hors la porte Saint-Bernart, est une des principales
dépendances de l'Hospital général de Paris ; son nom vient de ce que l'on y faisoit autrefois le salpestre. Ce bastiment fut commencé à réédifier magnifiquement en avril 1656, et
par ordonnance du roy du 10 octobre 1668, Les pauvres y furent enfermez et y sont nour-
ris et entretenus au nombre d'environ 4,000. »

— **Louis** (Hôpital de Saint-). Vue avec l'adresse de **Mariette** [1].

= Grande vue de l'Hôpital, 2 pièces.

[1] « L'HÔPITAL DE SAINT-LOUIS, entre les faubourgs Montmartre et Saint-Laurent, a été fondé par le roi Henri-le-Grand, l'an 1607, et achevé en 1670, pour y retirer et pencer les pestiferez pendant la contagion. On y tient à présent quelques pauvres affligez de maladies qui se communiquent, comme le scorbut et la dissenterie, et des convalescens de l'Hôtel-Dieu, pour y prendre l'air, et ils y sont sollicitez par quelques religieuses. »

**997. Invalides (hôtel des).** Plan projetté, vû du côté du dôme, qui est resté sans exécution. — Perspective de l'hôtel de Mars, dit les Invalides par Perelle.—L'hôtel de Mars ou des Invalides, par Perelle [1]. — Perspective du dôme. — Veue en perspective de l'hotel Royale des Invalides du côté du grand portail de l'église. — Veue en perspective de l'hôtel royal des Invalides. — Grand portail et dôme de l'église de l'hostel. — L'un des quatre réfectoirs de l'hôtel. — Élévation de la façade du portail du dôme de la grande église des Invalides. — Élévation de la façade orientale qui regarde Paris. — Profil et élévation de la coupe générale de l'hôtel de ces deux églises. — Coupe de l'église royale des Invalides. — Plan général de l'église royale des Invalides. — Plan général du rez-de-chaussée de l'église et de l'hôtel. — Élévation de la principale entrée de l'hôtel avec son plan géométral.

[1] « L'HÔTEL DE MARS OU DES INVALIDES a esté commencé en 1672, et fondé pour loger, nourrir et entretenir de toutes choses les officiers et soldats blessez au service du roy. Bruant en est l'architecte, et Mansart en bastit l'église dont il en a fait un modèle admirable. »

---

**998.** (1700) Représentation de la loterie qui doit se tirer à Paris, pour l'extinction des billets de l'état, in-fol. en travers.

**999.** Fête publique donnée par la ville de Paris à l'occasion du mariage de Mgr. le Dauphin, avec la princesse Marie-Josephe de Saxe, le 15 février 1717 ; gr. in-fol. in-plano, fig. mar. r. dent. tr. d. (*Belle rel.*, *aux armes de la ville de Paris*).

Très belles planches gravées sur les dessins de Fr. Blondel, par Le Mire, Tardieu, etc.

**1000.** Coupe du bâtiment de l'Hôtel-de-Ville, où sont représentées les décorations et illuminations des salles où s'est donné le bal à l'occasion du mariage de Louise-Elisabeth de France, en 1729. Très-grande estampe.

**1001.** Description des fêtes données par la ville de Paris, à l'occasion du mariage de Madame Louise-Elisabeth de France, et de don Philippe, infant d'Espagne, le 29 août 1739. *Paris*, 1740 ;

grand in-fol. in-plano, mar. r. dent. tr. d. (*Belle rel. aux armes de la ville de Paris*).

Grandes planches dessinées et gravées par J.-Fr. Blondel.

**1002.** Vue extérieure et perspective de la salle préparée par la ville de Paris, pour le festin donné à Leurs Majestés à l'occasion de la naissance de Mgr. le dauphin et vue perspective du feu d'artifice tiré à l'Hôtel-de-Ville. Le 21 janvier 1782, 2 pièces de V. Nicolle. = Autre vue coloriée, ensemble 3 pièces.

— (1785) Franç. Pilatre de Rozier, premier navigateur aérien. *Pujos delineavit ad vivum, — Legrand (sculp.)*, in-4.

**1003.** Expériences aérostatiques de MM. Mongolfier, Charles et Robert, Garnerin, etc. 12 estampes.

**1004.** Caricatures des expériences aérostatiques : Les paysans de Gonesse, estampe allemande. = Contre les sieurs Miolan et Janinet, épigrammes et chansons, etc., ensemble 8 pièces.

### e. Confréries, Arts et Métiers; Cris de Paris.

*(Portraits et estampes.)*

**1005.** Pièces sur les Confréries érigées à Paris; trente-six pièces, la plupart avec estampes.

Dont : Les confréries de N.-D. du Rosaire. — N.-D. de Bon-Secours. — N.-D. des Miracles. — La confrérie de MM. les compagnons charrons. — .... de St-Clair. — de St-Crespin et Crespinien. — Des compagnons doreurs sur cuivre. — De St-Hubert, de St-Eloi, des maîtres fondeurs de Paris. — De la communauté des maîtres vitriers, peintres sur verre. — De St-Maur et de St-Fiacre ou des maîtres et marchands chaudronniers, batteurs, dinandiers de la ville de Paris. — De St-Nicolas, pour les marchands de vin. — Des maîtres couvreurs, etc., etc., etc., etc., etc.

**1006.** Gobelins (Tapisserie de haute et basse-lisse des). Plans et perspectives des ateliers, métiers et différentes opérations des ouvriers. — Deux pièces de Benard.

— (1766) M. de Julienne, amateur des beaux-arts et directeur des Gobelins. *François de Troy pinx. — Balechou sculp.* in-fol.

Épreuve avant toutes lettres et avant que les bords des marges ne soient nettoyées.

— Drapiers (Frontispice de la maison et bureau des marchands) de la ville de Paris. *J. Marot sculp.*

« La beauté de son architecture et de ses ornements de sculpture attire les moins curieux à le voir. »

**1007.** (1678) Claude Ballin, orfèvre. *Jac. Lubin sculp.*, in-fol. tiré des *Hommes illustres* de Perrault.

— (1699) Petrus Pomet aromatarius. *A. Le Clerc le jeune fecit*, in-fol.

— (1745) Jean-François Guillieaumon, tapissier. *Viviens pinxit.*
— *N. Edelinck sculp.*, 1741.
— (1770)? M. J. Bandieri de Laval, maître de danse. *Drouais pinx. — An. 1770, Beauvarlet direx.*, in-4.
— (1782) Rabiqueau, opticien. *Naudin pinx. — Poletnich sculps.*

------

1008. Les crocheteurs [1], estampe attribuée à Alb. Flamen. *C. Hulpeau excu.* Belle épreuve avec marges.

> [1] « Crocheteurs, gens oisifs, coupe bourse, filoux,
> Acoures tous icy ce beau jeu vous appele,
> Pour y passer le temps, mais surtout sans courous,
> Car jouer entre vous en paix seroict merueille.
> Si quelque vn a perdu quil galle son oreille,
> De craincte que celluy qui a largent de tous,
> Se sentant le plus fort esmouuant la querelle,
> Fasse plenuoir sur luy une gresle de cous.
> Jouant perdre et gaigner sont limites si proches,
> Que on ne peut esuiter que de un deux on naproche.
> Dans la perte tombans plustot que dans le gain,
> C'est pourquoy il ne fault que le joueur soublye,
> De perdre tout son fonds, car cest vne follye
> Pour auoir trop joué de mandier son pain.

1009. *Ramonne la cheminee haut-ebas et la chanbrière.* Avec le monogramme M. L. (Michel Lasne).

1010. Le ioueur de cymballes et le viellevr, estampe avec l'adresse de Ciartres.

1011. Les Métiers de Paris par Abraham Bosse, savoir : Le maistre d'escole. — La maistresse d'escole. *A. Bosse inv. et fe.*, deux pièces. Très belles épreuves.
— Un peintre peignant un portrait[1]. *A. Bosse in. et fe. — Le Blond excud.*

> [1] « Que le graueur jngénieux
> Faict bien icy voir à nos yeux
> L'excellence de la peinture !
> Et que c'et art me semble beau
> Quand il jmite la nature,
> Par les merueilles du pinceau !
>
> Celuy dont la noble manière
> Joint les ombres à la lumière
> En mille tableaux différans ;
> N'est pas de ces peintres vulgaires,
> Qui passent pour des ignorans
> Dans leurs ouurages ordinaires.
>
> Il exécute et met au jour
> Tout ce que la Guerre et l'Amour

Ont de mémorable et d'estrange ;
Et semble à qui voit ses dessains,
Que c'est Apelle ou Michel l'Ange,
Qui guide son art et ses mains.

Soit qu'il représente Bellonne,
Ou Pallas avec sa Gorgonne,
Ou Cupidon armé de traits ;
Il se met si fort en estime
Par ses admirables portraits,
Que châcun dict qu'il les anime.

Mais quand il nous peint les lauriers
De Lovys, honneur des guerriers,
Et vray portrait de la Victoire,
Il fait vn chef-d'œuure sans prix
Pour ce grand roy, qui dans l'histoire
Est l'objet des meilleurs esprits.

1012. Deux graveurs gravant, l'un à l'eau-forte l'autre au burin, *fait à l'eau-forte par A. Bosse*..... 1643.

— Un sculpteur dans son atelier, *fait à l'eau forte par A. Bosse*, 1642. Belle épreuve avec marges.

— Des ouvriers imprimant des planches en taille-douce, *faict à l'eau forte par A. Bosse*..... 1642. Belle épreuve.

— Un barbier ajustant la moustache d'un cavalier [1] ( par Ab. Bosse). — *Le Blond excu.*

[1] « Ceux de qui l'humeur s'accommode
A suiure les règles du temps,
A porter la barbe à la mode
Ne me semblent point inconstans.

Au contraire je m'jmagine
Qu'il les faut louer hautement,
D'avoir soing de la bonne mine,
Et d'estre tousiours proprement.

Si lon n'a la teste lavée,
Le poil mignonnement frisé,
Et la moustache releuée,
Des Dames lon est mesprisé.

Il ne faut donc pas qu'on néglige
D'aiuster la nature à l'art ;
Si l'vn par l'autre se corrige,
Affin que tous y prennent part. »

— Un cordonnier essayant une paire de souliers à une dame [1]. *A. Bosse inuen et fec.* — *Le Blond exc.*

[1] « Ayant à chausser une belle,
Jamais ie ne suis mal adroit.
Poussez le pied, madamoiselle :
Sus courage ; il entre tout droit.

Quand ce beau cordonnier me chausse,
Tousiours il me blesse en effait ;
Et pour toute excuse il s'en gausse,
Disant que j'ai le pied bien fait.

Donnez-moy de la marchandise,
Qui soit iustement à mon point;
Car autrement je vous aduise
Que vous ne me seruires point.

Quoy qu'on vous chausse avecque peine,
Ayant le coù du pied si haut;
J'ay pourtant une bonne alesne,
Et la mesure qu'il vous faut. »

— **Des cordonniers exerçant leur métier** [1] (par Ab. Bosse), *à Paris, chez Melchior Tavernier.*

[1] « Jcy par vn diuers ouurage,
Le Maistre et la Maitresse aussi,
Tournent leur principal souci
Au commun bien de leur mesnage.

L'vn de l'autre point ne s'esloigne,
Ils veillent tous deux sur leurs gens,
Affin qu'ils soient plus diligens
A faire viste leurs besoigne.

Eux cependant font des merueilles,
Demendant le vin des garçons,
Et s'entretiennent de chansons,
Parmi les pots et les bouteilles.

— **La boutique d'un pâtissier** [1]. *Abr. Bosse inv. et fe.* — *Chez Melch. Tavernier.*

[1] « Par un excez de friandise,
Icy lon donne du ragoust;
Et lon y vend, pour plaire au goust,
Toute sorte de marchandise.

Chacun y trauaille à son tour,
Châcun met la main à la paste;
L'vn fait des pastez à la haste,
Et l'autre les met dans le four.

Pour de l'argent on donne à tous
Des maccarrons, des darioles,
Des gasteaux diuers, des rissoles,
Du biscuit et des petits chous.

Cette boutique à des délices,
Qui charment en mille façons,
Les filles, les petits garçons,
Les seruantes et les nourrices.

**1013.** **Les cris de Paris, par Abraham Bosse; suite de douze pièces avec légendes, savoir :**

UN ÉCUREUR DE PUITS.

Si quelqu'un vous a troublé l'eau
De vostre puitz, n'en tirez peine,
Ma drappe, mon crochet, mon seau,
Le feront clair comme fontaine.

UN CROCHETEUR.

Il n'est point d'instrument qui vaille,
Les crochets que j'ay sur mon dos;

C'est auec eux que je travaille,
Et sur qui je prends mon repos.
Jamais soubs le faix ie ne tremble,
Ma force est esgalle à ma voix ;
Je crie, et scay porter ensemble,
Et des fagots et du gros bois.

UN VENDEUR D'EAU-DE-VIE.

Si vous ressentez la pépie,
Mal de cœur, de teste, de dents,
Prenez contre ces accidents
Un double de mon eau-de-vie.

UN PORTEUR D'EAU.

La marchandise que ie vends,
Et que tout le iour ie pourmeine,
Vient de la Seine ou ie la prends,
Ou du puits ou de la fontaine.
Mais du naturel dont ie suis,
J'ay si peur que l'eau ne me noye,
Que j'en bois le moins que ie puis,
Et le vin est toute ma ioye.

UN OUBLIEUR.

Quand je bats le paué, criant : Oublie! oublie!
Je ne redoute point ny les chiens, ny les lous,
Mais je creins seulement, pour ce que ie publie
Commençant à marcher, l'heure propre aux filous.

UN RAMONEUR.

En ramonnant la cheminée,
Suiuant nostre art du haut en bas,
Sachez que nous ne craignons pas
Le feu si fort que la fumée.

UN MARCHAND DE MORT AUX RATS

Vn hidalgo, qui aux combats
Faisoit trembler toute la terre,
Par une infortune de guerre,
Va criant de la mort-aux-rats.

UN VINAIGRIER.

Mon vinaigre est bon a merueille,
Belle Picarde, en voulez-vous,
Ou si vous aymez mieux le doux
J'en rempliray vostre bouteille.

UN VENDEUR D'HUITRES.

Je suis tres asseure que lon ne scauroit voir,
Ny manger de longtemps de meilleures escailles,
Elles me coustent bon, puisque pour les auoir,
Sur le bord du bateau j'ay donné des batailles.

UN PATISSIER.

Ce pastissier est fin et d'vne humeur plaisante
Pour escroquer l'argent de ce petit garçon ;
Mais luy de son costé scait de bonne façon,
Engloutir les pastez que sa main luy presante.

UN JOUEUR DE FLUTE.

Auec deux jnstrumens mes plus chères délices,
J'assemble plus de gens qu'un second Tabarin,
Mais ie ne plais pas tant aux enfans qu'aux nourrices,
Qui préfèrent la fluste au son du tambourin.

Faut-il pas avouer que je suis bien à plaindre,
Puisque j'ay ce malheur de viure sans voir rien,
Et que dans les dangers qui m'obligent à creindre,
Ma conduite dépend d'un baston et d'vn chien.

**1014.** **Les métiers de Paris, par Jean-Baptiste Bonnart, treize
pièces.**

LE CHARBONNIER.

Bien qu'on juge, à voir sa figure.
Qu'il sort de l'infernal manoir;
Ce plumet, comme on nous asseure,
N'est pas si diable qu'il est noir.

LA CRIEUSE DE BALETS.

Quiconque veut se garantir
De l'amende du commissaire,
De mes balets doit se garnir,
On ne sçauroit jamais mieux faire.

LE CRIEUR DE CERISES.

Venez Janneton et Cattin,
Acheter de bonnes griottes;
Je suis ma foy un bon catin,
J'ai des gobets de bonne sortes.

LA CRIEUSE DE CHATAIGNE.

Cette vendeuse de chataigne,
Fait un médiocre profit,
Et si l'on croit ce qu'on en dit,
Elle boit bien ce qu'elle gaigne.

CRIEUR D'ORANGES.

Mes oranges de Portugal,
Dont la douceur est un régal;
Bien loin de vous porter la gale,
Causent un plaisir sans égal.

LE MARCHAND D'ALLUMETTES.

Je suis un fort petit marchand,
Personne de cela ne doute;
Et mon négoce est trop méchant
Pour faire une bonne banqueroute.

LE MERCIER.

Au public je suis nécessaire,
J'ay tout ce dont il a besoin,
Voyes ce qui fait vostre affaire,
Et prenez un peigne du moins.

L'OUBLIEUR.

Je ne crains ny neiges, ny pluyes,
C'est de quoi je fais peu de cas;
Lors que je vand bien mes oublies,
Et sur tout quand je ne perds pas.

LE PATISSIER.

Je suis le patissier des dames,
Je leur fais cens petits ragouts;
Et je suis si bien dans leurs ames,
Qu'elles m'ont baptisé J'entre-en-Goust.

LE PORTEUR D'EAU.

Ce porteur d'eau a bien la mine
De convertir son eau en vin,
Et d'en boire tant de chopine,
Qu'il aualera tout son gain.

REVANDEUSE.

De crier chapeaux vieux, à vandre,
N'est pas mon unique métier ;
Et je porte au cabaretier,
Ce que je sçay gagner, ou prendre.

LA VENDEUSE DE MOTTES.

C'est à bon droit que l'on méprise
Sa drogue, ou qu'on l'estime peu,
Puis que toute sa marchandise
N'est bonne qu'à jetter au feu.

LE RAMONEUR.

Ce visage à geule beante,
Dans les rues crie pour trante :
Ramones cy, ramones la, la la la,
La cheminée du haut en bas.

### 1015. Les métiers de Paris, par Nicolas Bonnart, six pièces.

CRIEUR DE MELONS

Pédant l'esté hautement je m'escrie,
Achetes des melons tourangeaux ou langeais,
Qui tres souuent n'en vinrent de la vie,
Et sortent du fumier de houille, ou d'vn marais.

CRIEUSE DE FRAIZE.

Que cette paisane est d'vne taille aisée,
En elle on trouve mille appas ;
Ce seroit pour sa fraize vn horrible fracas,
Si par malheur elle étoit renuersée.

CRIEUSE DE POIRES CUITTES.

Cette dame Alizon vient vendre à juste prix,
Avec sa sauce vn plat de poires cuites,
Manges en tous, et vous seres surpris,
De les trouuer douces comme confites.

GAGNE PETIT.

Gagner petit ou gagner gros,
Des deux je sçais bien lequel prendre ;
Car pour moy, d'avoir le gros lots,
J'aymeroys autant m'aller pendre.

MARCHANDE DE MAQUEREAUX FRAIS.

Tandis que je suis encor belle,
Je vends ce que nous produisent les eaux ;
C'est aujourd'huy des maquereaux,
Quelque jour ce sera pucelle.

RÉPARATEUR DE LA CHAUSSURE HUMAINE, ETC.

Ce viel raptaceur de botte
Fait plus d'vn metier à la fois,
Tire le ligneul avec les dois
Pendant qu'il siffle la linotte.

### 1016. Oublieur de la ville de Paris, dessiné par B. Picart en 1708.

*G. Duchange exc.* — Decrottez là ma pratique ; vieux habits, vieux chapeaux ; carpes laitées, carpes vives, trois pièces d'après les dessins de Poisson. — La blanchisseuse, le charbonnier, **par** Desrais, 1779. — La grandeur [1], *chez Le Bas, graveur.* — Le mendiant. — Trois autres petites estampes anonymes sur cuivre, ensemble dix pièces.

> [1] « De Thémis ce supôt comique,
> Est le célèbre LA GRANDEUR,
> Il sçait du Palais la rubrique
> Au gré du juge et du plaideur. »

**1017.** Les métiers de Paris, par H. Bonnart, sept pièces.

ARGENT DE MES PETITS OISEAUX.

Il est si fol de son oiseau,
Qu'il vient de tirer de sa cage,
Que pour apprendre son ramage
Il le siffle en godelureau.

CRIEUR D'EAU-DE-VIE.

Messieurs à la bonne eau-de-vie,
Le cœur en est tout rejoui,
Et si l'œil en est ébloui,
Ma bourse en sera mieux garnie.

CRIEUSES DE RAUES.

Le caquet de Liennarde, exempt de vérité,
Luy fait vendre souvent carottes pour des raues,
Et alors qu'elle a goûté du meilleur de la cane,
Vn Boheme a moins de ruse et de subtilité.

L'ESCAILLIER.

La marchandise qu'il débite,
Est vn mest assez délicat,
Et l'huistre prise crue ou cuite,
Porte sa sauce auec son plat.

LE GRAND TRIOMPHATEUR DÉSOLÉ.

1.

Depuis vn temps asses considérable,
Auec honneur je passois dans Paris,
Chacun reconnoissoit ma mine venerable,
Je leur vendois a tous liures a juste prix,
Le ciel auoit voulu pour mon salaire,
Qu'en faisant mon portrait on m'y nomma libraire.

2.

Après le nom de Grand Triomphateur.
On y lisoit en lettres authentiques :
Qu'en tous lieux librement j'erigeois des boutiques,
Mais d'où peut me venir un si triste malheur,
Ma qualité m'est aujourd'huy changée,
Et mon honneur enfin se réduit en fumée.

3.

Ai-je commis dans la vacation,
Quelque forfait que l'on puisse reprendre,
Jamais contre l'Estat on ne m'a veu **rien vendre** ;
Je n'ai point contrefait aucune impresion ;
Je n'eus jamais vne arière boutique
Pour liurer en secret un libelle hérétique.

4.

De cet afron m'en prendrai je au **graueur**,
Sa bonne foy paroissoit dans l'ouurage,
Il avoit peint mõ nes, mes liures, mon **visage** ;
Son burin m'asseuroit d'vn jmmortel honneur.
Mes qualités qu'il traçoit sur le cuivre,
Helas autant que moy tout au moins denoient viure.

LE GRAND TRIOMPHATEUR OU LE LIBRAIRE AMBULANT.

Vn autre moins fameux libraire
Pourra se conténter d'vn pilier du Palais,
Mais pour le débit que je fais,
Paris entier m'est nécessaire.

TISANE A LA GLACE.

Ce gaillard le verre à la main,
Au mestier qu'il fait n'est pas asne,
Il vend aux autres sa tisane,
Et gagne pour boire du vin.

**1018.** Les cris de Paris, par F. Boucher. *Ravenet, Lebas sculp.,
chez Huquier*, douze pièces.

**1019.** Etudes prises dans le bas peuple ou les cris de Paris, 1737.
Trois suites formant ensemble 40 planches gravées par le comte de Caylus, d'après les dessins d'Edme Bouchardon.

**1020.** Les deux premières suites des mêmes planches, beaucoup
plus rognées, vingt-quatre planches.

**1021.** Les cris de Paris. == Les véritables cris de Paris à la mode,
deux estampes avec l'adresse, *à Paris, chez Chiquet, rue Saint-
Jacques.*

**1022.** Nouveau jeu des cris de Paris, dédié aux amateurs. — Jeu
des monuments de la ville de Paris.

**1023.** Les jolies marchandes de Paris sous Louis XVI, douze sujets sur une grande planche. == Les marchands ambulants, seize
sujets sur une feuille. == Le dentiste ambulant, le marchant de
chanson, deux estampes. *Wille filius del.* == Les embarras de
Paris, etc. Ensemble neuf pièces.

**1024.** Un repasseur, dessin au crayon et à la sanguine, signé *Adé-
laïde fecit,* 1791.

*4. — Histoire scientifique, littéraire et artistique.*

**a. — Établissements scientifiques. — Université et Collèges
de Paris ; Bibliothèques. — Thèses de philosophie.**

*(Vues, Portraits et Estampes.)*

**1025.** Observatoire (Vues de l'), par Perelle, deux pièces [1]. —
Vue par Manesson-Mallet. Ens. trois pièces.

[1] « L'OBSERVATOIRE est un édifice que le roy a fait commencer environ l'année 1667,

sur un lieu éminent à l'extrémité du faubourg St-Jacques, pour servir aux observations
du cours des astres et à plusieurs expériences de phisyque. Il a tout l'appareil et toutes les
comoditez que demandent ces deux belles sciences. Mais outre la magnificence de la structure, on y voit une solidité qui la fait prendre de loin pour une citadelle. »

— Plantes (Veüe du jardin royal des) medicinales *au fauxbourg
Saint-Victor*, par Perelle, deux pièces. — Veuë du jardin des
simples au fautbourg St-Victor, par Israel Silvestre, une pièce.
Ens. trois pièces.

— (1694) Veüe de l'amphithéatre anatomique construit sous le
règne de Louis-le-Grand par les soins et aux dépens de la Compagnie royale des chirurgiens de Paris, gr. estampe en hauteur.

— Quatre-Nations (Vues et perspectives du collége et église des),
par Perelle, Marot, Durand, etc., etc. Ens. six pièces.

1026. Jean Gerson. *Picart*, 1712. — *L. Surugue, sculps.*, in-4.

— (1662) Jean Fronteau, chancelier de l'université de Paris.
*F. Cabouret post mortem del.* — *Nanteuil sculp.* = Un autre
chez E. Desrochers, in-4.

— (1678). Le R. P. Pierre-Lalemant, chancelier de l'Université
de Paris. *Nanteuil faciebat*, 1678. (Deuxième état, R.-D. 117.)

1027. (1741) Balthasar Gibert, professeur au collége Mazarin, recteur de l'Université. *A. J. de Fehrt sculp.*, 1752, in-4.

— (1741) Charles Rollin, recteur de l'Université de Paris.
*Fontaine pinx. — N. Dupuis sculp.*, in-4. = Un autre : *C. Coypel pinxit.* = Un autre. *Bar sculpsit*, in-12.

— (1749) Charles Coffin, recteur de l'Université de Paris.
*H. Rigault pinxit. — C. Simonneau sculpsit*, in-fol.

------

1028. (1311?) Jean Pitard, premier chirurgien de Saint-Louis.
*Humblot del. — Ravenet sculp.*, in-4.

— (1320) Lanfranc, professeur en chirurgie de Paris au
XIIIᵉ siècle. *Fiquet sculp.*, in-4.

— (1564) Jean Gorris, médecin parisien, *gravé sur bois*.

1029. (1590) David Chabot, médecin, in-8.
Superbe épreuve d'une estampe extrêmement rare, de Léonard Gaultier.

1030. (1605) Jean Riolan, médecin. *Halbeck* (Jean Van) *fecit*,
in-4. Belle épreuve.

------

1031. (1540) Guill. Budé, gravé par Rob. Boissard. = Un autre :
*N. L'Armessin sculpsit.*

— (1547) Franç. Vatable, Picard, professeur en hébrieu en l'u-
niversité de Paris, gravé sur bois.

— (1555) Oronce Finé, premier professeur du roy et illustrateur des mathématiques ; anonyme avec l'adresse de Louis Boissevin, in-4.

1032. (1572) Pierre Ramus. (Christophe Van) *Sichem sculp. et ex.*, in-8.

Estampe sur cuivre avec une pièce de vers latins imprimée au bas.

— (1572) Pierre Ramus, deux portraits anonymes.

— (1581) Guill. Postel de Barenton, en Normandie, professeur en l'Université de Paris. *Esme de Boulonois fecit* (extr. de l'Académie des sciences et des arts). = Deux autres anonymes.

— (1742) J. Bapt. Silva, docteur en médecine, régent de la faculté en l'université de Paris. *Hyac. Rigaud pinx.* — *Fiquet sculp.*, in-4.

1033. (1602) Jean Passerat, poète français, et professeur d'éloquence au collège royal, né à Troyes en Champagne en 1534. *Tho. de Leu fe.*, in-8. Belle épreuve, rognée du bas.

1034. (1602) Jean Passerat, *Tho. de Leu fe.* = Un autre : *L'Armessin sculp.*, deux pièces.

1035. (1639) Etienne Binet, recteur du collége de Clermont (Louis-le-Grand). *M. Lasne f.* — *A Boudan ex.*

1036. (1655) Jean Coqueret, principal du collége des Grassins. *Jo. Lenfant sculp.*, 1656, in-fol. Belle épreuve.

1037. (1655) Pierre Gassendi, *C. Mellan Gall. del. et sculp.* = Un autre. *Jac. Lubin sculp.*, in-fol. Très belles épreuves.

— (1655) Pierre Gassendi, théologien et professeur des mathématiques à Paris. *Gravé par E. Desrochers.* = Un autre anonyme. *A Paris, chez Vallet.*

— (1656) Gabriel d'Abes, professeur de philosophie, anonyme, in-4.

1038. (1664) Pierre de Marcassus, professeur de rhétorique au collége de La Marche à Paris. *D. Du Monstier pinx.* — *Michel Lasne fecit*, in-4, rogné.

— (1665) Pierre Padet, prêtre, professeur au collége d'Harcourt. *Chasteau fe.*

1039. (1669) Jac. d'Auvergne, professeur de langue arabe en l'université de Paris. *Jo. Lenfant ad viuum faciebat*, 1669, in-fol.

1040. (1690) Charles Gobinet, principal du collége du Plessis à

Paris, docteur en Sorbonne. *De Largillière pinxit.* — **Edelinck**
**sculpsit,** in-fol. (R. D. 215.)

1041. (1716) Gasp. Poitevin, professeur de philosophie au collége
de Dormans. Gravé par E. Desrochers, in-4.

— (1722) Pierre Varignon, professeur royal de mathématiques.
*Geo. Vertue Londini sculp.,* 1725, in-4.

— (1741) Charles Porée, jésuite, professeur de rethorique. *J.*
*Balechou sculp.,* in-fol.

1042. (1744) Cl. Capperonnier, théologien, professeur royal de
littérature grecque à Paris, assis dans son cabinet. *Aved pinxit.*
— *Lepicié sculp.,* 1744, in-fol. Belle épreuve.

— (1778) Franç. Rivard, professeur de philosophie en l'Université de Paris, dans son cabinet, environné de livres. *Valade de-*
*lineavit et pinxit.* — *Pinssio sculpsit,* in-4.

— (1781?) H. A. Du Bertrand, principal de Navarre en 1766.
*Bossard de Beaulieu pinx.,* 1781. — *Morel delin. et sculp.,*
1789, in-fol.

— (1823) N. Charles, professeur de physique. *P. G. Tavenard*
*sculp.,* et deux autres.

1043. (1651) Pierre Dupuy, garde de la bibliothèque du Roi. *Jac.*
*Lubin sculp.,* in-fol., (des *Hommes illustres,* de Perrault). =
Un autre : *Nanteuil faciebat.* — Belle épreuve de ce portrait,
connu sous le titre de *Grand Dupuy.* R. D., n° 87.

1044. (1651) Pierre Dupuy. — (1656) Jacques Dupuy. **Les deux**
frères sur la même planche. *R. Nanteuil f.*
Belle épreuve avec marges du 1er état. R. D., n° 89.

1045. (1641) Thèse de philosophie, dédiée au chancelier Séguier,
soutenue par Jacq. Pigis; très grande composition par Charles
Lebrun, au milieu de laquelle se trouve le portrait du chancelier
Séguier, en deux planches, gravées par Gilles Rousselet.

1046. (1642) Thèse philosophique dédiée à Claude Bouthillier,
ministre d'État, par Louis Girard, *in aula artistarum Regiae*
*Navarrae.*
Grande composition en deux planches, d'après Charles Lebrun, gravées par Gilles Rousselet. Le portrait de Bouthillier est soutenu par des figures allégoriques.

1047. (1664) **Thèse dédiée au Roi, soutenue par Charles d'Or-**
**léans, comte de Saint-Paul.**
Très grande pièce dont le sujet principal qui représente Louis XIV à cheval environné
d'allégories, est une composition de Ch. Lebrun, le tout est gravé par Gilles Rousselet.

1048. Grande composition représentant la mort de saint Louis ; au bas, le texte d'une thèse philosophique soutenue par J. B. Lefevre, de Colmar, en 1750, dans le collége des jésuites. Deux planches.

**b. — Académies de Paris.**

*( Portraits et Estampes. )*

1049. (1650) Balthazar Baro, natif de Valence. *M. Lasne fc.*
— (1654) Louis de Balzac, de l'Académie françoise, *gravé par C. Mellan.* = Un autre : *Jac. Lubin sculp.*, in-fol.

1050. (1669) Marin Cureau de La Chambre, médecin ordinaire du roi, membre de l'Académie franç. *C. Mignard Romanus fecit.* — *Ant. Masson sculpebat*, 1665, in-fol.
Épreuve avec marges, du 1er état, avant les contretailles sur les joues. (R. D., 24.)

1051. Marin Cureau de La Chambre, médecin du roi. *R. Nanteuil ad vivum delineabat et sculpebat*, in-fol.
Très-belle épreuve, quoique du 3e état, d'après M. Robert Duménil (n° 46), avec marges.

— (1672) Antoine Godeau, évêque de Vence. *Jac. Lubin sculp.*

1052. (1674) Jean Chapelain. *R. Nanteuil ad vivum delineabat et sculpebat*, 1655, in-fol.
Épreuve du premier état, de la collection Donnadieu.

1053. (1675) Valentin Conrart, sécret. de l'Académie françoise. *C. le Febure pinx.* — *L. Cossin sculp.*, in-4.

1054. (1672) François de Lamothe Le Vayer, conseiller d'État. *Nanteuil ad vivum delin. et sculpebat*, in-fol. Belle épreuve.

1055. Un autre portrait du même personnage. *Nanteuil del.* — *Ficquet.....* 1775, in-8, (belle épreuve.)

1056. (1684) Pierre Corneille. *Mich. Lasne deli. et fe.*, (rogné). = Un autre beaucoup plus petit, gravé aussi par Michel Lasne. = Un autre : *A. Paillet ad vivum del.* 1663. — *Guillelmus Vallet sculpsit.*, in-fol. = Un autre. *Jac. Lubin sculp.*, in-fol.

1057. (1655) George de Scudéry. *Robertus Nanteuil ad vivum faciebat*, in-fol.
Épreuve du 1er état. R. D.

1058. (1688) Jean Doujat, docteur ès-droits, doyen de l'Acad. fr. *F. Sicre pinx.* — *L. Cossin scul.*, in-fol.
— (1693) Paul Pélisson de l'Académie françoise. *Edelinck sculp.*

1059. (1669) Gilles Boileau, greffier de la Grand'chambre du parlement de Paris. *R. Nanteuil faciebat*, 1658.
Belle épreuve du 2ᵉ état. R. D. 43.

1060. (1688) Ant. Furetière. *De Seve pinxit. — S. Thomassin sculpsit*, in-fol.
— (1701) Jean Regnault de Segrai. *A. Flamen pinx. — Mathey sculpsit.* = Un autre : *E. Desrochers.*
— (1688) Phil. Quinault. *Edelinck sculpsit*, in-fol.
— (1703) Charles Perrault. *Tortebat pinx. — Edelinck sculp.*

1061. (1704) Bossuet, en pied. *Hyac. Rigaud pinxit. — Petrus Drevet sculpsit*, 1723, in-fol.
Très-belle épreuve de la collection Donnadieu.

1062. Jacobus Benignus Bossuet, episcopus Meldensis. *Peint par H. Rigault. — Gravé par le chevalier Edelinck.* = Un autre. *H. Rigaud P. — N. Pitau sc.*
— (1714) Jacq. de Tourreil, de l'Acad. royale des inscriptions. *N. Edelinck sculp.*, in-4.
— (1718) Camille Le Tellier de Louvois, abbé de Bourguenil, conservateur de la bibliothèque du roi. *N. de Largillière pinxit,* 1697. — *J. L. Roullet sculp.*

1063. (1710) Esprit Flechier, évêque de Nîmes. *H. Rigaud pinx.*
— *El. Marlié Lépicié sc.* (Odieuvre), in-8.
— (1710) Spiritus Flechier, episcopus Nemausensis. *Hyacinthe Rigaut pinxit. — Edelinck sculpsit*, in-4.
— (1699) Jean Racine. *Vertue sculp. Lond.* :
— (1691) Is. de Bensserade de l'Académie françoise. *Edelinck sculp.*

1064. (1721) Huet, évêque de Soissons, puis d'Avranches, in-fol.
— Épreuve avant la lettre.

1065. (1693) Nicolas Potier de Novion, premier président au parlement de Paris.
Belle épreuve du 2ᵉ état de la collection Donnadieu. R. D. 207.

1066. (1711) Boileau *Fran. de Troy. pinx. — P. Drevet sculpsit.*
= Un autre, in-12. = Un autre. *Hyac. Rigaud pinxit. — Petr. Drevet scul.*, 1706, in-fol.
— (1695) Jean de Lafontaine. *Hy. Rigaud pinxit*, et deux autres.

1067. (1720) Eusèbe Renaudot, membre de l'Académie française.
— *J. Rancé pinxit.* — *F. Chereau l'aîné sculpsit,* in-fol.
— (1757) Fontenelle. *Rigaud pinx.* — *P. Duflos sculp.* = Un autre. *Voiriot pinx.* — *N. de Launay sculp.* = Un autre *gravé par Saint-Aubin.*
— (1694) Philippe Goibault de l'Académie française. *Varré pinx.* — *Pinssio sculp.*

1068. (1693) Jean de La Bruyère, *de Saint-Jean pinxit.* — *Drevet scul.* — Un autre. *L. J. Cathelin sculp.*
— (1715) Fénélon. *Joseph^us Vivien pinxit.* — *Bened^us Audran sculpsit,* in-fol.
— (1715) François de Salignac de la Mothe Fenélon. *C. Monnet del.* — *A. D. St-Aubin effigiem sculp.* — *Choffard ornamenta sculpsit.* = Un autre. *J. Vivien pinx.* — *C. S. Gaucher inc. A. V.* = Un autre. *Jos. Vivien pinx* — *J. Daullé sculp.,* 1739.

1069. (1715) Fenélon, d'après Vivien, par E. Fiquet, in-8.
Très-belle épreuve du 1er état, *avant les noms des artistes,* et grandes marges.

1070. (1743) J. Bignon. *J. Vivien pinxit.* — *Benedict^s Audran sculpsit,* 1705, in-fol.
— (1743) Jean-Paul Bignon, abbé de Saint-Quentin. *Lucretia Cath. de la Roue pinxit.* — *(Gér.) Edelinck eques Roman^s sculp.* 1700, in-fol.
— Jean-Paul Bignon, abbé de Saint-Quentin, conseiller du roy. *Gravé par E. Desrochers.*

1071 (1722) André Dacier de l'Académie française. *Ferdinand pinx.* — *Gaillard sculp.,* in-4.
— (1709) Claude Fleury, prieur d'Argenteuil, confesseur du roy. *Roussel pinx.* — *D. Sornique sculp.*
— (1731) Houdart de La Motte de l'Académie françoise. *Ranck pinxit.* — *N. Edelinck sculpsit.*
— (1728) Bern. de La Monnoye. *Duhamel sculp.,* in-4.

1072. (1753) A. Gros de Boze de l'Académie des inscriptions et belles lettres. *Ant. Bonys pinx. ad viv. et sculp.,* 1708 (à la manière noire), in-fol. = Un autre. *N. Dupuis sculp.,* in-4.
— (1768) L'abbé d'Olivet. *Restout del.* — *Levasseur sculps.*
— (1770) Franç. Hénault, président honoraire du parlement de Paris, *dessiné par C. N. Cochin,* — *gravé C. E. Gaucher,* in-4.

1073. (1746) J. Bouhier, président au parlement de Dijon. *De Largillière pinxit. — Daudet sculp. Lugd.*, 1732, in-fol. Belle épreuve.

— (1743) Charles d'Orléans, abbé de Rothelin. *C. Coypel pinx. — Tardieu filius sculp.* = Un autre.

— (1755) Montesquieu. *Aug. de Saint-Aubin del. et sculp.* = Un autre. *Prévost sculp.* (avant la lettre). = Un autre. *Duponchel sculp.*

1074. (1762) Jolyot de Crébillon. *Aved pinx. — Balechou sculp.* = Un autre : *Nic. Cochin delin. — Watelet sc.* 1760. = Un autre. *De la Tour pinx. — Moitte sculp.* = Un autre. *Peyron del. — L. Petit sculp.* = Un autre : *Marillier ornam. del. — Ingouf Junior sculp.*, 1784, et deux autres gravés par Delignon et Delvaux.

— (1762) Titon du Tillet. *N. de Largillière pinxit*, 1736. — *Petit sculp.*, 1737, in-fol.

1075. (1763) Louis Racine. *Gaillard sculp.*

— (1763) Marivaux. *Pougin de Saint-Aubin effig. pinx. — Marillier ornam. del. — Ingouf Junior sculp.*, 1781.

— (1775) De Belloy de l'Académie françoise. *C. A. Littret sculp.* 1765. = Un autre gravé par Delvaux. = Un autre. *De Sompsois delin, effigies. — De Saint-Aubin fecit.*

— (1776) Poullain de Sainte-Foix. *Pougain de St-Aubin pinx. — Maleuvre sculp.*

1076. (1778) Voltaire. *De la Tour pinx. — P. G. Langlois sculp.* = Un autre *dessiné d'après Houdon par J. M. Moreau le jeune, et gravé P. Alex. Tardieu*, 1784. = Un autre. *Jacob Folkema sculpsit.*

1077. (1785) Mably, deux portraits.

— (1785) Thomas de l'Académie franç. *C. N. Cochin del.*

— (1788) Buffon, *peint par Drouais le fils en* 1764. — *gravé par Chevillet en* 1773. = Un autre : *C. Baron sculp.* = Un autre : *A. Pujos ad vivum del.* 1776. — *Vin. Vangelisty sculp.*, in-fol.

— Un autre : *Drouais pinx. — Sixdeniers sculp.* (épreuve sur Chine lettres grises.) = Un autre dessiné par Delafontaine, gravé par Dupréel.

(1788) Louis de Boissy de l'Académie françoise. *Dessiné par C N. Cochin*, 1757.

— (1799) Marmontel de l'Académie françoise. *C. N. Cochin.* — *Aug. de St-Aubin,* 1765. = Un autre : *Cochin fil. del.* — *Dupin fil. sc.* = Un autre : *Boilly pinx.* — *Tassaert sculp.,* etc.

1078. (1786) Cl. H. Watelet de l'Académie françoise, et de celle de peinture. *C. N. Cochin del.* — *L. Lempereur sculp.,* in-4.

— (1813) J. Delille. *A. Pujos ad vivum,* 1777. — *Vin. Vangelisty sculp.,* 1777, in-fol.

— (1806) Ducis, de l'Académie française. *Peint par madame Guiard.* — *Gravé par J. J. Avril,* in-fol.

1079. Pièce allégorique sur l'Académie française, avec les portraits de Richelieu et du chancelier Séguier, en médaillons, in-fol.

— (1735) L'abbé de Vertot. *Mathey sculp.*

— (1795) L. Dupuy, secrétaire de l'Académie des belles-lettres. *Desrais del.* — *Dupin sculp.,* in-4.

— (1708) Pitton de Tournefort, conseiller du roy, in-4.

1080. (1757) Ferchault de Réaumur, de l'Académie royale des sciences, in-fol., avant la lettre, mais rognée.

— (1765) Clairaut, de l'Acad. des sciences. *C. N. Cochin del.* — *Cathelin sculp.,* in-4. — D'après le même : *Watelet sculp.*

— (1769) Ant. de Parcieux de l'Académie des sciences. C. N. *Cochin del.* — *Aug. de St-Aubin sculp.,* 1771, in-4.

— (1796) L'abbé Chappe. *Fredou pinx.* — *Tillard sculp.,* in-fol.

— (1803) Edme Sébastien Jeaurat de l'Institut. *Gois del.* — *Louise Jacquinot sculp.* = Un autre en médaillon, *mademoiselle Rotrou pinxit,* 1790, in-12.

— (1807) Jérôme de La Lande de l'Institut. *J. Ely del.* —*A. de St-Aubin sculp.,* in-4.

— (L'Académie des Sciences), belle estampe dessinée et gravée par Séb. Leclerc ; peu commune.

— (1661) Martin de Charmois, directeur de l'Académie de peinture. *(Sébastien) Bourdon pinxit.* — *Ludovicus Simonneau sculpsit,* 1706, in-fol. (Épreuve moderne.)

1081. (1695) André Félibien, historiographe de l'Académie de peinture. *C. Le Brun pinx.* — *P. Drevet sculp.,* in-4.

— (1707) René Ant. Houasse, ancien recteur et trésorier de l'Acad. royale de peinture et sculpture. *Peint par Tortebat.* —

*Gravé par Antoine Trouvain pour sa réception à l'Académie,* 1707, in-fol.



— (1709) Roger de Piles, conseiller-amateur de l'Académie de peinture et de sculpture, né à Clameci en Nivernais en 1635. *Bern. Picart. fecit aquâ forti,* 1704, in-fol.

1082. (1699) Exposition des artistes peintres, membres de l'Académie, dans la galerie du Louvre en septembre, in-4, obl.

### c. — Imprimeurs, Libraires; Censeurs des livres; Experts en écritures.

1083. (1556) Robert Estiene, parisien, imprimeur du **Roy.** Un portr. gravé sur bois et deux autres au burin, anonymes.

1084. (1655?) François Langlois, dit *Ciartres* ou de Chartres, libraire et marchand d'estampes à Paris, jouant de la musette. *Ant. Van Dyck pinxit. — P. G. Langlois sculpsit.* = Un autre, d'après le même tableau. *J. Pesne sculp.,* in-fol. (Épreuve moderne.) = Un autre petit, gravé par N. de Poilly, d'après Van Dyck, in-12.

1085. (1674) Antonius Vitré, Regis et Cleri Gallicani Typographus. *P. Champaigne pin. — Morin scul.,* in-fol. (R. D. 88.)

1086. (1669) Sebastianus Cramoisy, regis architypographus. *Algid. Rousselet sculp.,* 1642, in-4.

— (1687) Sebastianus Mabre Cramoisy, regis architypographus. *C. Vermeulen sculp.,* in-4.

— (1689) F. Léonard, imprimeur du Roi. *Hiac. Rigaud pinxit.* — *C. Vermeulen sculpsit,* in-4.

— (1689?) Fréd. Léonard, premier imprimeur du roi et du clergé. *Hiacinthus Rigaud pinx. — Gerardus Edelinck sculp.,* in-fol.



— (1730) Petrus Emery biblio-typographorum parisiensium societatis procurator. *J. Moyreau scul.,* 1729, in-fol.

— (1737) Claude Louis Thiboust, imprimeur et libraire à Paris. *J. Daullé sculp.* — Un autre. *J. Daullé sculp.*

1087. (1689) J. Bapt. Coignard, regis et academiae gallicae architypographus. *Cl. Duflos sculp.,* in-fol.

— (1737) Joan. Bapt. Coignard, regis et academiae gallicanæ

typographus. *A. Pesne pinxit*, 1724. — *G. E. Petit sculpsit,* 1732, in-fol.

— (1768) Joann. Bapt. Coignard, regis et academiae gallicae typographus. *Peint par Voirieau. — Gravé par J. Daullé, gr. du Roy et de l'Académie impériale d'Augsbourg,* in-fol.

— (1762) Saugrain, libraire. *Fiquet sculpsit,* in-8.

— (1768) P. S. Fournier, né en 1712, mort en 1768, in-8.

1088. P. Prault, typographus parisiensis. *Dessiné par N. Cochin. — Gravé par Lan. Cars,* 1755, in-4.

— (1780) L. F. Prault filius (premier fils de Pierre), typographus. *C. N. Cochin filius del.*, 1765. — *L. J. Cathelin, sculp.*, 1766. Deux états différents.

— (1788) Louis François Prault, premier fils de Laurent Fr. Prault. *C. N. Cochin f. delin.*, 1786. — *Aug. de St-Aubin sculp.*, in-8.

— (1784) Charles Antoine Jombert, libraire du Roy. *Dessiné par C. N. Cochin. — Gravé par Aug. de St-Aubin,* 1770, in-4.

— (1785) Joseph Caillot, né à Paris. *Peint par Voiriot, peintre du Roy. — Gravé par Miger,* in-4.

— (1787) Pierre-Guillaume Simon, imprimeur du parlement. *Pougin de St-Aubin pinx.*, 1770. — *Ingouf junior sculp.*, 1786, in-fol.

— (1790) Henry Agasse, propriétaire, éditeur du *Moniteur.*

— (1795) Ch. Guill. Le Clerc, libraire. — *Lambert del. — P. Ch. Coqueret sc.*

1089. (1780) J. H. Marchand, avocat et censeur royal. *Dessiné par A. Pujos. — Gravé par M^me Lingée.*

---

— (1650?) Lodoicus Barbedor scripturae magister et probator. *J. Boulanger deline. et sculpsit,* in-fol.

— (1690) Louis Senault, écrivain, in-4, rognée à l'ovale.

— (1700) Estienne de Blegny, expert écrivain (anonyme), in-8.

— (1776?) François Nicolas Bédigis, expert-vérificateur des actes contestés en justice. *C. L. Desrais delineavit. — Droyer sculpsit.*

— (1810) M. Saintomer l'aîné, auteur des vrais principes de la comparaison des écritures. *Dessiné à la plume par J. Bernard. — Gravé par Jean dit Montainville,* in-fol.

### d. — Théâtres de Paris.

*(Portraits et Estampes.)*

**1090. La Farce des Grecs.** *Jenet inuentor. — J. Honneruogt excu.*, in-4.

Estampe du XVIᵉ siècle gravée sur cuivre, extrêmement rare et curieuse. On lit au bas les vers suivants :

> La farce des Grecx descendue,
> Hommes sur tous ingénieux ;
> C'est par nostre France rendue
> Pour remonstrer jeusnes et vieulx.
>
> Elle taxe les vicieulx
> Les deuoicx elle radresse
> Et rend petis les glorieulx
> Chantant du monde la finesse.

**1091. Théâtre de Tabarin, situé place Dauphine.**

Estampe TRÈS-RARE attribuée à Abraham Bosse. On lit les vers suivants dans une banderolle placée au-dessus du théâtre :

> Le monde n'est que tromperie.
> Ou du moins charlatanerie :
> Nous agitons notre cerveau,
> Comme TABARIN son chapeau.
> Chacun joue son personnage,
> Tel se pense plus que lui saige,
> Qui est plus que luy charlatan :
> Messieurs, Dieu vous donne bon an.

Cette pièce provient de M. Muller qui, dans une note placée au-dessous de la gravure, dit l'avoir payée 50 fr. en 1835.

**1092. La boutique de l'Orvietan, scène de Gilles le niais, théâtre de Tabarin.**

Portant pour enseigne à gauche :

> « Teatre et boutique de l'Orvietan
> Et de ces scruiteurs domestiques.
> Ceux qui le vont uoir le resiousse,
> Luy portant de leur argent,
> Leur baille de son orvietan,
> Puis sen retourne fort content. «

Et à droite :

« Messieurs et Dames, l'orvietan est bon contre toute sorte de vénin, contre morsure de beste venimeuse et chiens enrages, contre la peste, contre les vers qui nous mange, contre la petite vérole et autre maux. »

**1093. La Farce du cornard.** *Regnesson excudit,* gr. in-fol. en travers avec explication en vers.

Pièce originale *rare*, publiée d'après la représentation (vers 1620), et dont toutes les figures sont des portraits de farceurs de la place Dauphine [1]. Cette belle estampe, gravée au

---

[1] Le théâtre de Tabarin, situé place Dauphine. Voir le nᵒ 101, où il est représenté d'après A. Bosse. Cette estampe se trouve décrite dans le catalogue de la belle collection de M. C. Leber, t. IV, p. 160.

burin, de main de maitre, est anonyme. Au-dessus de ces personnages on lit leurs noms : FANFIRLIPPE VALET, le DOCTEVR CORNVTE, FRANCISQVINE, GIGOGNE, SVEIR. Voici l'explication qui se trouve gravée au bas sur la même planche :

« Camarade nous deuons estre
Bientot tous deux confus decus,
Puisque maintenant nostre maitre
Est couronné roy des coqueus.

Alles, ne craignez plus des cornes,
Vous estes plus fort de moityé
Depuis qu'on a fortifié
Vostre front d'vn ouvrage à cornes.

Cocquin sache qu'en cette teste,
L'on remarque un docteur parfaict.
Et que ces cornes en effet,
Ne me font point passer pour beste.

Maintenant qu'on parle d'allarme,
Si quelqu'vn vous vouloi frotter,
Pour vous deffendre et les heurter
J'orne vostre front de ces armes.

Puisque c'est tout ce qu'il demande,
Et que la corne est son désir,
Il faut en prenant mon plaisir,
La faire croitre encor plus grâde.

Il faut puiser en nostre sourse,
Et cependant que ce paillard
Met ses deux corne au viellard,
Mettre cinq doigts dedans sa bource. »

**1094.** *Le Procez comique*, ou farce à huit personnages des écloppés. *Guérignau excud.*, gr. in-fol. en travers.

Pièce du même genre que la précédente, exécutée vers 1630. D'après M. C. Leber (t. IV, p. 161), cette estampe nous donneroit les portraits des principaux acteurs du Théâtre du Marais [1] ; *Gaultier Garguille, Jodelet, Turlupin et autres.*

Pour compléter ces détails, qui peuvent devenir utiles, nous transcrirons le texte qui se trouve au bas de la figure gravée sur la même planche :

L'AVEUGLE.

Ma requeste est fort légitime,
Acceptés, Monsieur, mes placetz,
Je vous tiens plus en estime
Si je ne vois clair au procez.

LE BOITEUX. .

Faictes mon droict, Monsieur le juge,
Vous le deués en mon endroict,
Puisque vous estes mon refuge
C'est de vous que j'attends le droict.

LE CHASTRÉ.

Et moy qui dedans cette instance
Suis demeuré sec et cassé,
Par vne excessive despence
Je desire estre remboursé.

LE BOSSU,

Je n'entendz point tant de finesses,
En procedant sincèrement,

---

[1] Le Théâtre du Marais était situé rue Culture-Sainte-Catherine.

> Et je demande seulement
> Qu'on me descharge de mes pièces.
>
> GUILOT GORIN, juge du procez.
>
> Allés, allés de par le Diable,
> Je perdz icy tout mon latin,
> Et mon esprit infatigable
> Ne peut fournir vostre auertin.
> Accomodés vous par ensemble,
> Faictes des loiz, tirés au sort.
> Ou remettés, si bon vous semble,
> Vos différendz après la mort. »

**1095. Personnages de tréteaux ou de carnaval en goguette.** Estampe anonyme gravée au burin dans la première moitié du XVII<sup>e</sup> siècle, in-fol. en travers.

**1096. La Farce, à quatre personnages, de Michaut, Boniface, Philipin et Alison** *Huret* (Grégoire) *inue.* — *Rousselet fe.* — *Mariette excu.*, in-fol. en travers.

Estampe gravée au burin, épreuve sans marges. Portraits des farceurs de l'Hôtel-d'Argent au Marais [1], avec un texte ainsi conçu :

> Michav, Boniface, Alison,
> Et Philipin qui les seconde,
> Se mocquent auecque raison
> Des impertinences du monde.
>
> Michav ne plaist pas moins aux yeux,
> Qu'il est agréable aux oreilles ;
> Boniface le sérieux,
> Ne racconte que des merueilles.
>
> Alison se fait admirer,
> Philipin raille sans mesdire ;
> Et tous ensemble font pleurer :
> Mais i'entends à force de rire.

[1] Situé rue de la Poterie.

**1097. Les anciens comédiens de l'hôtel de Bourgogne, représentant une pièce sur leur théâtre.** *A. Bosse in. et fe.* — *Le Blond excud.*, in-fol. en largeur.

Estampe rare au bas de laquelle on lit :

> « Que ce théâtre est magnifique !
> Que ces acteurs sont inuentifs !
> Et qu'ils ont de préseruatifs
> Contre l'humeur mélancolique !
>
> Icy d'vne posture drolle
> Ils nazardent le mauvais temps ;
> Et charment tous les escouttans,
> Auec vne seule parolle.
>
> Icy l'ingénieux Guillaume,
> Contrefaisant l'homme de cour,
> Se plaist à gourmander l'Amour,
> Troussé comme vn joueur de paume.
>
> Icy d'une facon hagarde

Turlupin veut faire l'escroq;
Et l'Espaignol de peur du choq,
Fuit le François qui le regarde.
**Mais** le vray Gautier les surpasse,
Et malgré la rigueur du sort,
Il nous fait rire après sa mort,
Au souuenir de sa grimasse. »

**1098. Scène du théâtre de Gaultier Garguille.** *P. Mariette exc.,*
gr. in-fol. en travers.

Estampe sur cuivre curieuse et rare. Sur une banderole placée au-dessus de chaque personnage on lit :

LE CAPITAINE FRACASSE.

« Ma mine et mon espée gouuernent tout en terre.
De Mars et de Venus, je suis fils et mignon.
Tout m'ame ou tout me crainct, soit en paix, soit en guerre,
Je croquerois vng prince aussy bien qu'ung ongnon.

TURLUPIN.

Grand maistre Aliboron, ennemi de tristesse,
Pour nous reiouir, je dicts mil bons mots.
Ie saicts faire l'amour et mil tours de souplesse,
Je scais railler les sages et dupper les plus sots.

GROS-GUILLAUME.

Aga, voila Gaultier cocu de toutes farces,
Voila Fracasse aussy, filou roy des escros,
Et Turlupin encor, ce maquignon de farces,
Touts trois ne vallent pas ung Guillaume le Gros.

GAULTIER GARGUILLE.

Passant quel que tu sois, homme, garson ou fille,
Tu ne me prendras pas pour ung docteur régent,
Et si j'enseigne à rire, on m'appelle Garguille,
Qui se moque du monde en prenant son argent. »

Puis on lit au bas, d'une écriture moderne, l'explication suivante : Les noms de Turlupin,
de Gros-Guillaume et de Gautier Garguille, ne sont que des noms de théâtre. Le premier
se nommoit Henri le Grand, le deuxième Robert Guérin et le troisième Hugues Guéru.
Tous les trois anciens garçons boulangers, quittèrent cette profession pour celle de comédien. Ils jouèrent au Théâtre de l'hôtel de Bourgogne, des farces qui urent un très-grand
succès. Quand au capitaine Fracasse, ce rôle d'Espagnol était celui d'un figurant. »

**1099. Gros Guillaume. (Grégoire)** *Huret inuentor.* **— *Rousselet***
***fecit.* — *Mariette excu.*,** in-fol.

**1100. (1660) Claude Geoffrin, dit Jodelet, comédien de l'hôtel de**
**Bourgogne, par Abr. Bosse,** in-fol.

— **Jodelet eschappé des flammes,** in-4.

Épreuve avant la lettre imprimée sur PEAU DE VÉLIN.

— **Gandolin et Jodelet.** *J. Falck f.* **—** *Le Blond le jeune excud.*
deux pièces in-fol.

**1101. (1673) J. B. Poquelin de Molière.** *Mignard pinxit.* **— *Ha-***
***bert sculp.***

— **Molière, d'après Sébast. Bourdon, par Beauvarlet,** in-fol.

1er état avant les noms. Très-rare.

**1102.** (1729) Michel Baron. *De Troye pinxit. — J. Daullé sculp.*, 1732, in-fol.

= Charlotte Desmarres. *Lepicié sculp.*, 1733, in-fol.

= Catherine de Seine. *Peint par Aved. — Gravé par Lépicié.*

— (1730) Adrienne Lecouvreur. *Peint par Ch. Coypel. — Gravé par P. Drevet*, in-fol. =Un autre, de la suite d'Odieuvre.

**1103.** Acteurs et actrices, 1730-1745, quatre pièces in-fol. savoir :

J. J. Gimat de Bonneval, comédien ordinaire du Roy, 1741. = Henri Louis Lekain, comédien ordinaire du Roy. *Dessinés par J. G. Huquier fils. — Gravés par J. B. Michel.* = Mademoiselle Angélique Drouin, femme du sieur Préville. *Colson pinxit. — J. B. Michel sculpsit.* = Marie Anne Botot Daugeville. *Pougin de St-Aubin pinx. — J. B. Michel sculpsit.*

**1104.** Le Kain. *Peint par S. B. Lenoir, peintre du Roi. — Gravé par Aug. de St-Aubin*, in-fol. = J. B. Brizard, pensionnaire du Roi. *Dessiné par L. C. de Carmontelle*, in-fol. = Mademoiselle Duclos. *N. de Largillière pinx. — L. Desplaces sculp.*, 1714, in-fol. = Clairon. *Gravelot inv. — N. Le Mire, sculps.*

**1105.** Acteurs de divers théâtres, douze pièces.

**1106.** Acteurs et actrices, sept pièces in-fol. savoir :

Favard. *J. E. Liotard pinx. — C. A. Littret sculps.* =Madame Favard. *Garand del. — Chenu sculp.* = Madame Favard, dans le rôle de *Bastienne*, figure en pied sur un fond de paysage. *Peint par Carle Vanloo. — Gravé par J. Daullé*, gr. in-fol. = F. A. M. de Raucour. *Gravé par Le Beau*, in-4. = Mademoiselle Journet. *E. Desrochers sculp.* = Mademoiselle d'Oligny. *Peint par Mel Vanloo. — Gravé par J. J. J. Huber d'Augsbourg.* = Mademoiselle Pelissier. *H. Drouais pinx. — Gravé par J. Daullé.* = Chanville. *Peint par de Lorme. — De Lorraine sculp.*

**1107.** Actrices, vingt-deux pièces, dont :

H^te. A^ide. Beaumenil. *Pujos del. ad vivum. — Vidal sculp.* = Mademoiselle Lescot. =Mademoiselle Maillard. *Coutellier del. et sculp.* = Mademoiselle Renaut l'aînée. *De Bréa pinx. et sculp.* = Madame Dugazon. = M^e Crétu. *J. Pailliere fecit à B^x.* = Mademoiselle Joly. *Gravé par Langlois.*

**1108.** Personnages de théâtre, portraits allégoriques, sans noms de graveurs avec les adresses de Leblond, Mariette, etc., dix pièces.

1109. Personnages du théâtre de l'Opéra, sept pièces, par Bonnart, Berain, etc., dont :

Mademoiselle Subligny dansant à l'Opéra. — Mademoiselle Rochois chantant à l'Opéra. — Mademoiselle Moreau dansant à l'Opéra.—Mademoiselle des Mastins dansant à l'Opéra.—Magny en habit de vieillard dansant dans l'opéra de Thésée. — Du Houlin en habit de paysan, dansant à l'Opéra. — M. Ballon, danseur de l'Opéra.

1110. Personnages de l'ancien théâtre italien, vingt pièces, par Bonnart, Berain, etc., dont :

Marc-Antonio Romagnesi, dit le docteur Baloüard.—Le vielleur Boniface. — Briguelle. — Brighella. — Catherine Biancollelli, dite Colombine. — Diamantine. —- Crispin. — Deschars en habit de polichinel au divertissement de Villeneuue-St-Georges. — Flautin. — La signora Isabella. — Angélique Toscano, dite Marinette. — Dame Ragonde. — Joseph Tortoriti faisant le personage de Scaramouche. — Scaramouche. — Triuelin. — Le Comédien sérieux, etc., etc., etc.

1111. Evariste Gherardi, comédien italien, connu sous le nom d'Arlequin. *J. Viuien del.* — *G. Edelinck sculp.* (Belle épreuve.)

1112. Briguelle et Trivelin. *De l'impress. de Mariette*, in-fol.

— Polichinelle et Pantalon. *De l'impress. de Mariette*, in-fol.

1113. Mezetin, gravé d'après le tableau d'Ant Watteau, par Benoist Audran, in-fol. (Épreuve avant la lettre). — Mezetin. *Chez J. Mariette*, in-fol.

1114. Grotesques de la Comédie italienne, douze pl. in-12.

1115. Scène de Pantalon. *J.-G. Jollain excudit*, in-fol. en travers.

On lit au bas :

« Pantalon despité de quelque menterie
Qu'il recoit de Zany se colère si fort
Que par grande furie il le veult mettre à mort;
Mais Zany luy requiert en aulmone la vie. »

1116. Quatre scènes arlequinades, dessinées par Gillot, gravées par Huquier. Épreuves avant la lettre.

1117. Costumes d'Arlequin, cinq pièces.

Euariste Gherardi faisant le personnage d'Arlequin. — W. M. Arlequin, comte de Ville Brochet. — Trvfaldiuo de Bentrvffati, — etc., etc.

1118. Le triomphe d'Arlequin Jason, comédie burlesque, par Bonnart; avec almanach imprimé au bas pour l'année 1685. Deux gr. pièces. (Voir l'appendice à la fin de ce catalogue.)

## B. — Ile de France.

### *1. — Plans et vues des environs de Paris.*

**1119.** Environs de Paris, dessinés et gravés par A. Flamen. **Sept** vues in-4 obl. en feuilles.

**1120.** Environs de Paris ; diverses vues, par Albert Flamen. **Neuf pièces.**

> ¹ La *vueue du campement de Son Altesse Royale au bout du faubourg St-Victor du costé du marché au Cheuaux*. — Moulins à poudre d'Essonne, etc. — Paysage dessous l'aqueduc d'Arqueil. — Conflans, etc. — Saint-Hilaire, etc. — Longuetoise. — Chateau de Marcoussis, etc. — Les Moulineaux, etc. — Percy du costé de Corbeil.

**1121.** Plans des environs de Paris (Vincennes, Grosbois, Sceaux, St-Cloud, Saint-Germain, etc.) Neuf très grandes estampes.

**1122.** Environs de Paris : titre *Goyran fecit*. — *Israel excud* ; Nostre-Dame de Boulogne ; le bois de Boulogne, moulin de la butte de Chaumont, pont de Charenton, Clichy-la-Garenne, portail de l'église de Ruel, abbaye des religieuses de Longchamps, vue du village de Passy (rare), Chaillot, deux pièces, le Coin des Bons-Hommes proche Paris (rare), vue des Bons-Hommes ¹. Ensemble quatorze pièces, par Israel Siluestre et autres.

> ¹ « Que deuons-nous penser de l'abrégé du monde,
> Croirons-nous qu'à Paris règne l'impiété ?
> Si le zèle du ciel, aux Bons-Hommes luy fonde,
> Pour son premier fauxbourg un lieu de sainteté. »

**1123.** Environs de Paris : Essaune, abbaye, Domartin, Mellun, trois pièces par Chastillon, — Vue perspective de l'acqueduc d'Arcueil. *C. Goirand incidit* ¹. Ensemble six pièces.

> ¹ « Ces fameux aqueducs ou le peuple romain
> Employa son art et sa main,
> Soit pendant son empire ou dans sa république,
> N'auoyent rien de plus magnifique.
> Et bien que tout le monde obeist à ses loix,
> Il n'a pas fait plus que nos rois. »

**1124.** Château de Bicêtre, deux pièces par Cl. Goyrand.

Au bas de la première :

> « Vieux chateau de Bissestre, obiet espouuentable,
> Où règnent les Lutins, le Silence et l'Effroy :
> Ou les tristes hiboux par un cry lamentable,
> Font trembler l'âme du coupable,
> Vous seruez de matière à la bonté du roy. »

Au bas de la seconde :

> « C'est en vous releuant, que ce Monarque auguste,
> Signalle les effets de sa tendre amitié ;

Dans vous le soldat faible autant qu'il fut robuste,<br>
Connoistra que son prince est juste,<br>
Et qu'il a veu ses maux d'un regard de pitié. »

— Le chasteav de Bissetre a present ruyné, par Chatillon, — hospital nouvellement construit ou estoit le chasteav de Bicestre. *Boisseau excud.*

1125. Le bois de Boulogne, par N. de Fer, en 1703.

— Maison de plaisance à Gentilly, près Paris. *Chez Daumont.* Coloriée.

— Vues de l'aqueduc d'Arcueil. Gravées à l'eau-forte. *Guerard delineavit et fecit.* — Une autre par Merian.

— Château de Bellevue.

1126. Veüe de Berny, à deux lieues de Paris, sur le chemin d'Orléans, appartenant à M. le président de Belieure, maison très considérée tant pour ses ornements, que pour les beautés singulières de ses canaux et fontaines, et la rareté des fruits qui croissent dans son jardin. Deux pièces, par Israel Silvestre.

1127. Chateau de Blerancourt, par Mérian.

— Vue du bourg St-Rheine, par Merian.

1128. — Veue et perspective de la maison de Chantemesle, lieu très curieux pour les jardinages et cascades d'eaux, et du village d'Essone, à sept lieues de Paris, sur le chemin de Fontainebleau.

—Vue du chasteau de Chaillot, deux pièces par Israel Silvestre.

— Le chasteau de Peray, à M. Tronson, par Albert Flamen.

1129. Chantilly. Veue du canal de Chantilly, par Israel Siluestre.

— Le rocher d'eau de Chantilly, par Perelle, — le haut des cascades de Chantilly, vues du château de Chantilly, huit pièces avec l'adresse de N. de Poilly. Ensemble douze pièces.

1130. Chaville. Trois pièces par Perelle [1].

[1] « Le chasteau de Chauille, a demie lieue de Versailles, appartient à Monsieur Le Tellier, chancelier de France, il fut commencé il y a 25 ans ou environ, et achevé vers l'année 1660. Cette veue est du costé de l'entrée. »

— Chilly. Vue et perspectiue du chasteau de Chilly, appartenant à M^me la maréchalle d'Effiat, à quatre lieues de Paris, sur le chemin d'Orléans, par Israel Silvestre, et deux autres par Perelle. Ensemble trois pièces.

— Choisi [1], une pièce par Perelle.

[1] Choisi, sur le bord de la rivière de la Seine, à 2 lieues au-dessus de Paris, appartient à mademoiselle de Montpensier, qui l'a fait bâtir depuis quelques années sur les desseins du s^r Gabriel. Le parterre est de l'invention de M. le Nostre.

**1131. Choisy-le-Roi.**

**1132. Conflan [1]. — Une pièce, par Perelle.**

[1] « CONFLANS est une maison de plaisance à une lieue de Paris du côté de Charenton, et proche du concours des rivières de Seine et de Marne. Elle a tous les avantages qui peuvent rendre un lieu délicieux, et se fait admirer par la beauté de sa situation, par la propreté de ses appartemens et par l'ingénieuse distribution de ses eaux. Elle appartient aujourd'huy à Monseigneur l'archevesque de Paris. »

**1133. Corbeil.** *Joh. Peeters delin.*

**1134. Coulommiers.** Veue et perspective du chasteau de Coulommiers-en-Brie, du costé du jardin, dont l'architecture est des plus belles qui se voyent, tant pour sa grandeur que pour la quantité des figures qui l'enrichissent, les avant-court et basse-court, et le grand parc rendent le lieu très magnifique ; par Israel Sylvestre.
— Escouen. Veue et perspective du chasteau d'Escouen, à cinq lieues de Paris, basty par les connestables de Montmorency.

**1135. Château d'Escouen,** deux vues par Merian.
— Plan général du parc et du château de l'Estang ou est celuy de la Marche et de Villeneuve. *A. Coquart sculpsit.*

**1136. Vue et perspectiue** du château de Frémont, à quatre lieues de Paris, sur le chemin de Fontainebleau, par Israel Siluestre.

**1137. Château de Fresnes,** deux vues par Merian.

**1138. Gros-Bois.** Deux vues de ce château, par Israel Silvestre.

**1139. Vue et perspective** du château de Grosbois, près Paris. *Chez Daumont.* Coloriée.
— Veue et perspective du château de Grosbois, près Paris. *Fait et dessiné sur le naturel, par J. B. Rigaud. — Gravé par B. Lepicié,* 1735. Très grande pièce en largeur.
Très-belle estampe curieuse pour les costumes.

**1140. Vue du parterre** de la maison de Mons. de Sèue, abbé de l'isle à Issy. *Albert Flamen fecit.*

**1141. Vue de l'aqueduc** de Maintenon sur différents côtés. *Guérard fecit.* Deux pièces.

**1142. Maison.** Vue du chasteau du côté de l'entrée ; du côté du jardin. Deux pièces dessinées et gravées par Perelle, avec l'adresse de N. Langlois.

**1143. Château de Maison,** par Mérian.

**1144.** (1696) L'arrivée des infirmes, au médecin de Chaudrais. *Chez N. Bonnart*, in-fol.

Christophe Ozanne, fils d'un paysan de Chaudrais, hameau à 2 lieues de Mantes, fit des cures extraordinaires par le moyen de quelques plantes. On accourait de toutes parts pour le consulter. On lit au bas de cette estampe, qui est rare, les huit vers suivants :

> Peuples accourez icy aux annes est votre oracle
> De tous les maux du corps il vous leura l'obstacle
> Il peut vous soulager par consultation,
> Et vous dire en un mot quelle est la guérison,
> Bergue, borgne, bossu, jambe de bois, béquilles,
> Viennent de toutes parts, et des champs et des villes,
> Manchot, pasle couleurs, mal de reins et des yeux,
> Des maux en général, même jusqu'aux lépreux.

**1145.** Monceaux. Vue du château, par Perelle, avec l'adresse de Mariette.

**1146.** Château de Monceaux, par Mérian.

**1147.** Noizi. Veüe et perspective du chasteau proche Versailles du costé de l'entrée, — ..... du costé du jardin. Deux pièces, par Perelle.

— Le chasteau du Petit-Bourg, appartenant à M. le duc d'Antin, auquel il doit la plus grande partie de ses embellissements, est une des plus belles maisons de plaisance qu'il y ait aux environs de Paris; sa situation avantageuse, sur un terrain en pente qui se termine au bord de la Seine, fait jouir d'un bon air et d'une charmante veüe. Ses jardins sont spacieux et la terrasse qui borde la rivière est d'une extrème étendue. Le feu Roy y couchait ordinairement lorsqu'il alloit ou qu'il revenoit de Fontainebleau. Onze pièces de Perelle avec l'adresse de Mariette.

**1148.** Vue de Poissy, par Merian.

**1149.** Rincy. Veuë et perspective de la face et costé du parterre du chasteau. Deux pièces par Israel Silvestre.

**1150.** Chateau de Rincy, près Paris. Deux vues différentes par Mérian.

**1151.** Ruel. Vue du chasteau du côté du jardin; vue de l'orangerie. Deux pièces par Isr. Silvestre. — Vue de la grotte, par Perelle, et cinq petites vues du château et des jardins. Ensemble huit pièces.

**1152.** Château de Ruel, par Mérian.

**1153.** Vue de l'église de Saint-Denis, en France, et du mausolée de Vallois, baty par Catherine de Medicis, après les desseins de

M. l'abbé de St-Martin. *J. Marot fecit,* et cinq autres pièces
par Chatillon, Israel Siluestre, etc. — Veue des Martyrs de
Montmartre, proche Paris, par Is. Silvestre. — Montmartre,
ext. de Manesson-Mallet.

1154. La maison de M. de Boisfrant, située à St-Ouen. Deux
pièces de Perelle, avec l'adresse de J. Mariette.

1155. Saint-Maur. Perspective du château, par Israel Siluestre.
Vue de l'entrée du chateau [1], — ..... du côté du jardin [2], par
Perelle. Ensemble trois pièces.

[1] LE CHASTEAU DE ST-MAUR à 2 lieues de Paris, sur la Marne près de Charenton, a esté
commencé à faire bâtir par le cardinal du Belloy. Catherine de Médicis le fit continuer, et
Henri IV le donna à la maison de Condé; et après avoir esté imparfait pendant plus de
cent années, enfin M. de Gourville, intendant de M. le Prince, l'a augmenté de fossez, cours
et fermetures des ailes, et presque renouvellé le tout sur les desseins du sr Gittard.

[2] LE CHASTEAU DE ST-MAUR du côté du jardin, ne conserve plus de son ancienne architecture
que la façade de l'entrée, parce que cette partie estait faite excepté un des pavillons; mais
le changement des croisées, des portes, qu'a fait le sr Gittard, y augmentent non seulement la beauté, mais en rend les appartemens commodes, et l'escalier qui estait au milieu
de la facade ayant esté changé, donne la facilité de voir de la cour dans le jardin, qui est
du dessein de M. le Nostre exécuté par le sr Regots. »

1156. Château de St-Maur, par Merian.
— Chateau de Sceaux.

1157. Sceaux. La maison et les cascades. Deux pièces par Perelle.
— Vaux-le-Vicomte [1]. Sept vues différentes du château, des jardins, des cascades, par Perelle.

[1] « La maison de Vaux-le-Vicomte, appartenoit à M. Fouquet, du temps de sa surinten-
dance; le sieur le Veaux en fut l'architecte; elle fut commencée en 1653, et a esté mise
dans la perfection ou elle est avec une promptitude et une despence extraordinaires. Elle
appartient présentement à madame Fouquet. »

— Villiers-Cotrez [1]. Deux vues différentes du château, par Perelle.

[1] *Le chasteau de Villers-Coste-Rez,* est situé à costé de la forest de Res (dont il retient
le nom), il est à 17 lieues de Paris et à 5 de Soissons; c'estoit autrefois l'une des plus con-
sidérables maisons royales de France; le roi François I l'ayant trouvé propre pour la chasse,
le fit rétablir et augmenter de plusieurs corps de logis; il appartient présentement à Monsieur, frère unique du roy; Sa Maiesté y séjourne quelques fois. »

2. — *Plans et vues des Résidences royales.*

1158, Vincennes. Veüe et perspective du château, par Is. Silvestre [1], = deux autres vues par Is. Silvestre et Séb. Leclerc. =
Deux autres par Perelle. — Un autre à vol d'oiseau par le sieur
de Fer. Ensemble, 7 pièces.

[1] « Veue et perspective du Chasteau de Vincennes, commencé l'an 1337 par Philippe de
Valois, eslevé par le roi Jean, son fils, en l'année 1361, et achevé par Charles V, fils de

Jean, qui en 1379 y fonda une saincte chapelle deservie par 15 ecclésiastiques. La peinture des vitres est des plus belles de l'Europe, et a esté faite sur les desseins de Raphael d'Urbin. »

**1159.** Château et bois de Vincennes, deux pl. par Merian.

**1160.** Madrid. Le chasteau royal de Madrid, perspective et façade, deux pièces par Israël Silvestre. — Vue du Château par Perelle[1]. — Deux appartements du château par And. Du Cerceau. Ensemble, 5 pièces.

[1] LE CHASTEAU ROYAL DE MADRID, scitué à une lieue de Paris, dans le bois de Boulogne, a esté bâti par François I, l'an 1529, à l'imitation de celui d'Espagne ; il est d'un singulier dessein qu'oy qu'il ne soit pas dans la régularité de l'art, les scultures et poteries qui l'enjolivent le rendent agréable à l'abord, et les offices pratiquez sous terre sont très-singuliers ; il appartenait à la reine Marguerite, et présentement on y a establi une manufacture de bas de soye. Cette face regarde Paris ; celle de derrière est semblable. »

**1161.** Vue du château de Madrid, par Jean Marot, très grande estampe.

— Château de Madrid par Merian. = Autre vue coloriée.

**1162.** Saint-Cloud. Plan général des château, parc, jardins de Saint-Cloud. *Croisey del. et sculp.*

— Plan de Saint-Cloud par de la Grive, 1744, très grande estampe.

— Cascade de Saint-Cloud, par Merian.

— Plan de la belle et magnifique maison de Monsieur, à Saint-Cloud, par N. de Fer, 1703.

**1163.** Saint-Cloud. Veue des jardin, et parterre, de la maison de Gondy. — Veue et perspective de la cascade du jardin de l'illustrissime archevesque de Paris. — .....de la maison et parterres (du même). — Veue du grand jest d'eau. — Veue de la grotte. — Autre veue de la grotte, ensemble 6 pièces par Israël Sylvestre.

Saint-Cloud, dix pièces par Perelle.

Dont : Le chasteau du costé que l'on arrive, achevé en 1680, appartenant à Monsieur, frère unique du roy. Le sr Girard en a esté l'architecte et M. Mignard en a peint la gallerie qui est à main droite et le salon attenant ; les ouvrages de peinture qui sont de l'autre costé, sont de M. Nocret, peintre ordinaire de Son Altesse Royalle. ....... du costé de la grande pièce d'eau. Les statues qui servent à le décorer sont du sr Cadesne. — Le Trianon ou pavillon de St-Cloud. Il fait face au grand parterre de la Fontaine de Vénus. Le sr Gobert en est l'architecte, aussi bien que des cascades qui s'y achèvent en cette année 1681.

**1164.** Plan général de Trianon. *Pierre le Pautre delineavit.* — *Fonbone sculpsit.*

— Plan du palais et des jardins de Trianon en 1730.

— Veue du château de Trianon. *J. Rigaud del.*

1165. Parc, jardin, château et bourg de Meudon, par N. de Fer, en 1697, grande vue coloriée.

— Autre vue différente du même, du château de Meudon (curieuse).

— Vue du chasteau de Meudon par Merian.

— Deux vues de la grotte de Meudon par Merian.

1166. Meudon, veue et perspective du chasteau appartenant à messieurs de Guise, à 2 lieues de Paris. — ..... de la grotte du chasteau..... — 2 pièces par Israël Silvestre. — Vue du château[1]. — Meudon du côté du jardin, avec l'adresse de Langlois[2]. Veue et perspective du château du costé du jardin. — ..... de l'entrée du château, — ..... de la grote du château. — ... de la grande pièce d'eau et de l'orangerie du château, 4 pièces de Nicolas Poilly. — Bassin quarré d'un des bosquets. — ..... des cinq fontaines..... — ..... octogone..... 3 pièces de Perelle ; en tout 11 pièces.

[1] *Le chasteau de Meudon*, à 2 lieues de Paris, fut commencé par le card. Sanguin, sous François I, et achevé sous Henri II sur le dessein de Philbert de Lorme, ensuite il fut augmenté par le card. de Lorraine, et puis M. Servien a fait des dépences prodigieuses pour soutenir les terres et achever la grande terrase, et fait bâtir le grand pavillon du milieu ou est l'escalier, par le sr le Veau, et enfin M. de Louvois, qui possède aujourd'huy ce chateau, l'a orné et fait faire les fossez, les terrasses et la grille de l'entrée sur le dessein du sr Hardouin Mansard.

« *Meudon* du côté du jardin d'où l'on découvre une des plus belles vuës du monde, à cause de sa situation élevée. M. de Louvois a fait aplanir les terres et elever des terrasses et a presque tout fait changer la disposition du jardin sur les desseins de M. le No tre. La principalle avenuë de cette belle maison est du côté de St-Clou, ce qui la termine agréablement. »

1167. Plan général du château de Versailles ; vues du château, bâtiments, cours, écuries, orangeries, places, jardins, bosquets, jets d'eau, fontaines, etc., dessinés et gravés par Israël Silvestre, 17 planches très gr. in-fol.

1168. Vue générale des châteaux, parcs et jardins de Versailles, gravée à Amsterdam, grande estampe in-fol.

— Plan de Versailles, du petit parc et de ses dépendances, plans du château et des hôtels, distributions des jardins et bosquets par De la Grive, 1746. Grande estampe.

— Plan de Versailles en 1787, par Constant de la Motte, *gravé par Croizey*. Très belle et grande estampe.

1169. Versailles. Cinq vues du château et des jardins, par Perelle ; avec l'adresse de N. Langlois, — vue de la cour du château, par Herisset, — quarante-quatre vues différentes du château, des jardins, des bassins, etc., par Perelle, N. de Poilly, ensemble, 50 pièces.

1170. Vue et perspective de la chappelle du château royal de Versailles, belle estampe en hauteur.

1171. Plan de la salle d'opéra de Versailles. *Dumont delin. — Sellier sculp.*

— Vue perspective de la salle des festins de Versailles en réjouissance de la paix en 1763.

— La ménagerie de Versailles par N. de Fer, 1673.

— Bosquets de Versailles, par l'abbé de la Grive, en 1753.

1172. Clagni, une pièce par Perelle, avec l'adresse de Mariette.

[1] Clagni est une maison de délices que le roy fit bastir pour la première fois l'année 1674, à 200 pas de Versailles, sur le chemin de Paris; le bastiment n'ayant pas esté trouvé assés commode, le roy en fit faire un plus considérable l'année 1676. Il consiste en plusieurs pavillons agréables et magnifiques et en un beau jardin accompagné d'une orangerie. Le sr Hardouin Mansart en est l'architecte, et en cette présente année 1679, les dedans n'en sont pas encore achevez. »

1173. Saint-Cir. Maisons et jardins par N. de Fer, 1705[1].

[1] « Cette maison fut établie par Louis le Grand; elle fut achevée en 1686. M. Mansard en fut l'architecte. L'édit d'établissement de cette maison est remply de grandeur et de prudence. »

1174. Maison et jardins de Saint-Cyr, par N. de Fer, 1703.

= Plan général de Marly. (Delaulne).

= Château et jardins de Marly, par l'abbé Delagrive en 1753.

= 2 autres vues coloriées.

1175. Marly, vue du château, — la machine[1], deux pièces par Perelle.

[1] « *La machine de Marly* est construite sur un bras de la rivière de Seine. Elle est composée de 14 roués de 30 pieds de diamètre dont les axes ont deux manivelles; l'une fait mouvoir les pistons qui puisent l'eau, la poussent dans les tuyaux et la font monter au 1er réservoir; l'autre fait mouvoir une suite de balanciers qui règnent le long de la montagne jusqu'au réservoir le plus élevé. Ces balanciers donnent le mouvement aux pompes qui sont dans les réservoirs et font monter l'eau des réservoirs inférieurs au supérieur, et de celuy-cy au haut de la tour qui est sur le sòmet de la montagne, d'ou elle coule sur un grand aqueduc, et de la se jette dans différens tuyaux qui fournissent toutes les eaux de Versailles et Marly. »

1176 Vue de la machine de Marly, qui sert à embellir les maisons royales de Versailles, de Trianon, de Marly, inventée et exécutée par le baron de Ville, dessinée par Lievin Creuil en 1688, gravée en 1716, par Pierre Giffart, gr. planches.

Cette inscription dans un cartouche est surmontée d'un portrait de Louis XIV.

1177. Vue de la machine de Marly, *chez B. Audran.* Belle pièce.

1178. Vue du château de Saint-Germain en Laye par Israël Silvestre, 2 grandes estampes.

1179. Saint-Germain-en-Laye. Plan général des chateaux et de la ville, par le *sieur de Fer.* — Façades du château, deux planches par And. Du Cerceau. — Vue d'une partie du château neuf, par Israël Silvestre. —Trois vues du même, par Perelle. Ensemble six pièces.

1180. Plan général des châteaux et ville de Saint-Germain en Laye en 1702. *H. Van Loon fecit.*

— La Muette de Saint-Germain en Laye, par Merian. = Autre vue coloriée.

1181. Bourg, château et jardins de Fontainebleau, *gravé par C. Juselin.*

— Plan et vues des jardins du château de Fontainebleau, fait en 1682. *Dorbay delineavit, sculpsit,* deux grandes pièces.

1182. Fontainebleau, douze vues par Israël Silvestre.

1183. Fontainebleau, treize pièces par Perelle[1].

[1] « Cette maison royale est dans le Gastinois, à 13 lieues de Paris ; sa situation avantageuse l'a fait aimer des roys de la seconde race ; François I, qui introduisit les beaux-arts en France, l'a rebastit à la romaine, et Louis le Grand l'a rendue un séjour de délices. »

1184. Vue de Fontainebleau par Mérian. = Trois autres vues coloriées.

— Grand canal, fontaines et jardins de Fontainebleau ; quatre pl. par Merian.

### C. — Portraits et estampes concernant les autres provinces de France.

1185. (1691) Réné Vah, hermite dans la forêt de Compiègne, *gravé à Paris par E. Desrochers.*

1186. Vitrail de l'église Saint-Étienne-de-Beauvais, peint par Ahgrand le Prince, représentant Charles IX et sa famille.

1187. — Charles Bennard, abbé de Verneuil. *M. Lasne deline. et fe.*, in-fol. Avant la lettre.

1188. (1608) Pourtraict de l'assiette faite en l'insigne église Saint-George à Nancy tant es vigiles le 17ᵉ juillet, qu'au seruice divin le lendemain pour les obsèques de S. A. de Lorraine, monseigneur le duc Charles, troisième du nom. — Pourtraict de l'enterrement du corps de..... en l'église Saint-François à Nancy. —

Pourtraict du service de table fait à la Royale en la sale d'honneur préparée à Nancy en l'hostel ducal pour le corps de S. A. le....... lors de ses obsèques et funérailles. — Pourtraict de la sale funèbre préparée à Nancy en l'hostel ducal, etc. — *Claudius de La Ruelle inventor.* — *Fridericus Brentel fecit.* — *Perspectiua per Joann. La Hierre.* — *Herman de Loye excudit.*

Quatre très-grandes et curieuses estampes gravées par F. Brentel, en deux pièces chacune

**1189.** (1657) Dominique Séguier, évêque de Meaux. *M. Lasne fecit.* — *Vignon excud.*, in-fol. (2ᵉ état.)

**1190.** Nicolas de Heere, doyen de Saint-Aignan, gravé par Léonard Gaultier [1], pet. in-8. Très belle épreuve.

> [1] « Voicy les rares traitz d'un prestre aussy parfaict.
> Dont l'église de Dieu puisse estre décorée :
> De Heere en a fourni le patron et l'idée,
> De Besse la descript, et Gaultier la pourtraict. »

**1191.** Château du marquizat de Mauregard (en Brie), seigneurie du Menil, etc., appartenant à M. le président Le Cousturier, 1711, gr. in-fol. max. m.

Recueil de plans et détails de ce château, douze très-beaux dessins par Pierre le Besgue, architecte.

**1192.** Antoine Barberin, cardinal, archevêque de Reims. *R. Nanteuil ad vivum pinge. et sculpebat.* 1164, in-fol. Belle épreuve.

**1193.** (1710) Ch. Maurice Le Tellier, archevêque de Reims. *R. Nanteuil ad vivum ping. et sculpebat,* gr. in-fol. (R. D. 139. Belle épreuve du 3ᵉ état.)

**1194.** (1640 ?) Jacques Dorat, archidiacre de Reims. *Michel Lasne fe. et ex.*, in-fol.

**1195.** Fr. Mallier du Houssaye, évêque de Troyes. *Velut pinxit.* — *Nanteuil sculpebat,* in-fol.

Superbe épreuve du 1ᵉʳ état, que M. Robert Duménil indique comme *très-rare* (167).

**1196.** Vincent Barthélemy, avocat consultant à Réthel. *N. de Plate-Montaigne pinxit et sculpebat.* 1657, in-fol.

**1197.** (1652) J.-Pierre Camus, évêque de Belley, l'ami de saint François de Sales, gravé par Léonard Gaultier. Belle épreuve.

**1198.** (1652) P. Camus. *Ph. Champaigne pinx.* — *J. Morin sculp.*, in-fol. Belle épreuve.

**1199.** (1652) P. Camus. *Mellan pinx. et sculp.* = Un autre : *Baltazar Moncornet.* = Un autre : *Jac. Lubin sculp.*, in-fol. (*Des Hommes illustres de Perrault.*)

1200. (1623) Nicolas Coeffeteau, évêque de Marseille. *D. Du Monstier pinxit. — Cl. Mellan scu.*, in-fol. Belle épreuve.

1201. (1497-1577) Pierre Danès, évêque de Lavaur. *Genebrardus trincauelus 1535. —* (Jaspar) *Isac fecit.*, in-4.

1202. (1643) Henri de Sponde, évêque. (Michel) *Lasne deline. et fe.*, in-fol.
Épreuve de la collection de M. Robert Duménil.

1203. (1643) Henry de Sponde, évêque de Pamiers. *Jac. Lubin sculp.* (*Des Hommes illustres de Perrault.*)

1204. (1682) Michel Tubeuf, évêque de Castres. *M. Lasne ad vivum fe.*, in-fol.
— (1645) Henry de Sourdis, archevêque de Bordeaux. *B. Moncornet excu.*
Épreuve avant l'inscription sur la bordure ovale.

1205. Le magnifique chasteau de Richelieu en général et en particulier, ou les plans, les élévations et profils généraux et partiliers dudit chasteau commencé et achevé par le duc de Richelieu sous la conduite de Jacques Le Mercier, architecte, gravé et réduit par Jean Marot, aussi architecte et graveur, in-4 obl., 20 pl. cart. Bonnes épreuves.

1206. (1613) Adam Blacwood, Écossais, après avoir suivi Marie-Stuart en France devint conseiller au présidial de Poitiers; il est père de Henri, médecin, mort à Rouen en 1634. *Joan. Picart deline. et fe.* 1644, in-4.
— (1634) Henri Blacwood, docteur de la faculté de médecine en 1610 (Odieuvre), in-4.

1207. (1643) Amador Jean-Baptiste de Vignerod, abbé de Richelieu. *Champaigne pin. — Morin scul.*

1208. (1776) Exercice de l'académie royale de Juilly, précédé d'une grande composition allégorique, gravée d'après le dessein de Pierre Mignard, par N. Poilly. 2 pl.

1209. (1589) Christophorus Plantinus Turonensis. *E. de Boulonois fecit.*
— (1646) Nicolas de Netz, conseiller du roy, évêque d'Orléans (gravé par Daret). Rogné.

1210. Nicolas de Netz, conseiller du roi, évêque d'Orléans. *Ph. Champaigne pinx. — J. Morin scul.*

**1211.** François Nesmond, évêque de Bayeux. *R. Nanteuil ad_vi-
vum ping. et sculpebat.* 1663, in-fol.

Belle épreuve du 2ᵉ état. (R. D. 202.)

**1212.** Goyon de Matignon, évêque de Coutances. *R. Pater Anto-
ninus ad vivum delineavit — Nanteuil sculp.* Très belle épreuve
du 1ᵉʳ état. (R. D. 172.)

= (1657) Denis de La Barde, évêque de Saint-Brieuc. *Robert
Nanteuil ad vivum faciebat.* 1657. Très belle épreuve. (R. D.
115.)

**1213.** (1700) Armand-Jean Boutillier de Rancé, abbé de la Trappe.
. *H. Rigault p., — gravé par E. Desrochers.* = Un autre : *H.
Rigaud pinx. — P. Drevet sculp.*

— Rancé (Armand-Jean Bouthillier de), abbé régulier du monastère de La Trappe au Perche.

— Rancé (le R. Père Dom. Armand-Jean Bouthillier de).

— (1626) Jean Dubois, dit Olivier, abbé de Beaulieu. *B. Moncornet excud.*

## HISTOIRE DES PAYS ÉTRANGERS.

(PORTRAITS ET ESTAMPES.)

**1214.** Guillaume, sire de Croy et d'Areines (1220). — Dame Isa-
beau, femme de Guillaume, sire de Croy. — Jean, syre de Croy
(1384) — Charlotte de Chasteau Bruyant, femme de Henry, sire
de Croy (1509). — Charles-Philippe de Croy (1549). — Diane
de Dompmartin, femme de Charles-Philippe de Croy. — Marie,
fille du baron de Roubaix, première femme de Anthoine, sire de
Croy. — Philippes, sire de Croy, duc d'Arscot. — Jenne de
Halewyn, première femme de Philippe de Croy, duc d'Arscot.
— Anne de Lorraine, veufve du prince d'Orenge, deuxième
femme de Philippe de Croy.

Suite de onze pièces gravées au burin.

**1215.** L'archiduc Albert, gouverneur des Pays-Bas. *P. Rubens
pinx. — Susanua Silvestre sculp.*

**1215 bis.** Ferdinand d'Autriche, gouverneur des Pays-Bas. *Antonius Van Dyck pinxit. — Pet. de Iode fecit. — Joannes Mey-
seus excudit.* In-fol. Belle épreuve.

**1216.** (1630) Ambroise Spinola, général des troupes d'Espagne

dans les Pays-Bas. *P. Harlingensis delineauit* (Pierre Van Har-
lingen, nommé Pierre Teddes). — *Joannes Eillarts frisius sculptor.* In-fol.

Toutes les estampes de ce graveur sont rares (Voir n°   ); elles sont remarquables par
'exécution minutieuse des détails et de l'ornementation des costumes. Ce portrait est à ajou-
ter aux trois que cite M. Leblanc, *Manuel de l'Amateur d'Estampes.*

1217. (1638) Corneille Jansenius, évêque d'Ypres. *J. Morin scul.,*
in-fol.

1218. (1585-1638) Jansénius dans un ovale, entouré d'allégories.

Le portrait est dans le goût de Morin, et les entourages sont dus peut-être à Albert
Flamen?

1219. Gilles de Glarges, de l'Université de Leyde. *M. Mierevelt
pinxit.* — *J. Suyderhouf* (Jonas Suyderhoef) *sculp.,* 1643,
in-fol.

1220. Martin de Vos, peintre d'Anvers, dans un ovale avec entourage allégorique. *Jos. Heinz inuen.* — *G. Sadler* (Gilles Sadeler) *sculpt.,* in-fol. Belle épreuve.

1221. Gaspar Gevaerts, jurisconsulte, assis, une plume à la main
et un buste antique devant lui. *P. Paulus Rubens pinxit.* — *Paulus Pontius sculpsit.,* in-fol.

1222. (1666 ?) Regnier de Graaf, médecin hollandais. *H. Watelé
pin.* — *G. Edelinck fecit.*

Épreuve AVANT LA LETTRE, en conséquence précédant le 1er état, décrit par M R. Duménil (210). Les mots *à Paris,* ne s'y trouvent pas.

1223. (1622) Saint François de Sales, évêque de Genève. *Balthasar Moncornet ex.*

1224. (1583) M. le duc de Nemours [1]. .*Th. de Leu f.* — *P. Gourdelle ex.*

> [1] « Je luy donne en souhait l'honneur et la victoire,
> La grandeur de sa race et l'appuy d'un grand roy,
> Le repos et la paix, la vaillance et la gloire,
> La bonté, la vertu, la justice et la foy. »

— (1607) M^me la duchesse de Nemours [2] (Leonard Gaultier). *P.
Gourdelle excu.*

> [1] « Cette plante voiant vne grande tempeste,
> Qui faisoit chanceler deca, dela, le lis
> Fleurit pour l'appuyer de trois généreux fils,
> Sans le secours desquels il n'eust peu faire teste. »

**1225. Hanry de Savoye, dvc de Nemours et de Genevois, âgé de vingt-cinq ans [1]. *T. de Leu ex.***

[1] « Ayant l'heur d'estre aymé du puissant roy de France,
Je veux pour son seruice aussi viure et mourir,
Affrontant l'estranger d'une braue vaillance,
S'il oze audatieux sur nos terres courir. »

— (1659) Henri de Savoie, duc de Nemours. *Greg. Huret delineavit et fec.*

**1226.** (1707) Anne-Marie d'Orléans-Longueville, duchesse de Nemours. *Beaubrun pin. — Nanteuil sculp.*

— (1707) Marie, souveraine de Neufchâtel et Vallangrin, duchesse de Nemours. *Hyac. Rigaud pinxit. — Pet. Drevet sculpsit,* 1707, in-fol.

**1227.** (1637 ?) Charles de Gonzague et de Clèves, duc de Nevers, etc., âgé de dix-huit ans, dans le genre de L. Gaultier [1].

[1] « Voy ce jeune seigneur à l'auril de l'enfance,
Qui promet à son roy un seruice loyal,
Desireux de seruir le noble sang royal,
Et battre l'estranger pour aider à la France.»

**1228.** (1644) Guido Bentivoglio, cardinal. *Claud. Mellan Gall. del. et sculp.*

**1229.** Le même. *Antoine Van Dyck pinx. an 1623. — J. Morin, sculp.* (R. D. 43), belle épreuve.

**1230.** (1601) Guill. du Blanc, secrétaire intime du pape Sixte V. *Thomas de Leu sculp.*

**1231.** (1669) La représentation du magnifique mausolée dressé par l'ordre de nostre Saint Père le Pape pour la décoration de la pompe funèbre faite le 23 septembre 1669 en l'église d'Ara Cœli, au capitole de Rome pour la mémoire de très haut et très puissant prince monseigneur François de Vendosme, duc de Beaufort, pair et grand admiral de France, mort le 24 juin 1669 en combattant pour la foy catholique, *inventé par le cavallier Bernin. — P. Brissart fecit.*

Très grande estampe architecturale dans le genre de Lepautre. Belle épreuve avant le texte au bas de la planche gravée.

**1232.** La pompe funèbre faite dans l'église de Saint-Laurent, à Florence en 1619 pour célébrer les obsèques de l'empereur Mathias, par Jacq. Callot.

**1232 bis. Anne de Boulen.** *Adr. Van der Werff pinxit. — Vermeulen sculp.,* in-fol.

— (1628) Georges Villiers, duc de Buckingham. *Van der Werff pinxit. — Ch. Simonneau sculpsit.,* in-fol.

1233. Jacques II, roy d'Angleterre.

— Marie-Éléonor-d'Est, reyne d'Angleterre.

— M^me la duchesse de Porsmouth.

— Jacques-François-Édouard, prince de Galles.

— Louise-Marie Stuart, princesse d'Angleterre, fille de Jacques II, roy d'Angleterre et de Marie-Éléonor d'Este, née à Saint-Germain, le 28 juin 1692.

— Jacques III, roy d'Angleterre, d'Écosse et d'Irlande, cy-devant prince de Galles, né le 28 juillet 1688.

— Guillaume-Henry de Nassau, prince d'Orange.

— La maison royalle d'Angleterre : 1° Guillaume III, roy d'Angleterre, d'Écosse et d'Irlande, né le 4 novembre 1650. — 2° Marie Stuart, reine d'Angleterre, son épouse, est née le 30 avril 1662 et mourut le 20 décembre 1694. — 3° Georges, prince de Danemarq. — 4° Anne, princesse d'Angleterre. — 5° Guillaume, duc de Glocester leur fils unique, né le 24 juillet 1689. Ensemble treize pièces par Bonnart.

1234. Mariage de Guillaume III, prince d'Orange, roy d'Angleterre avec Marie, fille de Charles I^er et de Henriette de France. Six estampes in-fol. en travers.

Suite complète ; ces estampes gravées par Pierre Nolpe, d'après J. Wildens.

1235. (1656) Christine de Suède. *Bourdon pinx.* — *P. Tangé sculp.*, in-fol.

— (1676 ?) Casparus Bartholinus anatomes professor. *J.* (Jean) *Edelinck fecit.*, in-12.

1236. (1667) Louyse-Marie, reine de Pologne. *Juste pinx.* — *R. Nanteuil sculpebat.* 1653, in-4.

2^e état (R. D., n° 164).

## MÉLANGES ARTISTIQUES.

### PORTRAITS DIVERS.

1237. *Pourtraict de plusieurs hommes illustres qui ont flori en France, depuis l'an 1500 jusques a présent*, 147 portraits d'une petite dimension dans une estampe, gr. in-fol.

1238. Seize portraits de divers personnages accolés par deux sur huit planches in-8, en travers, sans nom de graveur et avec l'adresse de Michel Van Lochom.

1239. Socrates, gravé en manière noire, d'après Rubens, par
Jean Faber le père, artiste anglais, mort en 1721, in-fol.

1240. Sadeler (Gilles). Buste de l'empereur Mathias, entouré d'un
grand nombre de figures allégoriques et d'inscriptions, gr. in-fol.
Épreuve très fatiguée.

1241. Frosne (*Jean*), graveur, né à Paris vers 1630. — Louis de
Bourbon, duc d'Anguien, prince de Condé. — Budes, comte de
Guebriant. — Henri de Lorraine, comte d'Harcourt. — Charles
de Chombert. — Charles de La Porte, seigneur de la Meilleraye.
— César de Choyseul. — Nicolas de Neufville, marquis de Villeroy. — Thomas de Savoye, prince de Carignan, tous maréchaux de France.

Suite RARE de huit portraits dont les trois derniers ne portent pas le nom du graveur.
Aucun n'est cité par M. Leblanc. *Manuel de l'Amateur d'estampes*, à l'article FROSNE.

1242. Van Dyck. Le cabinet des plus beaux portraits de plusieurs
princes et princesses, des hommes illustres, etc., etc., faits par
le fameux Ant. Van Dyck. *Anvers (Paulus Pontius)* s. d. in-fol.,
126 portr., v. f. fil., (*très belles épreuves*).

1243. (1744) Joh. Sigismund Holtzschuer, Reip. Norembergensis
consiliarius et quaestor ærar. primar. (la main gauche appuyée
sur une pendule). *J. J. Preisler del. — J. L. Hirschmann effigiem pinx. — G. M. Preisler sculp. Norimb.*, 1746, in-fol.,
beau portrait.

1244. Portrait de M. Bertin l'aîné, d'après le tableau de M. Ingres,
gravé par Henriquel Dupont.

Épreuve avant la lettre, sur chine, avec la signature autographe de M. Henriquel Dupont, provenant de la collection de M. le baron Taylor.

1245. Rossini. *Ary Scheffer pinxit. — J. C. Thévenin sculpsit*, gr.
in-fol.

Première épreuve avant la lettre.

1246. Madame Guizot la mère, *peint par Ary Scheffer, — gravé
par F. Girard*, in-fol.

Première épreuve avant la lettre d'une estampe qui n'a pas été mise dans le commerce.

# ESTAMPES DIVERSES.

**1247.** Durer (Albert). Le jugement dernier. une des 16 pièces de l'apocalyse, in-fol.

2ᵉ état, c'est-à-dire avec le texte allemand imprimé au verso, 1498.

— Durer (Albert). Ercules, estampe in-fol., gravée sur bois.

**1248.** Claus Van Breen, né en Hollande en 1576. Un concert, un homme jouant de la guitare, et une dame du violon, d'après Sbranssen (*CVS. Sbranssen inventor*), in-4.

Belle estampe dans le genre de Crispin de Pas.

**1249.** Bruyn (Nicolas de). Les cinq sens représentés par des femmes assises. *Martin de Vos invenit.* — *N. de Br. fecit,* cinq pièces, bonnes épreuves.

— L'âge d'or d'après Blomaert par Nicolas de Bruyn, estampe en travers.

**1250.** Gaultier (*Léonard*). Le jugement dernier, d'après Michel-Ange.

**1251.** Thomas de Leu. Les douze sibylles, gravées par Thomas de Leu, le titre par P, Firens; treize pièces. belles épreuves.

**1252.** (1607) Sadeler. La salle de Prague, grande composition gravée par Gilles Sadeler; épreuve avant l'adresse de Marc Sadeler.

Estampe aussi remarquable par la composition et la pureté du dessin que pour l'exécution; une des plus belles pièces de Sadeler.

**1253.** Saenredam (*Jean*), mort en 1607. Prospérité des sept provinces unies, sous la protection de la confédération Belgique figurée par une chasse, où se voit sous un arbre l'infante Isabelle. *J. Saenredam inue. et sculp.,* 1602; gr. in-fol., en travers.

Belle et rare estampe. On y remarque le prince Albert d'Autriche, et autres personnages représentés en pied.

**1254.** — Le grand cachelot, ou la baleine échouée; *Johannes Saenredam inue. et sculptor,* 1602. — *Joannes Janssonius excudit,* in-fol en travers.

Estampe dédiée à Ernest, comte de Nassau. Ce prince est représenté en pied sur le premier plan de la composition. On lit au bas 32 vers latins. Belle épreuve d'une pièce rare.

1255. La bible de Raphaël, suite de 36 estampes, gravées à l'eau forte, d'après Raphaël, par Nic. Chapron.

Nicol. Chapron, né à Châteaudun en 1599, fut élève de Simon Vouët. Brulliot dit que ses estampes sont d'une belle exécution, d'une pointe hardie, savante et spirituelle.

1256. Jésus-Christ donnant les clefs à Saint-Pierre, d'après Rubens, par Pierre de Jode, in-fol.

Épreuve avant l'adresse de Van den Enden.

1257. La mort de Lazare, *tu vois comme une bonne vie... A Bosse in. et fe.,* — *le Blond excud.*

1258. Salvatoris beatæ Mariæ virginis sanctorum apostolorum icones a J. Callot inventæ, sculptæ, et a Israele amico suo in lucem editæ, *Paris,* 1631, 16 pièces, (suite complète.)

1259. La Sainte-Vierge, l'enfant Jésus, Saint-Jean et Sainte-Élisabeth; composition dans un rond. *And. Sart. in.* (Andreas del Sarto invenit). — Jac. Callot, in-fol.

Belle épreuve avec marges; 1ᵉʳ état avant le nom de Callot et celui de Mariette.

1260. Le triomphe de la Sainte-Vierge; au bas, en partie dans la marge, les armes de Charles IV, duc de Lorraine et de Bar. *Jac. Callot nobilis Lothoring. in. et sculp. in aqua forti excuditq. Naceii,* in-fol.

Belle épreuve avec marges; 1ᵉʳ état avant le nom d'Israël et le privilége.

1261. La parabole des mesures de grains. *Ja. Callot in. et sculpsit.*

Belle épreuve avec marges.

1262. Saint-Paul assis dans une campagne, d'après Swanenburg. *Ja. Callot fecit.* Belle épreuve avec marges.

1263. Saint-Nicolas prêchant dans un bois. *J. Callot fe.*

Belle épreuve du 2ᵉ état.

1264. Saint-Mansuet, (c'est-à-dire Jean de Porcelet de Maillone), évêque de Toul, ressuscitant un jeune prince tué d'un coup de balle, 1616 (Jac. Callot), en travers; épreuve avec la raquette.

1265. La tentation de Saint-Antoine par J. Callot, in-fol. en travers.

Très-belle épreuve quoiqu'avec les 21 rosettes.

1266. La foire de la madona del Imprunetta, *fe. Florentiæ et excudit Nancey,* grande et belle estampe en travers.

Belle épreuve parfaitement conservée.

1267. La carrière *de Nancy, vue de la carrière et des joûtes, carrousels et autres spectacles donnés dans la rue neuve de Nancy. *Jac. Callot in. et fecit.*

Belle épreuve du 1er état avant le nom de Silvestre.

1268. Le grand rocher, (par Jacq. Callot.

Très-belle épreuve à toutes marges.

1269. Le brelan ; scène de joueurs, par Callot, en travers.

1270. Deux paysages attribués à Callot ; très belles épreuves avec marges.

1271. Paysages, embarquements, marines par Della Bella, 40 pl. Belles épreuves.

1272. Exercices de cavalerie, dédiées à M. d'Estissac, enfant d'honneur du roy ; *faict par S. D. Bella. — Israël excudit.*

Suite complète de 19 pièces provenant de la collection de M. Robert Duménil.

1273. Bernardino Ricci, bouffon de la cour de Ferdinand II ; à cheval, 1637, par Della Bella, in-4.

Pièce rare. Épreuve de la collection de M. Robert Duménil.

1274. Montjoie Saint-Denis, roy d'armes de France, 1645, par Della Bella.

Pièce rare. Belle épreuve de M. Robert Duménil.

1275. La grande Mort à cheval, *Ste. Della Bella in. et fe.*, in-4.
Belle épreuve avant la date de 1663.

1276. Entrée à Rome de l'ambassadeur de Pologne, en l'année 1633 ; dédiée au prince Laurent de Médicis, par St. Della Bella, 6 pièces en largeur.

1er état avec l'adresse : *Augustinus Parisinus et Jo. Bapta negro Pontes, form. Bononie.* (Manuel de l'Amateur d'estampes, par M. Leblanc.) Suite complète provenant de M. Robert Duménil.

1277. François, prince d'Étrurie, 1632 ; par St. Della Bella.

Pièce rare. Épreuve de la collection de M. Robert Duménil.

---

1278. Estampe allégorique à la gloire du pape Innocent X, avec son médaillon en ovale sur un monument, gravée à l'eau forte par Pierre Testa Lucchesini, in-fol., en travers, un peu fatiguée.

Le Manuel de Huber et Prost cite avec beaucoup d'éloges les productions de cet artiste italien.

1279. La grande destruction de Lvstcrv par les femmes fortes et vertueuses. *Le Clerc f.*, 1663, in-4 obl.
Pièce rare dans l'œuvre de Sébastien Leclerc.

1280. Figures de batailles, supplices et tyrannies des Français dans la campagne de Hollande, 80 pl., très remarquablement gravées à l'eau forte, par Romain de Hooghe, in-4 obl., belles épreuves.

1281. Figures satiriques contre Louis XIV, et les principaux événements de son règne, recueil de 25 planches en un vol., pet. in-fol. vélin.

1282. Petit. Faustulus apportant Romulus et Rémus, d'après Pierre de Cortone, estampe in-fol. en largeur.
Première épreuve d'essai non terminée, avant les noms et la lettre.

1233. Flipart (*Jean-Jacques*). La Madeleine pénitente, d'après Charles Lebrun, in-fol.

1284. Les batailles d'Alexandre, gravées par P. Picault, d'après Charles Lebrun, trois grandes et magnifiques estampes.
Pierre Picault, graveur au burin, né à Blois en 1680, mort à Paris en 1711 à la fleur de son âge, après avoir fait concevoir de grandes espérances de ses talens.

1285. La Cène. *Peint par Jean Holbein, — gravé à l'eau forte par G. Gmelin, — terminé par B. Hübner*, in-fol.

1286. Titres de livres anciens imprimés et gravés ; un certain nombre par Léonard Gaultier, Th. de Leu, Jaspar Isac, 175, etc., renfermés dans un carton.

1287. Placards imprimés, 1650 et 1718, 5 pièces.

1288. L'entrée triomphante de leurs majestés Louis XIV, et Marie-Thérèse d'Autriche dans la ville de Paris. *Paris* (1660); in-fol. demi-rel., v. f., fig. de Lepautre, Jean Marot, etc.

1289. Histoire du roy Louis-le-Grand, par les médailles, emblêmes, devises, jettons, inscriptions, armoiries et autres monuments publics, recueillis et expliqués par le P. Claude François Menestrier. *Paris*, 1689 ; in-fol., 60 pl. mar. r. fil. comp. tr. d., (*aux armes*).

---

## Addition au N° 825 du Catalogue des Livres.

La réformation des dames de Paris : faicte par les dames de Lyon. — *Cy finist la reformation des dames de Paris faicte par les Lyonnoises.* === S'ensuyt la réplique faicte par les dames de Paris : contre celles de Lyon ; 2 pièces en un cart.
Deux pièces extrêmement rares se trouvant ici, malgré quelques restaurations, dans un état de conservation remarquable et non rognées.
Ces deux opuscules, qui sont en vers se composent chacun de 4 feuillets, et le premier commence ainsi :

> « Dedans Lyon où femmes sont famées
> Et renommées par leurs charivarys,
> Fut ordonné que celles de Paris,
> Seroient du tout par elles réformées. »

PARIS. — MAULDE ET RENOU, IMPRIMEURS DE LA COMPAGNIE DES COMMISSAIRES-PRISEURS, RUE DE RIVOLI, 144. (1465)

www.ingramcontent.com/pod-product-compliance
Ingram Content Group UK Ltd.
Pitfield, Milton Keynes, MK11 3LW, UK
UKHW020827120726
13693UKWH00002B/519